MICHAEL MROSS

DER WÄHRUNGS CRASH KOMMT!

RETTEN SIE IHR GELD – MIT GOLD!

BÖRSENBUCHVERLAG

© Copyright 2011:
Börsenmedien AG, Kulmbach

Gestaltung und Satz: Jürgen Hetz, denksportler Grafikmanufaktur
Gestaltung und Herstellung: Johanna Wack, Börsenmedien AG
Lektorat: Stefanie Barthold
Druck: CPI – Ebner & Spiegel, Ulm

ISBN 978-3-941493-79-7

Bibliografische Information der Deutschen Nationalbibliothek:
Die Deutsche Nationalbibliothek verzeichnet diese Publikation in der
Deutschen Nationalbibliografie; detaillierte bibliografische Daten
sind im Internet über <http://dnb.d-nb.de> abrufbar.

BÖRSEN MEDIEN
AKTIENGESELLSCHAFT

Postfach 1449 • 95305 Kulmbach
Tel: 0 92 21-90 51-0 • Fax: 0 92 21-90 51-44 44
E-Mail: buecher@boersenmedien.de
www.boersenbuchverlag.de

„Ein Tag Leben ist wertvoller als ein Berg Gold.“
YOSHIDA KENKŌ (1283–1350),
japanischer Autor und buddhistischer Mönch

INHALTSVERZEICHNIS

GOLD IST GELD

„Gold ist Geld und nichts anderes."
JOHN PIERPONT MORGAN, Bankier, 1913

Als ich vor einigen Jahren mit einem Freund über Gold redete, da war der Preis noch tief im Keller. Es war 2006 und kaum jemand sprach über das Edelmetall. Doch dieser Freund riet mir: „Fang an, Gold zu kaufen." Er erzählte etwas übers Geldsystem und „Papierwährungen", Inflation und Staatsverschuldung. Und ich dachte: *Der Typ spinnt, ist wohl etwas depressiv geworden.*

Damals schien das „Finanzsystem" noch ganz gut zu funktionieren, doch Insider wussten natürlich schon, dass es Risse bekam und nicht mehr rund lief. Rein äußerlich war die Welt jedoch noch in Ordnung. Klar, wir an der Börse machten uns unsere Gedanken darüber, dass in den USA offenbar Kredite an klamme Hausbauer vergeben wurden. Der Begriff „Subprime" tauchte auf, wurde diskutiert. Die ersten Warner prophezeiten, das Kartenhaus werde bald zusammenbrechen – ich hingegen schüttelte nur den Kopf. Warum denn gleich so pessimistisch werden? Ich konnte mir nicht vorstellen, dass Banken in so riesigem Ausmaß die Welt mit Kreditmüll verseuchen könnten. Immerhin gab es doch Aufsichtsbehörden, Zentralbanken, Wirtschaftsprüfer, Ratingagenturen, globale und nationale Aufpasser aller Art – wie also sollte ein globaler Kreditbetrug in solch wahnsinnigen Dimensionen überhaupt möglich sein?
Heute wissen wir: Es war möglich. Und warum war es möglich? Weil heutzutage Geld nicht mal mehr gedruckt werden muss. Es entsteht auf Knopfdruck. Es sind Zahlenreihen in Computern. Zahlenreihen, die auf wundersame Weise immer größer, immer breiter werden.

Im Sommer 2010 besuchte ich New York, um mit einigen einflussreichen Geldkennern zu diskutieren. Kurz zuvor wurde die Schuldenuhr am traditionsreichen Union Square „verbreitert". Jetzt ist Platz für eine zweistellige Billionensumme. Ein Blick auf diese Uhr ließ mich erschaudern. In rasendem Tempo erhöhen sich sekündlich die Verbindlichkeiten der USA, doch niemanden scheint das aufzuregen. Am Union Square schlängelt sich der Broadway entlang, auch die vornehme Park Avenue beginnt an diesem Platz. Tausende Menschen gehen hier tagtäglich entlang, quellen aus den U-Bahn-Schächten. Millionen Autos fahren an der Schuldenuhr vorbei, oft genug gibt es Stau. Eigentlich eine gute Gelegenheit, einen Blick auf diese riesige, flimmernde Anzeige zu werfen.

Doch die Menschen ignorieren dieses „Wahrzeichen" unserer Finanzwelt, das zugleich ein unübersehbares Warnzeichen ist. Sie gehen achtlos an der Schuldenuhr vorbei und würdigen den drohenden Untergang, der hier in leuchtend roten Ziffern angezeigt wird, keines Blickes. Kaum jemandem scheint aufgefallen zu sein, dass die Schulden weltweit immer nur steigen – und gerade in den vergangenen Jahren immer schneller. So hat US-Präsident George W. Bush in seiner Amtsperiode mehr Schulden gemacht als alle seine 42 Vorgänger zuvor. Auch das scheint niemanden zu beunruhigen.

Wie hoch sind die Schulden der USA? Offiziell liegen sie bei 15 Billionen Dollar, inoffiziell spricht man von 60 Billionen. Darin sind alle zukünftigen Entwicklungen eingerechnet, die derzeit noch nicht in den Statistiken auftauchen, wie zum Beispiel Pensionsverpflichtungen.

Ich stehe also am Union Square und starre auf die Schuldenuhr. Außer mir tut das sonst niemand hier. Mir läuft ein eiskalter Schauer über den Rücken: pro Minute fast eine Million Dollar Schulden zusätzlich. Anderen Berechnungen zufolge brauchen die USA allein fünf Milliarden Dollar, um überhaupt zu überleben.

Stellt sich die Frage, wer ihnen dieses Geld gibt? Woher kommt all das Geld eigentlich? Aber dazu später mehr.

Ist Ihnen etwas aufgefallen? Ich meine, wie selbstverständlich ich die Begriffe „Milliarden" und „Billionen" benutze? Sind diese *Billionen* wirklich so selbstverständlich? Werden wir mit genau derselben Selbstverständlichkeit in wenigen Jahren auch über *Trillionen* sprechen? Und dann über *Quadrillionen*? Um es vorwegzunehmen: Zu den Trillionen wird es nicht mehr kommen. Das Geldsystem wird zuvor zerbrechen. Dann sind die ganzen Scheinchen wertlos – auch wenn das bisher noch niemand für möglich hält. Aber dieser Zeitpunkt wird kommen, so sicher wie eins und eins zwei macht, denn das Ende dieser Schuldenorgie folgt auch mathematischen Regeln.

Für viele Menschen ist es zur Selbstverständlichkeit geworden, dass Schulden steigen. Auch bei uns in Europa, in Deutschland. Diese Arglosigkeit wundert mich ein wenig, denn man muss nicht Volkswirtschaft studiert haben und braucht kein Mathematiker zu sein, um festzustellen, dass ein solches System dem Untergang geweiht ist. Die Frage ist nicht, ob, sondern wann es kollabiert. Das System wird unter seiner Schuldenlast zerbrechen. Und dieser Zeitpunkt scheint nicht mehr allzu fern zu sein.

Das ist das Problem allen Geldes: Es ist beliebig vermehrbar. Früher musste man dazu noch die Druckerpressen anwerfen. Heute genügt ein Tastendruck am Computer. Alle Versprechungen der Politiker und der Notenbanker sind nur Makulatur. Fakt ist: Die Geldmenge vergrößert sich immer schneller. Dahinter steckt sogar ein Prinzip, das fest in unserem Geldsystem verankert ist. Wir haben es mit einem System zu tun, das immer mehr Schulden braucht und schon allein deshalb nicht ewig laufen kann – warum das so ist, dazu später mehr.

Wann zerbricht ein solches System? Wenn das Vertrauen verschwindet. Denn nichts anderes ist Geld: ein Kredit – dieser Begriff stammt aus dem Lateinischen und bedeutet so viel wie

„Glaube", „Vertrauen". Unser Geld basiert auf dem Vertrauen, dass andere Marktteilnehmer ebenfalls davon ausgehen, für das bunt bedruckte Papier, die Banknote, zu einem späteren Zeitpunkt eine Gegenleistung zu bekommen, also für die Scheine etwas kaufen zu können. Doch der „Schein" könnte in Zukunft tatsächlich nur noch Schein sein. Dieses Schicksal erlitten übrigens alle bisherigen „Scheinsysteme" der Menschheitsgeschichte. Sie alle sind früher oder später zerbrochen. Und das hatte immer denselben Grund: Die Menge der Papiere wuchs unaufhörlich und immer schneller, und am Ende waren sie wertlos.

Noch achten die Menschen am Union Square nicht auf die Schuldenuhr. Sie sehen nicht, wie stark die Schulden explodieren. Doch eines Tages werden sie es tun, und dann ist es zu spät. Je schneller diese Schuldenuhr läuft, desto stärker wird das Geld, das wir alle im Portemonnaie haben, entwertet. Normalerweise steht einer Geldmenge X ein Warenangebot Y gegenüber. Wenn es also mehr Geld gibt, aber nicht mehr Waren, müssen die Waren im Preis steigen. Vornehm ausgedrückt nennt man dieses Phänomen Inflation, doch eigentlich sollte es besser Geldentwertung heißen, damit jedem direkt die tatsächliche Bedeutung der Situation klar wird.

Mit jeder Million und jeder Milliarde, die diese Schuldenuhr anzeigt, wird umgekehrt das Geld der Menschen weniger wert. Wenn die Leute das wüssten, würden sie vielleicht der Anzeige am Union Square mehr Aufmerksamkeit schenken. Dass sie es jetzt nicht tun, werden sie später noch bereuen. Es ist immer wieder erstaunlich, wie wenig Interesse die Menschen ihrem Geld widmen – Geld, für das sie schließlich hart gearbeitet haben, zum Teil ein Leben lang. Dieses Desinteresse ist von Politik und Zentralbanken gewollt. Niemand soll verstehen, was Geld wirklich ist, was dahinter steckt. Jeder soll nur daran *glauben*. Man spricht in diesem Zusammenhang auch von der „Geldillusion", denn eigentlich ist Geld nichts! Bloß Papier oder Zahlenkolonnen im Rechner.

Seinen Wert erhält Geld erst, weil Menschen daran glauben.
Doch von diesem Glauben könnten sie demnächst abfallen. Dann
nämlich, wenn einer die Frage stellt: „Wer soll eigentlich diese
Schulden jemals zurückzahlen?"
Fakt ist: Die Schulden können nie zurückgezahlt werden. Das
weiß jeder Zentralbanker, von Anfang an. Er weiß, dass die Welt-
schuldenmenge aufgrund der Zinsen immer weiter ansteigen
muss. Er weiß, dass die Geschwindigkeit, mit der die Schuldenmenge ansteigt, zunimmt. Und er weiß auch, dass solche Geldsysteme aus genau diesem Grund irgendwann zusammenbrechen
werden.
Und damit sind wir bei der Kehrseite dieser gigantischen Schuldenmenge: Die Schulden des einen sind nämlich die Guthaben
des anderen. Oder anders ausgedrückt: Schulden und Geld sind
dasselbe. Wenn die Bank Ihnen 100 Euro leiht, dann haben Sie
100 Euro Schulden bei der Bank, und diese 100 Euro sind zugleich
Geld, das Sie in der Hand haben. Und woher hat die Bank das
Geld? Sie schöpft es aus dem Nichts. Das glauben Sie nicht? Es ist
aber so. Die Bank ist keineswegs bloß ein Vermittler, der nur Geld-
guthaben eins zu eins wieder ausleihen kann. Nein, eine Bank
kann einen Euro mindestens zehnmal verleihen – mit einigen
Tricks sogar noch öfter. Die Bank darf das. Es ist gesetzlich so
vorgesehen. Nur die wenigsten Menschen wissen das. Die Bank
schöpft das Geld aus dem Nichts, verleiht es und nimmt oben-
drein noch Zinsen.
Das ist eigentlich nichts Tragisches. Das Problem ist nur, dass auf
diese Weise ziemlich schnell viel neues Geld geschaffen wird, und
zwar nicht nur durch Geschäftsbanken an private Schuldner. Genauso läuft das Spielchen auch bei Staatsschulden. Wenn ein Staat
Geld braucht, dann geht er zur Bank und leiht es sich. Diese drückt
auf eine Taste und erzeugt das Geld – so viel, wie verlangt wird.
Damit hat der Staat frisches Geld, das er nun ausgeben kann.
Auf diesem Weg ist aus Schulden Geld geworden. Die Bank kann

nun nach Belieben die Schuldscheine des Bundes weiterverkaufen (zum Beispiel an Investoren) oder an die Zentralbank weiterreichen und bekommt dann für diese Staatsschulden ebenfalls Geld – wenn sie es braucht.

Auch die Notenbank zaubert es bei Bedarf aus dem Hut. Es ist tatsächlich nur ein Tastendruck, und schon existiert es, das Geld. Ein wunderbarer „Zaubertrick", allerdings auch ein Vorgang mit dramatischen Folgen.

Immer, wenn der Staat Schulden macht, geht er zu den Banken und kriegt den Betrag, den er will – egal in welcher Höhe. Die Banken machen das gerne, weil sie ja Zinsen dafür bekommen. Und es ist für sie völlig risikolos, da sie zur Not diese Staatsschulden an die Notenbank – zum Beispiel an die Europäische Zentralbank (EZB) – weiterreichen können und dann von dort ihr Geld bekommen. Dieser Prozess der Geldentstehung ist den meisten Menschen völlig unbekannt.

Wäre er bekannter, würde auch die pikante Widersinnigkeit auffallen, dass sich der Staat von den Banken Geld leiht und mit dem gleichen Geld dann die Banken rettet. Dafür darf er dann auch noch Zinsen zahlen. Ein „kleiner" Widerspruch, der in den Medien so noch kaum diskutiert wurde. Auch daran kann man erkennen, wie widersprüchlich unser Geldsystem an vielen Ecken und Enden ist. Und diese Widersprüche werden in Zukunft nicht kleiner, sondern größer.

Ich erzähle Ihnen das alles, damit Sie eine ungefähre Vorstellung davon bekommen, wie einfach es ist, „Geld" zu erschaffen. Und in dieser Einfachheit liegt das Problem. Geld ist praktisch beliebig produzierbar und wird ganz von selbst immer mehr. Wenn sich aber die Geld- beziehungsweise die Schuldenmenge erhöht, muss umgekehrt die Kaufkraft abnehmen. Und das tut sie auch. Erst langsam, schließlich immer mehr – und am Ende gibt es den großen Knall, wenn auch der Letzte kapiert, dass einfach zu viel Geld im Umlauf ist.

DER STAATSBANKROTT

Neben der Geldentwertung durch Inflation lauert aber auch noch eine andere Gefahr in unserer Geldordnung: der Staatsbankrott. Man muss schon ein sehr unbekümmerter Zeitgenosse sein, um nicht mitzukriegen, dass die Staatsverschuldung in den vergangenen Jahren atemberaubend gestiegen ist – nicht nur in Amerika. Und auch hier stellt sich die Frage: Können diese Schulden eigentlich je zurückgezahlt werden? Die Antwort ist: Nein. Der „Point of no Return" ist längst überschritten. Die Wahrheit ist: Kein Staat der Welt kann seine Schulden zurückzahlen. Wenn die Gläubiger darauf bestünden, ihr Geld zurückzubekommen, wären alle Staaten sofort bankrott. Das ist aber bei Insidern schon lange kein Geheimnis mehr. Nur die breite Masse darf es eben nicht wissen, weil sie sonst das Vertrauen ins Geld verlieren würde. Doch angesichts der gigantisch wachsenden Schuldenberge rund um den Globus und besonders in der westlichen Welt kommen auch bei Otto Normalbürger immer mehr Zweifel auf, ob es hier noch mit rechten Dingen zugeht.

Das Problem ist: Je höher die Schulden steigen, desto eher wird selbst dem Ahnungslosesten klar, dass hier irgendetwas nicht stimmen kann. Dieser Vertrauensverlust ist ein schleichender Prozess, aber auch ein Prozess ohne Umkehr. Staatsschulden steigen zunehmend, und immer mehr Leute stellen sich die Frage: Wie soll das je beglichen werden? Um es vorwegzunehmen: Das ist gar nicht vorgesehen. Es mag zwar erstaunlich klingen, ist aber so. Eine Rückzahlung der Schulden würde Geld vernichten, denn das Geld der Welt kam ja erst durch Schulden in Umlauf. Würden diese Schulden nun zurückgezahlt, wäre das Geld wieder weg. Dieses „Gelddilemma" ist ebenfalls nur wenigen Menschen bekannt.

Um es noch einmal im Klartext zu wiederholen: Geld entsteht erst, wenn die Bank es Ihnen leiht. Die Bank schafft es aus dem Nichts.

Sie haben dann zwar Schulden, aber auch einen höheren Kontostand, sodass Sie sich etwas kaufen können, zum Beispiel ein Haus. Mit diesen Schulden kommt also neues Geld in die Welt, das nur existiert, weil die Bank es herbeigezaubert hat. Zahlen Sie die Schulden nun zurück, dann ist das Geld wieder weg – es sei denn, die Bank findet jemand anderen, dem sie es ausleihen kann. Das Gleiche gilt im großen Stil auch für Staaten. Wenn Sie verstehen, dass Geld nichts anderes ist als Schulden, dann begreifen Sie auch, warum ein Geldsystem auf lange Sicht kollabieren muss.

Die globale Schuldenhöhe muss also theoretisch zumindest gleich bleiben. Sinkt die Weltkreditmenge, dann wird irgendjemandem Geld weggenommen. Umgekehrt: Wenn der eine seine Schulden zurückzahlt, muss ein anderer Schulden machen, damit die Schuldenmenge gleich bleibt. Das fällt in den verschlungenen und verzweigten Pfaden des Geldsystems zunächst nicht weiter auf. Tatsache aber ist, dass die Welt immer mehr Schuldner braucht. Wenn zum Beispiel der Privatsektor wegfällt, weil die Banken keine Kredite mehr geben, dann müssen eben die Staaten einspringen, um die Schuldenmenge zu erhöhen. Genau das ist in den vergangenen Jahren geschehen: Die Schulden der Staaten wuchsen sprunghaft. Das Problem ist nur, dass es bekanntlich nicht ewig so weitergehen kann.

Wenn Staaten tatsächlich damit anfangen, Schulden zurückzuzahlen, dann haben wir ein ernsthaftes Problem im System. Damit die globale Schuldenhöhe gleich bleibt, muss dann jemand anderes Kredite aufnehmen. Zahlt der Staat zurück, muss also der Privatsektor neue Schulden machen. Das gelingt dadurch, dass man die Bonitätsanforderungen herunterschraubt und den Leuten billige Kredite anbietet. In diesem Zusammenhang machen Geldsystemkenner darauf aufmerksam, dass die Subprime-Krise (Hauskredite an Schuldner ohne Bonität) nur deshalb entstand, weil ab dem Jahr 2000 die USA unter Clinton begannen, ihre Schulden zurückzuzahlen. Da Schulden aber im Geldsystem

ständig steigen müssen, haben die Banken unter Anleitung der
US-Notenbank (Fed) versucht, die Schuldenmenge dadurch aufrechtzuerhalten, dass sie den Privatsektor mit billigen Hauskre-
diten bombardierten. Die Menschen nahmen die Kredite dankbar an, und so entstand ein kreditfinanzierter Immobilienboom
in den USA, dessen Folgen wir ja bereits kennen. Das Ziel des Finanzsektors für dieses Tun bestand offenbar einzig darin, die
Kreditmenge mithilfe des Privatsektors weiter zu steigern, weil der
Staat zu Beginn des neuen Jahrtausends auf die Sparbremse getreten hatte. Anfangs schien die Rechnung aufzugehen, doch
dann kam die Sintflut. Allerdings ist der Hauptschuldige dieser
Aktion vor dem Zusammenbruch schnell zurückgetreten: US-
Notenbankchef Alan Greenspan. Einige Geldsystemkenner sind
jedoch der Meinung, dass Greenspan so handeln musste, weil
das System sonst schon früher kollabiert wäre.
Jetzt werden Sie fragen: „Warum muss denn ich als Häuslebauer
jetzt meine Schulden zurückzahlen?" Antwort: Das ist deshalb
so, weil Sie kein Staat und keine Bank sind.
Oder kennen Sie jemanden, dem Sie dauernd Geld leihen und
der das, was er zurückzahlen soll, mit neuen Schulden begleicht?
Nein? Gibt es auch nicht. Aber die Staaten handeln so. Sie dürfen
das. Staaten zahlen Zinsen mit neuen Schulden. Diese Vorgehensweise ist bisher kaum in den Blickpunkt der Öffentlichkeit gerückt,
doch das wird sich ändern. Jedem dürfte klar sein, dass ein solches System nicht nachhaltig ist. In Fachkreisen wird dieses Phänomen „Rückzahlungsillusion" genannt. Platzt die Rückzahlungsillusion, ist der Staat bankrott (was er im Grunde jetzt schon
ist – nur ist es noch niemandem aufgefallen).
Dass die Rückzahlungsillusion platzt, wird umso wahrscheinlicher, je höher die Staatsschulden steigen. Es ist nur eine Frage der
Zeit. Irgendwann ist beim Schuldenmachen immer Schluss, weil
niemand mehr da ist, der Gläubiger sein will. Bei einigen Staaten
kommt dieser Zeitpunkt früher (zum Beispiel Griechenland), bei

anderen später. Die größten Industrienationen werden ihren Untergang deshalb durch Überschuldung erleben, wenn auch ein wenig zeitverzögert. Doch der Schuldenkollaps ist unvermeidlich. Zeit genug, um sich Gedanken über seine „Ersparnisse" zu machen.

Der österreichische Ökonom Friedrich August von Hayek analysierte schon sehr früh die Überschuldung der Staaten und die daraus resultierenden Konsequenzen in seinem Werk *Entnationalisierung des Geldes: Schriften zur Währungspolitik und Währungsordnung.* Von ihm stammt dieses Zitat: „Die Geschichte staatlichen Umgangs mit Geld ist, mit Ausnahme einiger kurzer glücklicher Perioden, eine Geschichte von unablässigem Lug und Trug. In dieser Hinsicht haben sich Regierungen als weit unmoralischer erwiesen, als es je eine privatrechtliche Körperschaft hätte sein können, die im Wettbewerb mit anderen eigene Arten von Geld auf den Markt bringt." Von Hayek trat eindringlich für die Entstaatlichung des Geldes ein, weil Politiker ihre Macht missbrauchten und die Geldordnung deshalb dauernd gefährdet sei. Was der Nobelpreisträger damals forderte, war also die „Entschweizerung" des Schweizer Frankens, die „Entdeutschung" der Deutschen Mark und die „Entfranzosung" des Französischen Francs. Von Hayek war der Ansicht, dass private Bankmanager, Konzernchefs, Aktionäre und Verwaltungsräte eine gerechtere und friedlichere Welt schaffen würden – große wirtschaftliche Einheiten sollten deshalb ihr privates Geld drucken können, so von Hayek. In seinem Buch *Entnationalisierung des Geldes* kommt der Ökonom zu dem Schluss, dass sämtliche Wirtschaftskrisen darauf zurückzuführen seien, dass Notenbanken Geld drucken. Er behauptet, dass eine richtige Weltwährung nur realisiert werden könne, wenn man das Recht zur Herausgabe von Geld privaten Banken überlassen würde. Private Banken würden dann aus Eigennutz dafür sorgen, dass das Geld gerecht unter der Bevölkerung verteilt werde und der Geldwert stabil bleibe.

Dieses „private" Geld würde in Konkurrenz zueinander stehen und so garantieren, dass kein Missbrauch damit getrieben wird. Dass dies der richtige Weg ist, wird natürlich von vielen Experten bezweifelt, doch die Idee des „konkurrierenden Privatgeldes" wurde in den Siebzigern unter Ökonomen heftig diskutiert. 2010 beschäftigte sich auch der Goldexperte und Chefvolkswirt der Barclay Bank, Thorsten Polleit, in seinem Buch *Geldreform. Vom schlechten Staatsgeld zum guten Marktgeld* mit den Konsequenzen der Überschuldungsorgie, wie sie derzeit in den „westlichen" Nationen stattfindet.

Damit es nicht (mehr) zu einem Kollaps des Geld- und Finanzsystems kommt, plädiert Polleit für eine umfassende Geldreform. Ausgangspunkt ist, dass das staatlich beherrschte Kredit- und Geldsystem als „unheilbringend" abgelehnt wird: „Das Staatsgeldsystem ist ein Fremd- und Störfaktor im Gefüge freier Märkte und verursacht zwangsläufig Finanz- und Wirtschaftskrisen." Die damit verbundenen Missstände (Rezession, Arbeitslosigkeit) würden aber regelmäßig dem freien Marktsystem angelastet, obwohl es doch das Staatsgeldsystem sei, das die Krisen bewirke. Die falsche Diagnose der Krisenursache befördere falsche Maßnahmen: Um den vom Staatsgeldsystem verursachten Übeln zu entkommen, weiteten die Zentralbanken laut Polleit die Geldmenge aus und sorgten für vorübergehende Scheinverbesserungen. Die aber führten zu umso schwereren Finanz- und Wirtschaftskrisen.

„Dem Versuch, das Staatsgeldsystem aufrechtzuerhalten, fallen immer mehr bürgerliche und unternehmerische Freiheiten zum Opfer. Die Gesellschaften verfangen sich im Gestrüpp des Interventionismus. Der Weg mündet in eine sozialistische Staats- und Befehlswirtschaft, die Unfreiheit, Gewalt und Elend bringt und durch die das Geld letztlich zerstört wird", prognostiziert der Goldexperte – und genau das ist auch meine Meinung. Alle Staaten haben sich dem Staatsgeldsystem verschrieben, in dem Geld durch Bankkredite aus dem Nichts produziert wird. Ein solches

System begünstigt auf Dauer Fehlinvestitionen und (Staats-) Überschuldung und schafft damit politische Anreize, das Geld durch Hyperinflation zu entwerten. Schon der wohl bedeutendsten Ökonom des 20. Jahrhunderts, Ludwig von Mises (1881–1973), hat deshalb einen Zusammenbruch als unabwendbar aufgezeigt. Die gegenwärtige, noch nicht ausgestandene Finanz- und Verschuldungskrise ist das sicht- und spürbare Symptom, der Vorbote des Kollapses.

ACHTUNG, ANLEIHEN!

Für viele Menschen gilt die Staatsanleihe immer noch als sichere Anlage. Wenn Staatsanleihen steigen und die Zinsen entsprechend fallen, dann liest man in den Medien oft, dass Anleger „in den sicheren Hafen geflohen" seien. Das ist natürlich vollkommener Quatsch und bestenfalls auf die Unerfahrenheit einiger Journalisten zurückzuführen. Denn Staatsanleihen sind heutzutage alles andere als sicher. Sie sind sogar die beste Möglichkeit, ein Vermögen zu vernichten. Wie aber kommen die steigenden Kurse bei Staatsanleihen zustande? Sind es wirklich normale Käufer, die hier zugreifen und die Preise in die Höhe treiben? Natürlich nicht!

„Bei diesen Niveaus kann man langfristig nur verlieren", sagte im Herbst 2010 Joachim Fels, Chefvolkswirt von Morgan Stanley, im Interview mit der *Berliner Zeitung*. Es sei zwar nicht auszuschließen, dass die Zehnjahresrendite der Bundesanleihen unter zwei Prozent abrutsche, weil „die Märkte ja gerne übertreiben". Aber Fels warnte: „Wer jetzt noch kauft, setzt auf den falschen Teufel." Das niedrige Zinsniveau sei durch die massiven Käufe von Staatsanleihen durch die Notenbanken der USA und Großbritanniens „manipuliert". Genau so ist es: Die hohen Kurse bei Staatsanleihen sind künstlich erzeugt durch den Kauf von Notenbanken. Baron von Münchhausen hätte seine helle Freude an den Lügenmärchen, die in diesem Zusammenhang in den Medien verbreitet werden.

Doch der Chefvolkswirt von Morgan Stanley nimmt die Zentralbanken sogar in Schutz: Aus seiner Sicht „tun die Notenbanken gut daran, die Deflation mit allen Mitteln zu verhindern". Letztlich würden sie in dem Kampf erfolgreich sein, glaubt Fels. Der Preis für diesen Sieg über die Deflation sei eine höhere Inflation. Doch das sei das kleinere Übel, weil die Notenbanken im Gegensatz zur Deflation wüssten, wie sie den „Teufel Inflation" bekämpfen können.

Als Chefvolkswirt scheint Joachim Fels außerordentlich wenig darüber zu wissen, was an den globalen Anleihenmärkten wirklich abläuft. Was versteht dieser Mann eigentlich unter dem Begriff „Märkte"? Was meint er, wenn er sagt, dass Märkte gern übertreiben? Die freie Marktwirtschaft ist doch schon seit Jahren abgeschafft! Dass US-Bonds steigen, wird einzig und allein durch geschickte Manipulation der Fed (US-Zentralbank) verursacht, wie er ja selbst zugibt – und nicht durch freie Märkte. Ähnlich funktioniert die Manipulation in Europa, wo die EZB sowieso jeden „Staatsschrott" schon eins zu eins in Euro umtauscht.

Der Anstieg der Anleihen beziehungsweise US-Bonds hat keineswegs damit zu tun, dass irgendwelche „dummen" Anleger diese Papiere kaufen. So viele Dumme kann es gar nicht geben, denn die von den Staaten emittierte Papierflut wird täglich größer. Wer kauft also? Es sind die Banken! Und denen ist es bekanntlich egal, ob sie später daran bankrottgehen, denn zahlen muss es am Schluss der Bürge (Bürger) selbst. Das ist das Perverse an dem Spiel, das derzeit niemand kapiert, offenbar noch nicht mal der Chefvolkswirt.

Der Anstieg der Bonds reflektiert somit nichts anderes als das finale Stadium des Geldsystems. Und das sieht so aus: Damit die Notenbanken den Anleihenschrott nicht selbst kaufen müssen (wäre ja viel zu auffällig), geben sie den Banken Anreize, damit diese es tun. Sie leihen den Banken unbegrenzt Geld zu einem Prozent. Dafür kaufen die Banken Staatsanleihen für drei Prozent. Bleibt in diesem vereinfachten Rechenbeispiel eine Differenz von zwei Prozent, welche sich die Banken selbst in die Tasche stecken. Bei den PIIGS-Staaten ist dieses kriminelle Gewinnerzielung sogar noch lukrativer: Für Griechenland-Anleihen gab es 2010 fast zwölf Prozent Zinsen. Irland bezahlte über acht Prozent für seine zehnjährigen Staatsbonds. Im Falle Griechenlands steckten sich die Banken also fast elf Prozent in die Tasche. Und wenn's schiefgeht? Dann gehen sie halt pleite, und dann muss sie der Staat retten, was nichts anderes bedeutet, als dass am Ende der Steuerzahler dafür blutet. Als freie Marktwirtschaft oder Kapitalismus kann man diesen Vorgang nun wahrlich nicht mehr bezeichnen. Bankensozialismus oder Staatswirtschaft zum Zwecke der Bereicherung des Finanzsektors würden da schon eher passen. Denn das, was die Banken derzeit machen, mündet hundertprozentig in ein Desaster. Das hat schon das Beispiel Hypo Real Estate gezeigt.

„Kurz" finanziert „lang" – das führte bereits bei den Kreditgiftmüllpaketen aus den USA zu einer Katastrophe. Als die Kurse fielen oder die Zinsen stiegen, war das Spiel aus. Das Gleiche droht nun auch bei den Staatsbonds.

Staatsanleihen – diese wertlosen Papiere kauft schon lange kein normaler Anleger mehr, das weiß sogar Lieschen Müller. Wer sie aber kauft, das sind die Banken und die Versicherungen, die Pensionsfonds und andere Altersvorsorgestellen. Wie es jedoch unter diesen Vorgaben tatsächlich um die Altersvorsorge bestellt ist, kann sich jeder leicht ausrechnen. Ich persönlich würde keinen Pfifferling dafür geben, dass unter solchen Umständen meine Rente noch sicher ist. Im Gegenteil: Sicher ist nur, dass sie praktisch wertlos ist.

Die Warnung des Chefvolkswirts ausgerechnet von Morgan Stanley zielt also völlig ins Leere. Vielleicht sollte er die Warnung mal im eigenen Bankhaus aussprechen und die Frage stellen, für wie viele Hundert Milliarden man diesen Papiermüll im eigenen Portfolio hat – und was denn eigentlich passieren würde, wenn die kurzen Zinsen wieder stiegen beziehungsweise die Anleihen fielen? Wen wundert es da, dass Notenbanken versichern, dass die kurzfristigen Zinsen auf absehbare Zeit erst mal unten bleiben? Die Chefs der Zentralbanken wissen ganz genau, dass ein Anstieg der kurzen Zinsen unmittelbar zum Systemkollaps führen würde, weil die Banken dann ihre Bonds verkaufen müssten. In diesem Fall müssten sie allerdings riesige Verluste in Kauf nehmen – falls es überhaupt noch möglich sein wird. Damit nähert sich das verlogene Pyramidenspiel unweigerlich dem Ende. Denn es wird niemand mehr da sein, der den Banken den staatlichen Kreditmüll abnimmt. So ist die Katastrophe – analog zur „Subprime-Krise" – programmiert. Warum handeln die Notenbanken so? Um Zeit zu gewinnen. Würden sie anders handeln, käme der Kollaps früher. Staatsanleihen wären dann allein schon aufgrund des erheblichen Überangebots nur noch zu sehr viel höheren Zinsen verkäuflich. Höhere Zinsen aber würden die Staatshaushalte kollabieren lassen (siehe Griechenland).

Fazit: Die Anleihen-Manipulation durch die Zentralbanken ist der letzte dicke Sargnagel für das globale Geldsystem. Joachim Fels von Morgan Stanley hat Recht: Letztlich werden die Notenbanken Erfolg damit haben, Inflation herbeizuführen und die Menschen zu enteignen, indem sie die Kaufkraft ihres Ersparten und der Rente auf null setzen.

UNENDLICH VIELE SCHULDEN?

„Jeder, der glaubt, exponentielles Wachstum könne endlos weitergehen, ist entweder ein Verrückter oder ein Ökonom." Diese Erkenntnis stammt von Kenneth E. Boulding, einem Wirtschaftstheoretiker aus den USA. Auch Boulding hat sich näher mit der Schuldenexplosion und deren Folgen beschäftigt. Dass exponentielles Wachstum zum Kollaps führt, ist für Naturwissenschaftler eine Selbstverständlichkeit. Nur die Ökonomen scheinen in diesem Punkt ziemlich uneinsichtig zu sein. Dabei steht am Ende eines Geldsystems immer die exponentielle Explosion. Das bedeutet nichts anderes, als dass sich die Geldmenge immer schneller, in immer kürzeren Zeitabständen verdoppelt – und zwar mit mathematischer Präzision. Bis zum Zusammenbruch.

Schulden erzeugen Zinsen. Zinsen erzeugen Zinseszinsen. Und so fort. Ein schuldbasiertes Geldsystem ist nichts anderes als eine Exponentialfunktion. Lange Zeit ist die Steigerung der Geldmenge kaum messbar. Irgendwann steigt sie ein wenig an, dann immer schneller, schließlich schießt sie senkrecht nach oben. So war es jedenfalls bisher bei allen Geldsystemen.

Diesen Effekt, dass die Zinseinnahmen anfangs nur langsam und dann immer schneller steigen, rechnet der Bankberater einem Sparwilligen gerne anschaulich vor. Auf schönen Schaubildern wird die Entwicklung der Altervorsorge dargestellt. Als Exponentialfunktion. Zunächst ist die Wertentwicklung eher gering. Erst nach 20 bis 30 Jahren kommt Schwung in den Ansparplan. Warum? Dank Zins und Zinseszins. Die Kehrseite dieser Medaille ist natürlich, dass auf der anderen Seite immer ein Schuldner stehen muss, der diese Zinsen zahlt. Und dem geht irgendwann die Luft aus. Bankrott.

Alles, was sich exponentiell entwickelt, endet zwangsläufig in der Katastrophe. In einer Welt mit begrenzten Ressourcen kann eine exponentielle Entwicklung niemals Bestand haben. Wie schnell der Kollaps am Ende eintritt, zeigt eindrucksvoll das „Teichbeispiel". Dabei geht es um das Algenwachstum in einem Gewässer: Ein Teich braucht 25 Jahre, bis er zu einem Viertel veralgt ist. Und wie lange dauert es dann, bis der ganze Teich voller Algen ist? Was schätzen Sie? Es sind genau zwei Tage. Sicherlich ein schönes Beispiel für eine exponentielle Entwicklung: 25 Jahre bis zu einem Viertel und nur zwei Tage bis zur Totalveralgung. Leider trifft diese schreckliche Entwicklung auch auf unser zinsbasiertes Geldsystem zu.

Ein bekanntes Beispiel für das notwendige langfristige Versagen eines Zinssystems ist der sogenannte Josefspfennig: Wenn der heilige Josef im Jahr 0 für seinen Sohn Jesus ein Sparbuch mit nur einem Pfennig Einlage bei fünf Prozent Verzinsung bei einer Bank angelegt hätte, so hätte die Bank im Jahr 1466 einen Goldklumpen in Größe der Erdkugel als Zinsen auszahlen müssen. Ja, Sie haben richtig gelesen: Ein Pfennig, verzinst mit fünf Prozent über einen Zeitraum von 1.466 Jahren, würde am Ende eine Zinslast bedeuten, die einer Erdkugel aus Gold gleichkommt. Sie wäre sicherlich nicht zu begleichen. Wie aber ginge es in unserem theoretischen Beispiel weiter?

Exponentielles Wachstum bedeutet bekanntlich, dass sich ein Betrag X in immer kürzerer Zeit verdoppeln muss. In unserem Fall hat es 1.466 Jahre gedauert, bis der Zinsbetrag aus nur einem Pfennig eine ganze Erdkugel in Gold an Zinsen abgeworfen hat. Erdgeschichtlich nur kurze Zeit später, im Jahre 1990, wären es bereits 134 Milliarden (134.000.000.000) goldene Erdkugeln, die ein Pfennig aus dem Jahr 0 an Zinsen erzeugt hätte. Und noch weitere zehn Jahre später, im Jahr 2000, wären der Zinsertrag 200 Milliarden (200.000.000.000) goldene Erdkugeln.

Beachten Sie bitte das rasche Zinswachstum: Nach 1.466 Jahren schuldet die Bank dem einzelnen Anleger Josef an Zinsen eine goldene Weltkugel, aber bereits nach 500 weiteren Jahren – also nach einem Drittel der vorangegangenen Zeitspanne – wäre die

Rückzahlungsverpflichtung der Bank dann 134 Milliarden Mal
so hoch! Und nur zehn Jahre später hätte sie sich beinahe nochmals verdoppelt.

Das nennt man Exponentialfunktion: Erst steigt der Betrag ganz
langsam, dann immer schneller und schließlich explodiert er re-
gelrecht. Dieser grausame Mechanismus gilt für alle Schulden-
systeme. Immer dann, wenn Zinsen im Spiel sind, wird es irgendwann dramatisch. Die westlichen Industrienationen (USA, EU, GB)
stellten 2010 einen Neuverschuldungsrekord von rund fünf Billionen Dollar auf. Diese Summe war notwendig, um das Geldsystem nicht zusammenbrechen zu lassen. Denn im Verlauf der
Krise drohte die Gesamtkreditmenge zu schrumpfen – und das
ist tödlich fürs System.

Während 1995 rund eine Billion neue Kredite notwendig waren,
um die Zinsen zu bedienen, waren es im Jahr 2000 schon zwei
Billionen. Im Jahr 2005 waren drei Billionen vonnöten und im
Jahr 2008 brauchte das System vier Billionen für neue Kredite.
Auch wenn in den USA derzeit die Fed beim Ankauf der Staatsschulden aushilft und auch die EZB mittlerweile Ramschanleihen kauft, ist abzusehen, dass die Zeitabstände immer kürzer
werden, innerhalb derer immer mehr Billionen erforderlich sind,
um das System aufrechtzuerhalten. Dass dies im Grunde gar
nicht möglich ist, liegt auf der Hand.

Das Dilemma: Schon ein geringfügiges Absinken der Kreditmenge führt in die Katastrophe, beispielsweise in Form von Bankenpleiten, wie in den vergangenen Jahren geschehen. Andererseits
dürfte es in Zukunft praktisch unmöglich werden, die benötig-
ten Kredite zur Verfügung zu stellen. 2010 haben die Staaten noch
mal kräftig die Verschuldung erhöht – aber können sie sich in
der gleichen Geschwindigkeit auch 2011 weiterverschulden? Das
dürfte zumindest schwierig sein. Allein 2010 mussten die USA
das Staatsdefizit um rund drei Billionen Dollar ausweiten. Da
stellt sich die Frage, wer all die Bonds kauft? Die Ersparnisse der

Amerikaner liegen derzeit bei rund 600 Milliarden pro Jahr. Nicht viel besser sieht es in der EU aus. Hier sind 2010 schätzungsweise 1,6 Billionen neue Schulden aufgenommen worden. Großbritannien braucht rund 230 Milliarden Pfund.

Auf all diese Billionen sind 2011 natürlich Zinsen fällig. Ebenso sind Zinsen auf die Altschulden zu entrichten. Damit wird sich die Situation dramatisch zuspitzen. Die offizielle US-Kreditsumme (Staat und Privatsektor) dürfte 2010 rund 60 Billionen Dollar betragen. Bei einer Durchschnittsverzinsung von fünf Prozent braucht das Geldsystem also in dieser theoretischen Rechnung allein für die USA im Jahr 2011 drei Billionen Dollar – nur für die Zinszahlung. Diese Rechnung zeigt, dass der Zug mit immer höherer Geschwindigkeit auf die Wand zu rast.

Alle „Sparbemühungen" seitens der Politiker sind Lippenbekenntnisse, da das Geldsystem mit den fälligen Zinszahlungen eigene Zwangsmechanismen schafft, die sich immer mehr vom Machbaren entfernen. Kein Wirtschaftswachstum der Welt wird den Zinseszinseffekt einholen. Es dürfte nur noch ein Frage von kurzer Zeit sein, bis sich die Anleihenbesitzer ernsthafte Sorgen über die Werthaltigkeit ihrer Assets machen, angesichts der Tatsache, dass Staatsanleihen in den nächsten Monaten und Jahren geradezu inflationär auf den Markt geworfen werden.

Sollte es hier zu einem „Käuferstreik" kommen oder sich die großen Kapitalsammelstellen gar entscheiden, ihre Bonds zu verkaufen (zum Beispiel PIMCO, eine der weltweit größten Kapitalsammelstellen), dann bedeutet das den Infarkt des Geldsystems. Dieser kann jetzt schon täglich eintreten, wenn die großen Anleger nicht mehr kaufen. PIMCO (Pacific Investment Management Company, LLC, mit Sitz in Newport, USA), eine Tochter der Allianz, hat sich gegen Ende 2010 mehrfach äußerst kritisch zu den explodierenden Staatsschulden geäußert. Den Strategen ist offensichtlich aufgefallen, dass die Schulden in einem nie da gewesenen Ausmaß steigen, was den Vorstand zunächst einmal zu der Frage veranlasst hat, ob es denn hier noch mit rechten Dingen zugehe. Der Chef von PIMCO hat in diesem Zusammenhang öffentlich von einem betrügerischen Pyramidenspiel (Ponzi-Schema) gewarnt. Wörtlich sagte Bill Gross in einem Kommentar der Investmentgesellschaft, die Geldpolitik der US-Notenbank (Fed) sei ein dreistes „Ponzi-System". Anlass war der erneute Kauf von US-Staatsanleihen im Wert von bis zu 600 Milliarden Dollar durch die Fed („Quantitative easing 2"). Es komme ihm so vor, als gehe die US-Notenbank noch einen Schritt weiter als der Financier Charles Ponzi mit seinem betrügerischen Schneeballsystem im Jahr 1920, schrieb Gross. Schließlich mache die Zentralbank sogar selber bei der „Party" mit.

Was Gross allerdings nicht erwähnte, ist die Tatsache, dass es unser Geldsystem ist, das solche Maßnahmen erzwingt. Wenn im Falle der USA niemand mehr Staatsanleihen kauft, weil er aufgrund der explodierenden Schulden nicht mehr an Rückzahlung glaubt, dann tut es eben die Notenbank. Täte sie es nicht, würde das System sofort kollabieren, weil die Zinsen dann in schwindelnde Höhen schnellten. Damit wären die USA pleite, weil sie dann die Schulden nicht mehr bedienen können. Und natürlich können bei einem Käuferstreik die Notenbanken einspringen – so, wie sie es ja auch jetzt schon tun. Doch wenn dereinst die Zentralbanken komplett alle Staatsschulden kaufen, dann kapiert auch der Letzte, dass das System am Ende ist. Dieser Zustand könnte schon bald eintreten, denn eines ist klar: Es werden nicht weniger, sondern mehr Billionen sein, die das System zum Überleben braucht.

MIT VOLLGAS IN DEN ABGRUND

Wenn man in die falsche Richtung fährt, hat es keinen Zweck, die Geschwindigkeit zu erhöhen. Aber genau das passiert derzeit. Wir fahren mit vollem Tempo gegen die Wand. Am Steuer dieses Höllengefährts sitzen die Chefs der Zentralbanken, Beifahrer sind die Politiker. Sie alle wissen, dass ihr Handeln falsch ist, aber sie handeln trotzdem und bezeichnen ihr Vorgehen als alternativlos. Doch damit haben sie unrecht. Die Alternative wäre, zu sagen: „So geht's nicht mehr weiter. Wir müssen eine Vollbremsung machen." Aber das traut sich natürlich niemand – aus Angst vor den Konsequenzen. Deshalb geben Zentralbanker und Politiker Vollgas – und das bedeutet: immer schneller immer mehr Geld drucken. Das bleibt natürlich nicht unerkannt von einigen Volkswirtschaftlern. Die Zahl derer, die warnen, nahm in letzter Zeit zu, doch ihre Rufe verhallen ungehört. Niemand traut sich, die Notbremse zu ziehen. Getreu der etwas abgedroschenen Metapher eines Selbstmörders, der vom Dach eines Hochhauses springt. Als er an der zehnten Etage vorbeirauscht, warnen ihn Beobachter vor dem sicheren Tod. Der Springer lacht und sagt: „Bisher ist doch alles gutgegangen." Doch das Ende kommt manchmal schneller, als man denkt.

Immer mehr Top-Ökonomen sehen insbesondere die US-Zentralbank auf dem Weg in die Inflationsfalle. Dabei läuft das Prozedere praktisch ähnlich ab wie der Mechanismus, der in Deutschland in den Zwanzigern in die Hyperinflation mündete. Die Parallelen sind offensichtlich, werden aber von den Experten derzeit noch nicht richtig erkannt. Jedoch sehen einige von ihnen durchaus die Inflationsgefahren am Horizont, auch wenn sie im Jahre 2010 noch nicht evident waren. Ausgangspunkt der Gefahrenlage war die schleppende Konjunkturerholung besonders in den USA, welche die Notenbank zu regelrechten Gelddruckorgien veranlasste.

Führende Ökonomen in Deutschland hatten die Entscheidung der US-Notenbank, angesichts der schleppenden Konjunkturerholung weitere Stützungsmaßnahmen auf den Weg zu bringen, scharf kritisiert. „Die Idee, dass mit dauerhaft niedrigen Zinsen und einem Ausweiten der Geldmenge die Krise, die durch zu niedrige Zinsen und zu viel Kredit und Geld verursacht wurde, aus der Welt geschaffen werden kann, ist ökonomisch nicht nachvollziehbar", meinte zum Beispiel der Chefvolkswirt von Barclays Capital Deutschland, Thorsten Polleit, in einem Interview mit dem Nachrichtenmagazin *Focus*. „Vielmehr ist zu befürchten, dass die Fed-Politik Gefahr läuft, schlussendlich in eine ausgewachsene Inflationspolitik zu münden." Einer solchen Entwicklung werde sich wohl kein Währungsraum entziehen können. „Schwenken die USA auf eine Inflationspolitik ein, brechen die Dämme: Andere Währungsräume würden ebenfalls auf eine Inflationspolitik einschwenken", warnte Polleit. „Denn in allen Währungsräumen ist das Problem das gleiche: zu hohe Schulden und damit einhergehend der politische Anreiz, den Geldwert herabzusetzen."

Es ist ein offenes Geheimnis einer jeder Zentralbank, dass eine Deflation um jeden Preis verhindert werden muss. Deshalb ist das Handeln einer Notenbank – auch der EZB – immer auf moderate Inflation ausgerichtet. Die Frage ist nur, ob die Notenbanken das immer präzise steuern können oder ob ihnen das Ruder irgendwann aus der Hand läuft. Und genau das befürchten einige Ökonomen.

Ein deflatorischer Crash ist unkontrollierbar, argumentieren hinter vorgehaltener Hand die Geldgötter in den Zentralbanken. Bankenpleiten, Firmeninsolvenzen, Massenarbeitslosigkeit und politische Unruhen seien die akute Folge.

Das stimmt. Das Problem ist aber, dass die Folgen einer Hyperinflation die gleichen sind – nur treten sie später ein, siehe Weimarer Republik. So scheint es das Ziel der Zentralbanken zu sein, das Unvermeidliche einfach nach hinten zu schieben, allerdings mit der Konsequenz, dass damit die Fallhöhe steigt. Später einmal werden sie sich dafür rechtfertigen müssen, warum sie reinigende Prozesse – und dazu zählen natürlich auch Bankenpleiten – nicht zugelassen, sondern mit hemmungslosem Gelddrucken bekämpft haben. Gewiss, Bankenpleiten und Rezession sind furchtbar. Aber wenn man sie dauernd verhindert, entartet das Gesamtsystem. Das, wofür die westliche Welt eigentlich steht – freie Marktwirtschaft und Kapitalismus, konkurrierende Systeme –, wird durch diese Vorgehensweise Schritt für Schritt abgeschafft. Wenn es jetzt irgendwo brennt, wird einfach Geld gedruckt. Entweder durch die Zentralbanken selbst oder in Form von Staatsschulden, was letztlich das Gleiche ist.

Einige Zeitgenossen, echte Experten, mit denen ich von Zeit zu Zeit diskutiere, meinen sogar, dass das System schon längst zusammengebrochen wäre, würde es eine freie Marktwirtschaft tatsächlich noch geben. Da sie aber abgeschafft wurde, wird das System nur noch künstlich am Leben gehalten. Das ist zwar kein Garant dafür, dass es ewig so weitergeht, aber immerhin hat man damit ein bisschen Zeit erkauft. Denn am Ende müssen diejenigen für das System einstehen, die zu diesem Zeitpunkt in Amt und Würden sind. Wer will einer aufgebrachten, wütenden Bevölkerung dann erklären, was die wirklichen Hintergründe sind? „Die Letzten hängen an der Laterne", prognostizierte einmal einer meiner Gesprächspartner, der seinen Galgenhumor natürlich nur hinter vorgehaltener Hand äußerte.

Kein Wunder, dass Politik und Notenbanken mit allen Mitteln versuchen, das Unvermeidliche hinauszuzögern, auch mit der Konsequenz, dass es am Ende noch schlimmer wird. Doch den derzeitigen Verantwortlichen bleibt damit die Hoffnung, dass sie dann nicht mehr im Amt sind.

Weltweit geraten Regierungen immer mehr unter Beschuss. Der Grund ist immer der gleiche: Stresssituation wegen Überschuldung.

Politiker kommen und gehen. Auch die Nachfolger haben kaum Optionen. Problem: Die Menschen glauben zwar, dass neue Regierungen alles besser machen, die Wahrheit aber ist, dass alle nur Getriebene sind, deren Handeln vom Endstadium des Geldsystems bestimmt ist.

Ähnlich war es auch in den Zwanzigern. Immer kürzer wurde die Halbwertzeit der Regierungen. Immer hektischer wurden Führungspersonen ausgetauscht. Immer öfter wurden die Hoffnungen von Wählern zerstört, die dem Irrglauben unterlagen, dass neue Köpfe tatsächlich einen Unterschied machen können. Wenn kein Geld mehr da ist, sprich, wenn Schulden nicht mehr erhöht werden können, dann ist die Stunde der Wahrheit gekommen. Früher wurde zwar oft darüber gesprochen, dass die Schuldenmacherei dereinst zukünftige Generationen zu bezahlen hätten, doch die Zukunft kam leider etwas zu früh. Sie ist jetzt da.

Das Misstrauen gegenüber den Staaten wächst. Die Lunte brennt. Zunächst trifft es nur die Schwachen, später auch die Starken. Die Gemengelage im Zusammenhang mit der Transferhaftung in Sachen Euro ist auch für Deutschland hochexplosiv. Doch selbst wenn Deutschland überleben könnte, werden sich schon bald auch die Finger und fragenden Blicke auf die USA richten. Und spätestens dann droht der Exitus. Die Frage, ob Schulden je zurückgezahlt werden können, ist längst im Volk angekommen. Und sie wird mit Nein beantwortet. Das bedeutet: Vertrauen erodiert, neue Gläubiger zu finden, wird immer schwieriger. Doch abgesehen davon ist es nicht frei von Ironie, dass in unserem Geldsystem Schulden gar nicht zurückgezahlt werden dürfen, ohne dass der Kollaps droht. Dieser Widerspruch wird in Zukunft immer deutlicher. Und damit zerbröckelt das System auch von innen.

Unser Finanzsystem beruht auf Vertrauen. Doch dieses Vertrauen sinkt von Tag zu Tag. Damit dürften in Zukunft große Probleme auf uns zukommen.

Die Existenzkrise rückt näher. Und die Ursache stand von Anfang an fest: Überschuldung. Der österreichisch-amerikanische Wirtschaftswissenschaftler, Theoretiker des Liberalismus und einer der wichtigsten Vertreter der Österreichischen Schule der Ökonomie im 20. Jahrhundert, Ludwig von Mises, erkannte schon 1922: „Es gibt keine Möglichkeit, den finalen Zusammenbruch eines Booms zu verhindern, der durch Kreditexpansion erzeugt wurde. Die einzige Alternative lautet: Entweder die Krise entsteht früher durch die freiwillige Beendigung einer Kreditexpansion – oder sie entsteht später als finale und totale Katastrophe für das betreffende Währungssystem." Die nächsten Jahre dürften deshalb spannend werden. Die kommenden Ereignisse werfen bereits ihre Schatten voraus.

DER WÄHRUNGSCRASH

Immer wenn Papiergeld im Spiel ist, sind Währungscrash und Währungsreform zwangsläufig das Ende eines Geldsystems. Die Frage ist nur, wie nah wir derzeit am Abgrund stehen. Eines steht jedoch schon fest: Die meisten Menschen werden alles verlieren. Und die Politik im Einklang mit den Massenmedien wird sicherlich nicht rechtzeitig zugeben, dass das Ende naht. Der große österreichische Ökonom Friedrich August von Hayek bringt es auf den Punkt: „Mit Ausnahme der Periode des Goldstandards haben so gut wie alle Regierungen in der Geschichte ihre exklusive Macht, Geld in Umlauf zu bringen, dazu benutzt, das Volk zu betrügen und auszurauben."

Sehr häufig werde ich gefragt, ob das Szenario eines Systemcrashs, ausgelöst durch einen Währungscrash, nicht doch eine etwas pessimistische Prognose sei. Manche kritischen Zeitgenossen beurteilen dies alles ausschließlich als „verschwörungstheoretischen Quatsch", doch sie übersehen dabei, dass es selbst von offizieller Seite so zugegeben wurde. Immerhin sei darauf hingewiesen, dass es auch in Deutschland zum totalen Crash gekommen wäre, wenn der Staat nicht die Hypo Real Estate und die Commerzbank unter seine Fittiche genommen hätte, sprich: Der Staat übernimmt alle Risiken. Auch das „business as usual" bei der Commerzbank täuscht. Ohne staatliche Unterstützung wäre die Bank längst pleite. Auf das Problem der Hypo Real Estate gehe ich an anderer Stelle noch genauer ein.

Bis zu dem Zeitpunkt, an dem ich diese Zeilen schreibe, stand das Finanzsystem schon mindestens zweimal am Abgrund beziehungsweise kurz davor. Das wurde selbst von offiziellen Seiten bestätigt. Wie oft unser Geldsystem dagegen schon inoffiziell dem Exitus nahe war, darüber kann nur spekuliert werden. Das offiziell erste Mal drohte der völlige Zusammenbruch kurz nach der Lehman-Pleite im Oktober und November 2008, als es einen elektronischen Bankrun gab: Milliarden wurden von den wichtigsten Großbanken in den USA abgezogen. Das Geldsystem stand vor dem Kollaps, wie selbst die US-Notenbank später eingestand. Das zweite Mal drohte der Systemuntergang ausgehend von Europa, wie die EZB in ihrem Monatsbericht vom Mai 2010 ausdrücklich herausstellte. Es war die Zeit, als Griechenland praktisch Zahlungsunfähigkeit anmelden musste, weil sich das Land nicht mehr refinanzieren konnte. Nur ein spezieller „Rettungsschirm" mit Abermilliarden bewahrte den Mittelmeerstaat vor dem Sturz in den Abgrund. Wie schlimm die Lage an den internationalen Finanzmärkten damals wirklich war, kann man nur erahnen. Wenn schon eine Notenbank von Systemkollaps spricht, dann war die Situation wirklich ernst. Allein durch den Euro-Rettungsschirm mit der aberwitzigen Summe von 750 Milliarden wurde die Situation aufgefangen. Doch dieser Rettungsschirm wird in Zukunft auch nicht mehr helfen. Dazu Näheres in den nächsten Kapiteln.

Der drohende Kollaps ist im Geldsystem programmiert: durch Überschuldung einzelner Marktteilnehmer oder Staaten. Plötzlich entziehen Anleger ihr Geld, weil sie das Vertrauen verloren haben. Es ist also nicht nur ein Systemcrash, sondern auch ein Vertrauenscrash. Das System beruht auf Vertrauen und dieses sinkt mit steigenden Schulden. Wenig verwunderlich.

Wenn aber systembedingt die Schulden steigen müssen, bleibt es für mich rätselhaft, wie dann das notwendige Vertrauen ins System mit noch mehr Schulden gestärkt werden soll. Es liegt auf der Hand, dass der nächste Vertrauenscrash programmiert ist. Und diesen Crash wird das System nicht mehr überleben.

Staaten überschuldet, Banken überschuldet. Und alle schreien nach mehr Geld, sprich Schulden. Zunächst gießen die Notenbanken noch mehr Öl ins Feuer und spendieren Abermilliarden für dubiose Rettungsaktionen. Wer wie viel Geld erhält, bleibt dabei bewusst im Dunkeln. Wie immer machten die Währungshüter

(EZB genau wie die Fed) ein großes Geheimnis daraus, welche
Geldhäuser konkret in Gefahr waren. Fakt aber ist, dass sie alle
mit riesigen, frisch gedruckten Geldsummen im allerletzten Moment gerettet wurden. Die Tatsache, dass auch die EZB ihre Rettungsaktionen nicht der Öffentlichkeit mitteilt, ist auch nicht gerade vertrauensfördernd. So erodiert das System mit jedem Tag.
Praktisch im Wochentakt werden selbst auferlegte Gesetze und
Regeln gebrochen, ohne dass die Öffentlichkeit erfährt, wer von
den Neuregelungen profitiert. Nur bei Griechenland weiß man
jetzt, dass die wertlosen Staatsschuldscheine jederzeit gegen fri-
sche Euros getauscht werden können. Ein Skandal ungeheuren
Ausmaßes, denn gemäß ihren Statuten darf die EZB keine
Ramschanleihen ankaufen. Sie tut es trotzdem und wird es auch
in Zukunft noch vermehrt tun, nämlich dann, wenn die Südschiene kein Geld mehr bekommt. Genauso greift die Europäische
Notenbank maroden Banken unter die Arme und hilft mit Milliar-
denkrediten aus – auch das ist eigentlich verboten. Mehr noch: Wer
der Nutznießer dieser Milliardenspritzen ist, wird von der EZB verschwiegen. Ähnlich konspirativ handelt auch die US-Notenbank.
Sowohl die Notenbanken rund um den Globus als auch sämtliche Staaten haben ihre Karten ausgespielt. Bei einer erneuten
Zuspitzung der Krise bahnt sich demzufolge der Totalzusammenbruch an, weil dann unübersehbar ist, dass das Kartenhaus
zusammengebrochen ist.
Der drohende Crash vom Mai 2010 hatte deutlich sichtbare Vorboten an der Börse. Am 6. Mai brach der Dow Jones plötzlich innerhalb weniger Minuten um zehn Prozent ein. Gegen 21 Uhr deutscher Zeit stürzten aus heiterem Himmel die Kurse in den Abgrund. Manche Dow-Aktien waren auf einmal nur noch wenige Cent wert. Einen solchen Kurseinbruch gab es noch nie.
Noch merkwürdiger aber war die Tatsache, dass sich die Aktien
innerhalb kurzer Zeit wieder erholten und nur noch mit einem
Verlust von zwei Prozent aus dem Handel gingen. Wie von

Zauberhand wurden die Kurse wieder nach oben gezogen. Am Ende des Börsenhandels schien alles wieder im Lot zu sein. Anderntags berichteten die Medien kaum von dem Megaereignis. Es hieß lediglich, dass das New Yorker Aktienbarometer leichte Verluste verbuchte. Dabei war der riesige Kurseinbruch im Verlauf des Handels der größte der Börsengeschichte. Und es war sicherlich auch eine der größten Erholungen nach einem Minicrash in der Geschichte der Börse.

Die Angelegenheit stellte sich im Nachhinein als äußert mysteriös dar. Von offizieller Seite war man bemüht, das Ereignis unter den Teppich zu kehren: Man sprach von einem Computerfehler. Doch diese Version musste später zurückgenommen werden. Bis heute ist unklar, wie es zu einem solchen Kurseinbruch gekommen ist, zumindest offiziell. Zudem gibt es an der Wall Street Sicherheitseinrichtungen, die größere Kurseinbrüche praktisch unmöglich machen. Diese Sicherheitsvorkehrungen wurden im Nachklang der Crashs 1987 und 1989 eingeführt und sollen verhindern, dass der Aktienmarkt unkontrolliert in ein schwarzes Loch fällt. Aber genau das ist am 6. Mai 2010 geschehen.

Einige Experten sehen hingegen als mögliche Ursache für den Crash den totalen Abverkauf von Aktienbeständen durch eine große Adresse. Dieser Player hatte entweder die Nerven verloren oder an diesem 6. Mai durch Insiderinformationen davon Wind bekommen, dass das System kurz vor dem Totalkollaps stand. Was liegt bei einer solchen Informationslage näher, als alle seine Aktien zu verkaufen?

Jedenfalls rumorte es am 6. Mai 2010 gewaltig. Das belegt auch der umfangreiche Bericht der EZB. Hier einige Auszüge aus dem hundertseitigen offiziellen Spezialreport der Europäischen Zentralbank zum Fast-Systemkollaps im Mai 2010:

- *Am 6. und 7. Mai griffen die Spannungen an den Staatsanleihemärkten einiger Euro-Länder auf die Finanzmärkte insgesamt über. Die Volatilität im Bereich der Übernachtkontrakte nahm zu, die Liquidität verringerte sich und die Funktionsfähigkeit einiger Finanzmarktsegmente war ernsthaft beeinträchtigt. Der plötzliche Stimmungswandel löste eine massive Flucht der Finanzinvestoren in sichere Anlagen aus, die einen erneuten Abwärtsdruck auf die Staatsanleiherenditen nach sich zog. Um diesen Spannungen an den Finanzmärkten entgegenzuwirken, verständigten sich die EU-Finanzminister am 9. Mai auf einen europäischen Finanzstabilisierungsmechanismus, und die EZB kündigte am 10. Mai die Einführung einer Reihe von Maßnahmen an. (S. 37)*

- *Nach dem plötzlichen Einbruch des amerikanischen Dow-Jones-Index am 6. Mai, dessen Ursachen derzeit noch untersucht werden, griffen die Bedenken unversehens von den Staatsanleihemärkten auf die Finanzmärkte im Allgemeinen über. An den Finanzmärkten war binnen Tagesfrist eine sprunghafte Zunahme der Volatilität zu verzeichnen, und am 7. Mai verringerte sich die Liquidität spürbar. Einige Finanzmarktsegmente wurden in ihrer Funktionsfähigkeit deutlich beeinträchtigt. (S. 38)*

- *Bedingt durch eine deutliche Zunahme der Unsicherheit im Zusammenhang mit dem Adressenausfallrisiko war die Entwicklung der Geldmärkte am 6. und 7. Mai von Ansteckungseffekten aufgrund der Turbulenzen an den Staatsanleihemärkten geprägt. Auch an den Interbankengeldmärkten kam es zu einer Liquiditätsverknappung. Die Liquiditätslage im Bereich der unbesicherten Kredite verschlechterte sich nicht nur für Termin-, sondern auch für Übernachtkontrakte. (S. 39)*

- *Der drastische Anstieg vom 7. Mai könnte also wachsende Sorgen im Zusammenhang mit einem möglichen Zahlungsausfall einiger europäischer Finanzinstitute widerspiegeln. So stieg die Wahr-*

scheinlichkeit eines gleichzeitigen Zahlungsausfalls von zwei oder mehr großen und komplexen Bankengruppen des Eurogebiets (...) am 7. Mai sprunghaft an und überschritt die nach dem Zusammenbruch von Lehman Brothers beobachteten Werte. (S. 40)

- *Die Zahl der Transaktionen am Interbankenmarkt ging rapide zurück, und die Unsicherheit der Banken bezüglich der Bonität ihrer Geschäftspartner nahm zu. Folglich bestand das Risiko, dass die normale Funktionsfähigkeit der Märkte in Mitleidenschaft gezogen und das erste Glied in der Kette des Transmissionsmechanismus zwischen der Zentralbank und den Kreditinstituten beeinträchtigt werden könnte. Außerdem war zu befürchten, dass die Fähigkeit der Banken (der wichtigsten Finanzierungsquelle im Euro-Währungsgebiet) zur Kreditvergabe an die Realwirtschaft ernsthaft gefährdet werden könnte. (S. 43)*

So weit die offizielle Version zum Systemcrash im Mai 2010. Man kann getrost davon ausgehen, dass wesentliche und wichtige Elemente der damaligen Krisensituation weggelassen wurden. Die Zentralbank will schließlich niemanden verunsichern. Doch die im Bericht dargelegten Fakten lassen nur einen Schluss zu: Eine solche Situation kann sich jederzeit wiederholen. Denn schließlich wurde keines der Probleme gelöst. Sie wurden lediglich übertüncht. Und das ist das Gefährliche an der Situation.

Im November 2010 wurde schließlich auch noch mal von allerhöchster Stelle bestätigt, wie nah das Finanzsystem am Abgrund stand. Kein Geringerer als der Chef der Bank für Internationalen Zahlungsausgleich (BIZ) sprach das angsteinflößende Wort „Kollaps" aus. Die BIZ ist die Zentralbank der Zentralbanken. Die Institution hat ihren Sitz in Basel und dort laufen alle Drähte des internationalen Finanzsystems zusammen. Einmal monatlich treffen sich alle Chefs der internationalen Notenbanken in Basel, um die Lage zu erörtern. Die BIZ ist das höchste Gremium im weltweiten Finanzsystem und nicht ganz unumstritten, da sich das Institut nur sehr ungern in die Karten schauen lässt. Umso erstaunlicher, was der Generaldirektor der BIZ, Jaime Caruana, im Herbst 2010 zum Zustand des Finanzsystem sagte: „Ohne das Eingreifen der Zentralbanken in der Krise wäre das Finanzsystem wahrscheinlich kollabiert", so Caruana im Interview mit der *WirtschaftsWoche*. „Doch niedrige Zinsen und üppige Liquidität schaffen natürlich auch Risiken. Kredite, die eigentlich abgeschrieben werden müssten, werden verlängert. Risiken werden falsch kalkuliert. Niedrige Zinsen bestrafen zudem die Sparer und Institutionen, die die Ersparnisse verwalten wie Pensionsfonds oder Versicherungen." Es sei schwer zu beurteilen, welche Geldpolitik in diesen Zeiten die richtige sei: „Wir stecken in einem Dilemma." Wahre Worte von jemandem, der es wissen muss.

Im Grunde ist der bevorstehende Totalzusammenbruch nur aufgeschoben worden, um Zeit zu gewinnen. Diese Zeit kann jeder Einzelne für sich nutzen, um Vorsorge zu betreiben und sein Geld in Sicherheit zu bringen. Sollte es tatsächlich zum Systemcrash kommen, kann niemand behaupten, dass es nicht schon vorher ernst zu nehmende Warnsignale gegeben hätte. Eines steht allerdings jetzt schon fest: Gold kann nicht entwertet werden. Barren und Münzen stehen keine Schulden gegenüber. Und ein Kilo Gold wiegt auch nach einem Währungsschnitt immer noch 1.000 Gramm.

PROTOKOLL DES BEINAHE-KOLLAPSES

Medien und Politik versuchen, die Menschen mit gezielten Falschinformationen zu beruhigen. Wie es hinter den Kulissen wirklich zuging, verrät zum Beispiel die Rettungsaktion der Hypo Real Estate. Nur aus dem geheimen Sitzungsprotokoll ging hervor, wie nah das Finanzsystem tatsächlich vor dem Kollaps stand. Das streng vertrauliche Protokoll zur Rettung der Hypo Real Estate, welches ich Ihnen im Folgenden Wort für Wort in einem Auszug präsentiere, gibt einen Einblick in dramatische Tage und Stunden im Herbst 2008. Auch wenn der Report über unbekannte Wege an die Öffentlichkeit gelangte, gibt es an seiner Echtheit keinen Zweifel. Die Staatsanwaltschaft ermittelt bis heute wegen der „undichten Stelle". Die Veröffentlichung des Protokolls wurde sogar bei Strafe verboten. Kein Wunder angesichts der Brisanz des Inhalts. Wie dramatisch die Lage damals war, beweist die Reaktion des Chefs der Deutschen Bank: Josef Ackermann wollte sein Institut schon auf den Zusammenbruch vorbereiten. Erst in letzter Sekunde entkam die Welt dem völligen Finanzsystemkollaps. Auch daran erkennt man: Das System hängt an einem seidenen Faden. Und dieser Faden dürfte in letzter Zeit eher dünner als dicker geworden sein.

Im Folgenden die wichtigsten Auszüge aus dem 30-seitigen Sitzungsprotokoll zur Rettung der Hypo Real Estate. Es enthüllt in erschreckender Weise, was die Spitzen des Finanzsystems inklusive Bundesbank wirklich befürchteten und der Öffentlichkeit hartnäckig verschwiegen. Das Protokoll galt als „topsecret". Die Staatsanwaltschaft ermittelte bereits wegen Beihilfe zum Geheimnisverrat. Wer dieses brisante Schriftstück aus dem Kreise der Vertrauten schmuggelte, ist bis heute unbekannt.

Die Lektüre des folgenden Textes ist spannender als ein Krimi. Es handelt sich um ein Fax an die Beteiligten – offenbar nach Abschluss der HRE-Rettungsaktion, um den Ablauf der Ereignisse

zu dokumentieren. Das Protokoll schildert den Verlauf der Verhandlungen vom 26. bis 28. September 2008 im Frankfurter Dienstsitz der BaFin. Eines dürfte jetzt schon klar sein: Mit diesem Dokument wurde Wirtschaftsgeschichte geschrieben. Hier nun die
wichtigsten Ausschnitte der Gespräche zur Stützung der Hypo Real
Estate, die dramatischen „letzten" Stunden der Geheimsitzung:

Bonn, 09. 10. 2008 BaFin
Bankenaufsicht

*Zusammenfassung der Gespräche zur Stützung der Hypo Real
Estate Gruppe (HRE) vom 26. 09. 2008 – 28. 09. 2008 im Frankfurter Dienstsitz der BaFin*

*Anlass: Die HRE befindet sich in erheblichen Liquiditätsschwie-
rigkeiten; Herr Funke hat vergeblich nach einer privatwirtschaft-
lichen Lösung gesucht. Auch die Bemühungen der Kreditwirtschaft unter Führung der Deutsche Bank AG, der HRE eine
Liquiditätslinie i. H. v. 15 Mrd. EUR gegen Sicherheiten zur Verfügung zu stellen, sind gescheitert (s. hierzu Telefonvermerk
von Herrn Güldner vom 23. 09. 2008 und E-Mail von HV Mün-
chen vom 24. 09. 2008). An diesem Wochenende muss eine
tragfähige Lösung gefunden werden, um der drohenden Illiquidität und den daraus zwangsläufig resultierenden aufsichtli-
chen Maßnahmen zu begegnen. Die Aufsicht hat deshalb
Vertreter der HRE und der Kreditwirtschaft eingeladen, um
eine private Auffanglösung für die HRE zu moderieren. Der
Aufsichtsratsvorsitzende der HRE Holding AG (Holding), Herr
Viermetz, wandte sich in dieser Angelegenheit mit Schreiben
vom 23. 09. 2008 direkt an das BMF (Kopie an Bundesbank
und BaFin). Sollte bis Montag, dem 29. 09. 2008, keine Lösung
gefunden werden, müssten wegen der drohenden Illiquidität der*

DEPFA Bank plc, Dublin (DEPFA), den Ad-hoc-Pflichten der Holding und den dadurch entstehenden Folgen für die deutschen Einheiten Moratorien erlassen werden. [...]

Sonntag, 28. 09. 2008, 10:40 Uhr:

Deutsche Bank: Herren Dr. Ackermann, Dr. Bänziger. Commerzbank: Herr Blessing. BdB: Herr Müller. PdB: Herr Lindlar. Deutsche Bundesbank: Herren Prof. Dr. Weber, Prof. Dr. Zeitler, Loeper. BaFin: Herr Sanio, Frau Lautenschläger-Peiter, Frau Menke, Herr Vahlenkamp.

Telefonisch zugeschaltet: Herr Dr. Sprißler (HVB, zeitweise), Herr Dr. Weber (BdB, zeitweise), Herr Schmitz (BdB, HSBC Trinkaus & Burkhardt, zeitweise).

Santo leitet die Sitzung ein. Eine Lösung für die HRE sei nur unter Einbeziehung der Politik – die nach Ansicht von Zeitler ab Montag handlungsfähig sei – absehbar. Es stelle sich die Frage, welches Modell der Politik angeboten werden solle. Vor allem die Rettung der DEPFA sei wegen der Größenordnung schwierig.

Zur DEPFA erklärt Müller, dass die Gesellschaften stärker vernetzt seien als gedacht, dies mache die Rettung allein der deutschen Einheiten schwierig. Auf die Frage von Blessino, wie eine Beteiligung der Politik aussehen könne, erwidert Sanio, dass der Bund kaum daran denken werde, Banken zu verstaatlichen. In erster Linie käme die Stellung von Garantien in Frage.

[Die Bankvertreter diskutieren, wie die Fundinglücke geschlossen werden kann. Die Qualität der Assets der irischen DEPFA wird als gut (aber keine Refinanzierung), die der HRE als eher mittelmäßig bezeichnet.]

Müller drängt auf einen Vorschlag für die Bundesregierung. Es werden die verschiedenen Möglichkeiten diskutiert und folgende Optionen vorgestellt:

- *Gründung SPV (alternativ Liko-Bank)*
- *Sicherungsabtretung aller Aktiva der HRE-Gruppe an SPV*
- *Bund übernimmt Ausfallgarantie*
- *Refinanzierung durch Emergency Liquidity Assistence (ELA)*
  Weber wendet ein, dass eine Refinanzierung über ELA i. H. v. 15 Mrd. EUR bis 30. 09. voraussichtlich nicht möglich sei. Die HRE müsse als Bank solvent sein, nur dann bekomme sie ELA, Voraussetzung für ELA sei eine Banklizenz. Die Liko-Bank habe eine Banklizenz und sei ELA- fähig. Ackermann führt aus, dass die Holding die Anteile an den Konzerngesellschaften an die Liko-Bank oder die Resba GmbH (Gesellschaft des PdB) übertragen könne. Der Bund garantiere für die Assets, um ELA zu erhalten. Außerdem übernehme der Bund eine Bürgschaft für das Funding der operativen Einheiten.

[Ab 11:20 Uhr sind die Herren Dr. Sprißler (HVB) und Dr. Weber (BdB) telefonisch zugeschaltet.]

Ackermann betont nochmals, dass der Bund auch eine Bürgschaft für das Funding der operativen Einheiten übernehmen müsse, d. h. für die gesamten Passiva der vier Institute. Nach Ansicht von Lindlar müssten die vier Einheiten unverzüglich zum Verkauf gestellt werden. In der Holding würden personelle Entscheidungen getroffen, auf die man keinen Einfluss habe. Personelle Konsequenzen müssten zur Bedingung für eine Rettung gemacht werden. Müller schlägt daraufhin eine Sicherungsabtretung mit der Auflage vor, schnellstmöglich und wertschonend zu liquidieren.

[Prof. Dr. Weber hat zwischenzeitlich mit Minister Steinbrück telefoniert.]

Weber berichtet, dass der Minister eine Verstaatlichung ablehne. Wenn überhaupt, könne er einem Bailout durch die Einlagensicherung zustimmen. Nach Ansicht von Weber müsse auch die EZB flexibler werden, ein Engagement im EURO-Regime sei erforderlich. Die HRE dürfe jetzt nicht in die Lage kommen, eine § 46b KWG-Anzeige (Insolvenzgrund) abzugeben; dies würde eine Lösung verhindern. Die Banken müssten die erforderliche Liquidität zur Verfügung stellen, der Bund garantiere. Die erste Verlusttranche i. H. v. 2 Mrd. EUR trügen die BDB-Banken. Die zweite Verlusttranche trüge der Bund.

Müller wiederholt, dass man dem Bund schnellstmöglich einen schriftlichen Vorschlag unterbreiten solle. An der Rettungsaktion seien aber nicht nur die privaten Banken zu beteiligen, sondern z. B. auch die Versicherungswirtschaft, die Sparkassen und der Genossenschaftssektor.

Ackermann führt aus, dass die HRE über die nächsten zwei Monate Assets veräußern müsse, um den Refinanzierungsbedarf zu mindern. In einem ersten Schritt solle die EZB ELA i. H. v. 15 bis 20 Mrd. EUR zur Verfügung stellen. Dafür stünden Sicherheiten von 42 Mrd. EUR zur Verfügung. Dies sichere die Liquidität der HRE bis Ende Oktober. In einem zweiten Schritt kämen Ende Oktober weitere 15 Mrd. EUR hinzu, wobei diese durch Asset-Verkäufe geringer ausfallen könnten. Ein Problem stelle der Haircut dar. Fraglich sei, wie der BdB 15 Mrd. EUR aufbringen könne.

[Die Bundesbank berichtet kurz, dass ohne ELA auch eine Erweiterung des Sicherheitenpools im EZD-System denkbar sei, dies brauche allerdings Zeit.]

Müller gibt zu bedenken, dass die Zahlen der HRE unzuverlässig seien. Keinesfalls dürften es mehr als 15 Mrd. EUR werden. Lindlar sagt eine Prüfung der Zahlen zu. Er weist darauf hin, dass die HRE in erheblichem Umfang offene Kreditzusagen habe, die teilweise im Pfandbriefgeschäft gerollt werden sollten.

Nach Ansicht von Weber müsse die HRE in verträglichem Tempo herunter gefahren werden. Diese Ansicht stößt auf allgemeine Zustimmung.

Lindlar ergänzt, dass die drei deutschen Institute abgewickelt werden müssten. Ackermann fügt hinzu, dass bei der DEPFA so schnell wie möglich eine Bilanzverkürzung erfolgen müsse.

Nach Weber erhalte die Bundesregierung auf diesem Weg vier Wochen Zeit für die Arbeit an einer Gesamtlösung.

[Die Bankenvertreter diskutieren über die Beteiligungsquoten, es werden folgende unverbindliche Zusagen gemacht bzw. Anforderungen an andere Beteiligte angedacht:

- Ackermann für Deutsche Bank: 5 Mrd. EUR
- Blessing für Commerzbank und Dresdner Bank: –2,5 Mrd. EUR (Allianz hat noch nicht zugestimmt)
- Herr Dr. Sprißler für HVB: 2,5 Mrd. EUR
- Postbank: 1 Mrd. EUR
- Kleinere Institute: 300 Mio. EUR
- Münchener Rück: (soll beteiligt werden)
- Einlagensicherung: 0 EUR

Die Sitzung wird um 13.00 Uhr unterbrochen und um 14.10 Uhr fortgesetzt. Herr Dr. Sprißler (HVB) ist telefonisch zugeschaltet.]

Ackermann fasst den Stand der Verhandlungen zusammen:

- 15 Mrd. EUR Liquiditätslinie durch Kreditwirtschaft (über SPV, die HRE tritt als Sicherheit freie Assets i. H. v. 42 Mrd. EUR ab).
- 20 Mrd. EUR Liquidität durch EZB (hierfür Bundesgarantie nötig).
- Für etwaige Verluste gilt: 50 % Banken, 50 % Bund, Cap zugunsten der Banken bei 2 Mrd. EUR.

Lindlar betont, dass ESF nach Lehman nicht mehr als 2 Mrd. EUR aufbringen könne.

[Ab ca. 14:45 Uhr diskutieren die Teilnehmer untereinander und verlassen teilweise den Sitzungssaal. Die Bankenvertreter erörtern erneut die Beteiligungsquoten. Einige nehmen Kontakt mit ihren Back-Offices auf. Es wird ein Schaubild zum Ablauf der geplanten Maßnahmen erstellt (Anlage). Die Teilnahme von Herrn Asmussen wird angekündigt. Die Sitzung wird bis zu seinem Erscheinen unterbrochen. Ab 17:05 Uhr wird die Sitzung unter Teilnahme von Herrn Asmussen fortgesetzt. Herren Dr. Sprißler (HVB), Dr. Weber (BdB) und Schmitz (Bdb, HSBC Trinkaus & Burkhardt) sind telefonisch zugeschaltet.]

Sanio führt Asmussen in den Stand der Diskussion ein. Die deutsche Community sei alleine nicht in der Lage, die Risiken der HRE zu tragen. Eine auf die deutschen Institute beschränkte Rettung scheitere u. a. an § 179a AktG. Deshalb komme nur ein Gesamtmodell unter Einbeziehung der DEPFA in Betracht. Das bislang diskutierte Modell schaffe die erforderliche Zeit für eine endgültige Lösung. In einem ersten Schritt stellten die Banken 15 Mrd. EUR Liquidität zur Verfügung, das gewährleiste das Überleben der HRE für die nächsten vier Wochen. Die HRE verfüge noch über nicht EZB-fähiges Collateral i. H. v. 12 Mrd. EUR. Aufgrund der geringen Qualität sei ein hoher Haircut anzubringen. Deshalb sei die Liquiditätshilfe auf 15 Mrd. EUR *beschränkt. Zur Sicherung der Liquidität bis Ende 2009 seien weitere 20 Mrd. EUR erforderlich. Man beabsichtige die Gründung eines neuen bzw. die Verwendung eines beste- henden SPV mit Banklizenz. Dieses könne voraussichtlich ELA in Höhe von 20 Mrd. EUR erhalten. Voraussetzung hierfür sei eine Ausfallgarantie des Bundes. Anschließend würden die Ins- titute verkauft und die Holding ginge in die Insolvenz. Es sei nicht zu erwarten, dass Irland die DEPFA retten werde. Ohne Liquiditätshilfe werde die HRE kurzfristig die Anzeige nach § 465-KWG abgeben müssen [wegen der japanischen Einheit der DEPFA muss eine Lösung bis Montagmorgen 1:00 Uhr – Geschäftsbeginn Japan gefunden werden]. Dann müsste die BaFin umgehend Moratorien gegenüber den deutschen Insti- tuten verhängen.*

Weber weist darauf hin, dass Frankreich den Banken heute ab- solute Unterstützung zugesichert habe. Belgien und Holland hätten im Fall Dexia garantiert und die Notenbanken hätten die erforderliche Liquidität zur Verfügung gestellt, bis die EZB ELA gewähre. Angesicht der derzeitigen Lage auf den Finanz- märkten könne man die HRE nicht fallen lassen. Die Ausfall- garantie des Bundes sei unbedingt erforderlich. Ackermann be- tont, dass eine vergleichbare Lösung wie in Frankreich gefun- den werden müsse. Dort gebe es eine Staatsgarantie. Andern- falls fließe die Liquidität zukünftig nach Frankreich. Müller stimmt zu.

Asmussen führt aus, dass der Bund nach Haushaltsrecht Ga- rantien nur übernehmen dürfe, wenn die Eintrittswahrschein- lichkeit für einen Verlust unter 50 % liege. Es sei eine Verpflich- tungsermächtigung im Bundeshaushalt erforderlich, ggf. sogar ein Nachtragshaushalt. Sanio erwidert, dass ohne eine Garan- tie des Bundes am Montagmorgen Moratorien unvermeidbar seien. Weber weist darauf hin, dass ein Letter of Intent genüge, Ackermann stimmt dem zu.

Asmussen erklärt, dass er zunächst Rücksprache mit Minister Steinbrück und dem Bundeskanzleramt halten müsse. Bis morgen sei eine Lösung nicht möglich. **Ackermann weist darauf hin, dass das BMF seit Donnerstag Bescheid wisse. Er werde jetzt gehen und sein Institut darauf vorbereiten, dass morgen früh der Interbankenhandel zusammenbrechen werde.**
[Die Bankenvertreter verlassen das Gebäude. Asmussen hat sich ab 18:27 Uhr zu Telefonaten zurückgezogen. Die Bankenvertreter werden telefonisch wieder zurückgerufen. Die nächste Runde tagt ab 22:45 Uhr.]

22:45 Uhr: Asmussen verlangt eine Entscheidung über das Angebot der Bundesregierung in den nächsten 20 Minuten. Die Verteilung der Lasten müsse wie folgt sein: Der Bankensektor müsse die Mehrheit der Kosten (Verlustquote 55 %) ohne den vorgenannten Cap von 2 Mrd. EUR tragen.

Ackermann führt aus, dass dies der Tod des deutschen Bankensystems sei. Bei einer Übernahme von Verlustrisiken in Höhe von 17 Mrd. EUR seien die Ratings nicht haltbar und die Refinanzierung würde wegbrechen.
Das Risiko der Banken müsse durch einen „Cap" auf max. 7 Mrd. EUR begrenzt werden. Die Institute hätten selbst z. B. bei Lehman erhebliche Verluste erlitten und kämpften ebenfalls mit Liquidität und Profitabilität. Der Vorschlag sei nicht darstellbar.

Sanio macht deutlich, dass es, wenn nicht bald eine Einigung erzielt werde, zu einer Verhängung von Moratorien kommen werde. Dabei erinnerte er wieder daran, dass eine Lösung bis spätestens 1:00 Uhr morgens gefunden werden müsse, da die

Eröffnung des japanischen Marktes berücksichtigt werden müsse.

Ackermann macht nochmals deutlich, dass es um das Überleben des Finanzsystems gehe. Es sei daher nicht nachvollziehbar, dass es nicht möglich sei, 35 Mrd. EUR Liquidität darzustellen.

Weber äußert, dass alle drei Säulen des Bankensystems beteiligt werden müssten. Ackermann sowie Müller wiederholen, dass 17 Mrd. EUR für das deutsche Bankensystem nicht darstellbar seien, dieser Betrag müsse schließlich auch bilanziell berücksichtigt werden. Gefordert wird eine Staatsgarantie.

Weber führt aus, dass er an einem Scheitern der Rettung nicht mitverantwortlich sein wolle. Die Bundesbank werde prüfen, ob ELA machbar sei, um so die HRE bis Ende der Woche zu retten. Asmussen erklärt, dass er nach telefonischer Rücksprache das Angebot der Regierung nicht erhöhen könne.

[Weber und Asmussen gehen in Telefonkonferenz.]

22:55 Uhr: *Ackermann will die Runde verlassen.*

23:00 Uhr: *[Herr Dr. Budäus (WA 22) kommt hinzu.] Sanio und Budäus stellen klar, dass die börsennotierte HRE Holding wegen der zugespitzen Lage bald Ad-hoc-Meldungen gemäß § 15 WpHG abgeben müsse. Dies werde das Schicksal der Gruppe besiegeln. Menke verlässt den Raum, um die Moratorien gegenüber den deutschen Banken der HRE vorzubereiten.*

23:20 Uhr: *Müller fragt nach, ob der Finanzierungsanteil der Community von 15 Mrd. EUR stehe, Ackermann verneint.*

23:30 Uhr: *Asmussen erklärt für die Bundesregierung: 35 Mrd. EUR Bürgschaft, 50 % Bund, 50 % Banken. Der Cap sei nicht akzeptabel, dies sei mit Kanzlerin und Minister abgeklärt. Die Bankenvertreter halten das für nicht akzeptabel und verlassen den Raum. Die Verhandlungen sind gescheitert.*

[Die irische Notenbank und Herr Trichet werden über das Scheitern der Verhandlungen informiert.]

23:35 Uhr: *[Die Vorstände Funke, Dr. Fell, von Oesterreich, die sich in anderen Räumen der BaFin aufgehalten hatten, werden in den Sitzungssaal gerufen.]*

Sanio führt aus, dass die Bankenvertreter die Verhandlungen verlassen hätten, das letzte Angebot der Regierung sei für sie nicht akzeptabel gewesen, die erforderliche „große Lösung" sei um 23:30 Uhr gescheitert. Gegenüber den Vorständen führt er aus, dass diese nun ihre Pflichten als Vorstandsmitglieder erfüllen müssten.

[Die Vorstände werden insbesondere über die Ad-hoc-Pflicht belehrt (23:40 Uhr). Anschließend (bis 23:57 Uhr) werden sie darüber informiert, dass sie nach dem Scheitern der Rettungsbemühungen die Zahlungsfähigkeit der drei deutschen Kreditinstitute beurteilen müssen, insbesondere ob sie Insolvenzanzeigen an die BaFin richten müssen.]

23:57 Uhr: *Ackermann betritt den Raum und erklärt, dass die Bankenvertreter weiterverhandeln möchten. Er habe mit Herrn Steinbrück telefoniert. Dieser habe erklärt, dass der Bund nur 50 % nehmen könne. Ackermann führt aus, dass der Gesamtverlust im schlimmsten Fall zwischen 15 und 25 Mrd. EUR liegen werde. Die Banken könnten hiervon 7 Mrd. EUR übernehmen,* bei diesem Betrag müsse es einen Cap geben. Herr Steinbrück habe ihm gegenüber erklärt, nochmals mit der Kanzlerin reden zu wollen.

Weber führt aus, dass alle Gläubiger der HRE eingeladen werden müssen und je nach Betroffenheit an der Lösung beteiligt werden müssten.

0:05 Uhr: *[Asmussen kehrt zurück.] Bänziger erklärt, dass die Privatbanken 2 Mrd. EUR nehmen könnten.*

0:08 Uhr: *[Weber informiert die irische Aufsicht bzgl. DEPFA; Maßnahmen seien noch nicht angezeigt, da doch noch weiterverhandelt werde. Bis zum Besprechungsende verlassen einzelne Teilnehmer nun zeitweise den Raum, um Telefonate zu führen, bzw. diskutieren untereinander.]*

0:45 Uhr: *Asmussen führt aus, dass die Kanzlerin der Lösung nicht zustimme.*

1:00 Uhr: *Asmussen erklärt, der letzte Vorschlag der Regierung laute 60 % der Last für die Industrie, 40 % für die Bundesregierung bei einem Cap von 8,5 Mrd. EUR.*

1:05 Uhr: *Ackermann telefoniert mit einem Vertreter der Bundesregierung und erklärt daraufhin, dass man sich telefonisch geeinigt habe. 60 % der Verlustrisiken trage die Industrie, 40 % der Bund; gehe der Verlust über 8,5 Mrd. EUR hinaus, trage der Bund diesen voll.*

1:10 Uhr: *[Gemeinsame Presseerklärung von BaFin und Bundesbank (Anlage).]*

INFLATION ODER DEFLATION?

Noch mehr als der Teufel das Weihwasser scheuen die Notenbanken die Deflation. Wenn sich Geld „auflöst" und die Wirtschaft schrumpft, tendiert der Handlungsspielraum von Notenbanken gegen null – es sei denn, die Dollars werden wirklich per Hubschrauber abgeworfen. Das ist allerdings nicht so einfach, denn damit wird auch das „Geheimnis Geld" gelüftet. Dass Notenbanken Geld aus dem Nichts schöpfen, soll bekanntlich möglichst verborgen bleiben.

Was also tun bei einer Krise wie dieser? Was geht strategisch in den Köpfen der Fed vor? Zunächst einmal haben die Geldstrategen – aus ihrer Sicht – alles richtig gemacht. Um die Kreditmenge wieder auszuweiten, hat die Fed den Banken den Giftmüll abgenommen und die Geldhäuser mit Billionen geflutet. Strategisches Ziel dieser Aktion: Wenn die Banken entlastet sind, dann sind sie auch wieder großzügiger mit Krediten. So weit die Theorie.

Auch alle anderen Stellschrauben stehen auf Maximum: Zinsen nahe null, Beinahe-Maximum bei Staatsverschuldung. Doch die Rechnung ist bisher nicht aufgegangen. Die Pferde wollen einfach nicht saufen. Banken sind übervorsichtig, und auch Gläubiger sind kaum bereit, größere Risiken einzugehen.

Problem: Das Geldsystem braucht dringend Konsum und Kreditausweitung, denn sonst kollabiert es. Was also tun, wenn die Finanzindustrie in Schockstarre verharrt? Wie Inflation herbeiführen, wenn die kommunizierenden Röhren des Geldsystems verstopft sind?

In diesem Zusammenhang möchte ich eine ziemlich gewagte Theorie durchspielen. Lässt selbst die Notenbank unter bestimmten Umständen vielleicht einen höheren Goldprcis zu, obwohl immer vermutet wird, dass sie ihn nach unten manipuliert? Angesichts des gestiegenen Goldpreises scheint es fast so, als wollten die Strategen in Washington die Inflation nun über die wichtigsten Signalgeber herbeiführen: Gold und Dollar.

Wenn es um Gold ging, war lange Zeit bei 1.000 Dollar der „Deckel drauf ". Unsichtbare Kräfte sorgten dafür, dass das Edelmetall nicht explodiert – wegen der angeblichen Signalwirkung auf die Finanzmärkte. Ein hoher Goldpreis signalisiert: Es ist Gefahr im Verzug. Deshalb, so argumentieren einige Beobachter, versucht insbesondere die US-Notenbank, den Goldpreis nicht „durch die Decke" gehen zu lassen. Von Manipulation ist die Rede. Wie dies im Einzelnen funktioniert, darauf werde ich in späteren Kapiteln näher eingehen. Zwar ist der Goldpreis in letzter Zeit stark gestiegen, doch das sei angesichts der Krise immer noch viel zu wenig, argumentieren Kritiker.

Es scheint so, dass man den Druck im Goldkessel nun bewusst entweichen lässt, ja sogar höhere Goldpreise forciert. Dazu möchte ich Ihnen eine Theorie vorstellen, die ich gar nicht abwegig finde: Noch vor einem Jahr hätte ein stark steigender Goldpreis die Welt verunsichert. Doch jetzt, wo sich das System vordergründig stabilisiert hat, könnte ein steigender Goldpreis für die Strategen der US-Notenbank sogar hilfreich sein. Denn ein Ziel scheinen die Notenbanken in aller Welt zu haben: Sie wollen Inflation erzeugen, um auf diese Weise die globalen Schulden, insbesondere die Staatsschulden, abzuwerten. Was also tun?

Wenn ich die Inflation nicht durch geeignete monetäre Maßnahmen herbeiführen kann, dann kann ich sie den Wirtschaftssubjekten auch anders verdeutlichen. Ziel der Fed: Wir müssen die Wirtschaftspsyche auf „Inflation" schalten. Und eine wichtige Stellschraube dafür ist der Goldpreis.

Wenn der Goldpreis beispielsweise auf 2.000 Dollar klettern würde, dann dürfte das von den Medien als „Angst vor Inflation" interpretiert werden. Auf diese Weise erreicht die Fed genau das, was sie will: Die Leute kaufen, produzieren, geben noch schneller ihr Geld aus.

Der zweite wichtige Signalgeber in Sachen Inflation ist der Dollar. Ich gehe davon aus, dass die Fed – anders als offizielle Verlautbarungen – überhaupt kein Problem damit hat, wenn der Dollar auf zwei zum Euro geht (ein Euro = zwei Dollar). Auch dies würde das Inflationsszenario perfekt abrunden. Vorteil für die USA: Die Wirtschaft würde durch diesen Adrenalinstoß auf Kosten der anderen kräftig angekurbelt. US-Waren wären auf den Weltmärkten wieder gefragt.

Über die Zukunft des Dollars braucht sich die Fed derweil keine Sorgen zu machen. Bevor das internationale Kapital in Renminbi oder Rubel wandert, muss schon viel passieren. China und Russland sind zwar weniger verschuldet, allerdings gelten sie immer noch als politisch unsichere Kandidaten. Strategisches Ziel der Fed könnte also aktuell sein: hoher Goldpreis, niedriger Dollar. Das Resultat wäre: Die Welt würde kapieren, dass Inflation herrscht. Die Wirtschaft würde anspringen, die Banken wären wieder bereit, Geld großzügig auszuleihen.

Vorteil: Zwischenboom für die Wirtschaft, USA als Gewinner und vor allem stark steigende Aktienmärkte. Auch das dürfte ein erklärtes Ziel der Notenbanker sein. Denn außer Gold gelten Aktien als gute Absicherung gegen Preissteigerung. Alan Greenspan und Ben Bernanke hatten in öffentlichen Interviews mehrmals kundgetan, dass steigende Aktienmärkte ein wichtiger Schlüssel zur Bekämpfung der Krise seien. Ob man dieser Argumentation folgen kann, sei dahingestellt. Fakt dagegen ist: Die US-Notenbank ist an steigenden Aktienkursen interessiert und vielleicht auch an steigenden Edelmetallkursen? Etwas, was bis vor Kurzem noch undenkbar schien?

Wenn die Menschen starke inflationäre Szenarien vor Augen haben, explodieren wieder Sachwerte und Immobilienpreise. Börsen schießen nach oben. DAX 20000 und Dow 40000 – eine perfekte neue Blase. In Zeiten starker Inflation springen die Börsen gewaltig an. In Zimbabwe ist die Börse um 100 Prozent gestiegen.

Pro Tag. Kann es also sein, dass die Fed nicht nur die Aktienmärkte, sondern auch den Goldpreis als Schlüssel zur Inflation nutzt? Ist es möglich, dass das Plunge Protection Team (spezielle US-Finanzeinsatztruppe gegen Kurs-Crashs, offenbar bestehend aus den größten Investmentbanken unter Federführung der Fed) eine 180-Grad-Wende vollzog? Ich halte es nicht für abwegig, dass die US-Notenbank diese neue Strategie einschlägt.

Die Gefahr einer Deflation schien jedenfalls seit Beginn der Krise nie ganz gebannt. Es wurde immer wieder die Frage gestellt, ob das Geldsystem nicht in einem deflatorischen Crash enden könne. In der Tat gab es besonders 2009 stark deflatorische Tendenzen. In manchen Ländern fielen die Preise sogar, die Wirtschaftsleistung brach nach unten weg, Produktionsrückgänge und höhere Arbeitslosigkeit waren die Folge.

Das Resultat: Die Notenbanken gaben Vollgas. Mit immer neuen Billionen wurde das Geldsystem vor dem Kollaps bewahrt. Auch jetzt ist noch nicht ganz ausgeschlossen, dass es wieder deflatorische Tendenzen geben wird. Das muss aber nicht heißen, dass am Ende nicht doch noch die Hyperinflation steht. Ein kluger Kopf drückte es einmal so aus: Mit dem Geld ist es wie mit der Zahnpasta, die man aus der Tube drückt. Wenn sie erst mal draußen ist, kriegt man sie nicht wieder rein.

Ähnlich sieht es aus, wenn die Notenbanken die Geldschleusen öffnen. Das bedeutet nicht notwendigerweise, dass es sofort zu einer Inflation kommt und die Preise anziehen. Wenn die Wirtschaft das Geld nicht annimmt, kann man so viel bereitstellen, wie man will – es hilft nichts.

Aber das Wasser beziehungsweise das Geld ist da, und irgendwann wird jedes Pferd mal saufen – und das ist die große Gefahr. Thomas Mayer, Chefvolkswirt der Deutschen Bank, verglich die Situation mit Gas, das man in den Raum strömen lässt. Zunächst passiert nichts, doch am Ende genügt ein Funke und es fliegt alles in die Luft.

Die riesigen Geldmengen, welche die Notenbanken produzieren und Staaten durch zusätzliche Schuldenaufnahme in Umlauf bringen, werden irgendwann ihr teuflisches Werk verrichten. Und dann kann man das viele Geld nicht wieder einfangen. Wenn es erst mal da ist, wird es früher oder später auch seine zerstörerische Kraft in Form von Inflation oder Hyperinflation entfalten. Dann gibt es kein Mittel mehr, der Bewegung entgegenzuwirken. Über diese Problematik habe ich mich mit vielen Experten rund um den Globus unterhalten. Einige sehen diese Gefahr, andere geben sich eher gelassen.

Der New Yorker Wirtschaftsprofessor Nouriel Roubini zum Beispiel sagte die Finanzkrise in ihrer katastrophalen Tragweite schon 2006 voraus. Damals wurde Roubini noch belächelt. Doch was dann geschah, übertraf selbst die finstersten Voraussagen. Nun prophezeit Roubini: Die zweite Welle der Finanzkrise ist im Anmarsch – mit verheerenden Folgen.

Roubini war für ein paar Stunden in Frankfurt, um sein neues Buch *Das Ende der Weltwirtschaft und ihre Zukunft* vorzustellen. Dabei hatte ich Gelegenheit, das Thema „Krise" mit dem Wirtschaftsexperten zu vertiefen. Wie geht es nun weiter? Auch für die kommenden Jahre gibt Roubini keine Entwarnung. Er behauptet sogar, dass es noch schlimmer kommen wird. Seiner Meinung nach werden derzeit die Fundamente für eine noch größere Blase gelegt. Doch diese Bombe werde erst später hochgehen.

Ich wollte von Roubini wissen, ob er die derzeitigen und zukünftigen Probleme nicht als eine zwangsläufige Folge des Geldsystems ansehe, welches auf Gedeih und Verderb darauf angewiesen sei, die Schuldenmenge zu erhöhen – Schulden, auf die wiederum Zinsen gezahlt werden müssen. Befinden wir uns damit nicht in einer Sackgasse? Roubini antwortete darauf ausweichend. Das Thema „Geldsystem" scheint offenbar nicht auf seinem Radar zu sein. Vielmehr führte er die Krise auf eine typische Bubble zurück, die auf unverantwortliche Weise von Banken und Notenbanken

erzeugt wurde, indem diese Billionen an Krediten für fragwür-
dige Investitionen verteilten.

Seiner Meinung nach ist die Krise nur entstanden, weil die Anforderungen für Kredite heruntergeschraubt wurden und das Geld in
Konsum oder überbewertete Immobilien geflossen sei. Die Frage,
ob das Geldsystem nicht ausgerechnet eine solche Fehlallokation
erzwinge, konnte der Finanzguru allerdings nicht beantworten.

Eher ein schlechtes Zeichen. Hat selbst Roubini das Geldsystem
nicht verstanden? Offenbar. Die Finanzkrise ist demnach für
Roubini nicht etwa eine existenzielle Geldsystemkrise, sondern
eine typische „Finanzkrise", das Platzen einer Blase, wie wir sie
seit der großen Tulpenspekulation oder der South Sea Bubble
schon oft gesehen hätten.

Dennoch rechnet Roubini mit einer düsteren Zukunft. Im weiteren Verlauf der Finanzkrise 2.0 prognostiziert er den möglichen
Staatsbankrott westlicher Industrienationen. Auf die Frage, wie
dieser verhindert werden könne, ermahnte er die Staaten, zu sparen und das Monetarisieren von Schulden einzustellen. Ob damit aber nicht gleichzeitig der Weg in den deflatorischen Crash
drohe, diese Frage blieb ebenfalls offen. Genau das ist doch das
Dilemma, in dem wir stecken: Wenn wir sparen, können wir die
Zinsen nicht mehr zahlen, die Rückzahlungswahrscheinlichkeit
von Staatsschulden sinkt mit den Sparbemühungen von Staaten.
Je mehr gespart wird, desto mehr schrumpft die Wirtschaftsleistung. Weniger Wirtschaftsleistung steht dann einem gleichen
oder höheren Schuldenberg gegenüber. Keine gute Voraussetzung,
um das Vertrauen zu erhöhen! Doch diesen Widerspruch sieht
der Wirtschaftsprofessor aus New York offenbar nicht.

Sein Rezept: Banken dürfen Kredite nur ausgeben, wenn das Geld
in die Produktion fließt und damit das Wirtschaftswachstum ge-
steigert werden kann. Die Krise sei ausgelöst worden, weil das
Gegenteil passierte. Mein Gegenargument: Da immer mehr Geld
im Umlauf ist, die Schulden global immer weiter steigen müssen,

um die Zinsen zu zahlen, muss das Geld zwangsläufig in immer dubiosere Projekte wandern, muss die Bonität der Schuldner zwangsläufig abnehmen. Es gibt eben gar nicht so viele AAA-Schuldner, um die steigende Geld- beziehungsweise Schulden-menge zu befriedigen. Geld ist wie Wasser: Es sucht sich seinen Weg – den Weg des geringsten Widerstandes. All diese Gedan-ken sind Roubini fremd. Doch auch ohne das Geldsystem zu ver-stehen, kann man zu den richtigen Schlüssen kommen. Und das ist die Feststellung von Roubini, dass das Geld in immer unsin-nigere Projekte fließt und damit am Ende die ganz große Katast-rophe programmiert ist.

Für die nächsten drei Jahre sieht Roubini schwarz. Zunächst rech-net er mit einer harten Deflation. Kapazitätsüberhänge, Arbeits-losigkeit, Angst um Jobs, steigende Produktivität und geringere staatliche und private Ausgaben würden in eine schwere Deflati-on führen. In diesem Ambiente sieht er die Kurse für Aktien, Rohstoffe, aber auch Immobilien einbrechen. Mittelfristig be-fürchtet Roubini allerdings eine starke Inflation. Zwar würden die Banken das Geld derzeit nicht „rausrücken", aber der Zeit-punkt werde kommen, wenn die aufgestaute „Mauer des Geldes über Güter und Dienstleistungen hereinbricht". Die monetäre Basis der Banken würde steigen (Bankeinlagen, die x-mal verlie-hen werden können) und ein explosives Gemisch bilden. Staaten und Zentralbanken würden immense Geldbeträge drucken, die auf jeden Fall bald ihren Weg in den Wirtschaftskreislauf fän-den. Wie hoch die Inflation dann allerdings ausfallen würde, könne man jetzt noch nicht sagen. Fakt jedenfalls sei, dass dann eine noch größere Blase platzen würde.

INFLATION UND GELDENTWERTUNG 1922

Geldentwertung, Inflation? Das hatten wir doch schon einmal.
Ein Blick in die Geschichte lohnt sich also. Um die Mechanismen
einer Inflation beziehungsweise Hyperinflation mit entsprechen-
der Geldentwertung zu untersuchen, brauchen wir Deutsche nur
in die Vergangenheit zu schauen, zurück in die Zwanzigerjahre.
Manch einer kann dazu noch die Großeltern befragen. Doch die
Auskünfte der Zeitzeugen sind meist dürftig.
Sie alle waren Opfer des Systems und konnten nur ohnmächtig
mitansehen, wie das Geld von Tag zu Tag weniger wert wurde. Die
Hintergründe blieben den Betroffenen in der Regel verborgen.
Man konnte für das Geld immer weniger kaufen – warum das
aber passierte, davon bekam die überwiegende Mehrheit der Bevölkerung nichts mit.
Im Prinzip passierte in den Zwanzigerjahren das Gleiche wie heute – nur der Anlass war unterschiedlich: Es gab kriegsbedingt
hohe Reparationsforderungen aus dem Ausland. Dem begegne-
ten die Notenbank und der Staat mit dem Drucken von Geld.
Schon damals gab es eine Art „Quantitative Easing" – der moderne, vornehme Ausdruck für Gelddrucken durch eine Notenbank, indem sie wertlos gewordene Schuldscheine ankauft und
dafür frisches Geld rausrückt.
Der Auslöser der aktuellen Krise war zwar kein Krieg, aber wir
haben praktisch die gleiche Ausgangslage: Das Geld wird knapp,
Schulden können nicht mehr beglichen werden, also drucken die
Notenbanken frisches Geld. Dass sich dabei die Geldmenge unkontrolliert aufbläht, blieb damals wie heute eher unbeachtet,
und es scheint sehr wahrscheinlich, dass die Auswirkungen erneut mit einer gewissen Zeitverzögerung zu spüren sein werden.
Wie es in den Zwanzigern zur Hyperinflation kam, möchte ich
im Folgenden unter Zuhilfenahme von Wikipedia beschreiben.
Alles begann mit der Abkoppelung des Geldes von Gold und

Schaffung von neuen Kreditmöglichkeiten. Auch dazu gibt es bekanntlich in der Neuzeit Parallelen. 1971 wurde die Koppelung des US-Dollars an das Gold aufgehoben. Dieser Vorgang kann auch als Anfang vom Ende unseres Geldsystems interpretiert werden. Schauen wir uns deshalb als Lehrstück die Parallelen aus dem vergangenen Jahrhundert an.

Die Regierung hob mit Beginn des Ersten Weltkrieges am 4. August 1914 die gesetzliche Noteneinlösungspflicht der Reichsbank in Gold (Goldmark) auf. Niemand konnte mehr von den Banken verlangen, dass ihm der Gegenwert seiner Banknoten in Gold ausgezahlt werden musste. Außerdem wurden die staatlichen Möglichkeiten zur Schuldenaufnahme und der Vermehrung der Geldmenge durch die Aufhebung des Goldankers (= gesetzliche Dritteldeckung der Reichsbanknoten durch Gold) ausgeweitet.

Der Plan war eigentlich schon vor Kriegsbeginn insgeheim entstanden und wurde von der sogenannten „nationalen Begeisterung" getragen. Die Bevölkerung sollte die Geldvermehrung durch Kriegsanleihen finanzieren, da der Aufbau und die Versorgung einer riesigen Armee sehr großer Geldmengen bedurften. Gleichzeitig sollte die Kaufkraft der Bevölkerung für den Militärbedarf abgeschöpft beziehungsweise stillgelegt werden, um bei der vorauszusehenden kriegsbedingten Güterverknappung im Inland der Schwarzmarktbildung durch Geldverknappung bei den Bürgern entgegenwirken zu können.

Um an zusätzliches Geld und Gold zu kommen, wurden mehrere Kriegsanleihen und die Aktion „Gold gab ich für Eisen" aufgelegt. Anders als in Großbritannien und Frankreich, wo der Krieg durch Vermögenssteuern finanziert wurde, sollten diese Kriegsanleihen nach dem „Siegfrieden" mit der „Kriegsbeute" in Form von Reparationen wieder abgelöst werden.

Das misslang umso gründlicher, je länger der Krieg dauerte. Am Ende dann die Katastrophe: Das Deutsche Reich verlor den Krieg, musste also selbst Reparationen zahlen, was die Inflation noch mehr verstärkte. Denn auch die Reparationen wurden über das Drucken zusätzlichen Papiergeldes bezahlt. Zwar waren die Reparationen in Fremdwährungen oder in Goldmark zu zahlen, die dafür nötigen Mittel besorgte sich der Staat aber über die (unkontrollierte) Vermehrung des eigenen Papiergeldes.

Mit dem so provozierten Ruin der eigenen Währung wollte das Deutsche Reich auch demonstrieren, dass es die Reparationszahlungspflichten nach dem Versailler Vertrag insgesamt für überzogen hielt. Die Geldvermehrung über die Druckerpresse geschah während des Krieges finanzierungstechnisch gesehen in Form von sogenannten Schatzanweisungen, die durch die Zeichnung von Kriegsanleihen durch die Bevölkerung im Nachhinein finanziert werden mussten.

Weil die Reichsregierung nicht in der Lage war, die Reparationen in angemessener Höhe zu bezahlen oder Ersatzleistungen in Form von beispielsweise Kohle zu bringen, kam es zur Ruhrbesetzung. Die deutsche Regierung unter Reichskanzler Wilhelm Cuno rief den „Ruhrkampf" aus. Um die Streikenden bei Laune zu halten, wurden ihnen entsprechende finanzielle Hilfen ausgezahlt – in einer Mark, die sich durch die von der Regierung betriebene Geldvermehrung immer rascher entwertete.

Damit begannen die Monate der Hyperinflation, die noch Generationen von Deutschen als Beispiel für die Schrecken einer Inflation verfolgten. Immer schneller verzehnfachte sich die Abwertung gegenüber dem US-Dollar, bis schließlich im November 1923 für einen US-Dollar sage und schreibe 4,2 Billionen Mark gezahlt werden mussten. Mit der Hyperinflation ging auch ein Zusammenbruch von Politik und Wirtschaft einher. Die Arbeitslosigkeit stieg, die Rücklagen und Ersparnisse waren praktisch wertlos und die KPD erhielt immer mehr Zulauf. Letztlich war es genau diese wirtschaftliche Katastrophe, die schließlich Jahre später den Grundstein für die verhängnisvolle weitere Entwicklung in Deutschland gelegt hat.

Mit der Hinnahme der inflationären Geldentwertung konnten die ökonomischen und sozialen Lasten des verlorenen Krieges auf die Masse der abhängig Beschäftigten und die reinen Geldvermögensbesitzer abgeschoben werden. Erst 1928 erreichten die Reallöhne im Durchschnitt wieder das Niveau des Jahres 1913 (nach den Zahlen der amtlichen Statistik). Ein wesentlicher Teil der Mittelschichten – gewohnt, ihr Leben ohne Hilfe des Staates zu gestalten – fand sich in Armut wieder. Ihre finanziellen Rücklagen schmolzen in der Inflation bis auf kümmerliche Reste dahin. Mit Gold wäre das nicht passiert. Doch die Erfahrung, die die Menschen in der Weimarer Republik gemacht haben, ist nicht einzigartig. Alle Geldsysteme haben sich mit der Zeit in Luft aufgelöst.

INFLATION UND GELDENTWERTUNG 2011

Im Januar 2011 gingen die Menschen in Nordafrika auf die Straße. Doch nicht nur dort, sondern auf der ganzen Welt brodelt es. Neben der Unzufriedenheit mit regionalen Despoten sind die Auslöser vor allem steigende Lebensmittelpreise – verursacht durch die Gelddruckorgien der US-Notebank. Die Inflation macht die Menschen wütend, weil sie wegen steigender Preise nichts mehr zu essen kaufen können. Ein Phänomen, das in den westlichen Industriestaaten bisher nicht so deutlich in den Vordergrund getreten ist. Anders sieht es bei denen aus, die nur 100 Euro im Monat zur Verfügung haben und hilflos mit ansehen müssen, wie die Lebensmittelpreise steigen. Für diese Leute ist die Situation ernst und bedrohlich. Immerhin handelt es sich um mindestens die Hälfte der Weltbevölkerung – all die Menschen, die nicht in den Wohlfahrtsstaaten leben und keine Ersparnisse haben, um Preissteigerungen zumindest vorübergehend auszugleichen.

Die Auswirkungen der Geldpolitik der Fed sind weitreichend diskutiert worden. Es gilt als sicher, dass ein Großteil aus der Dollarpresse in Washington unmittelbar in die Rohstoffe fließt. Doch es sind nicht nur Edelmetalle und Energie, die nach oben schießen. Auch die Lebensmittelpreise sind in den vergangenen zwölf Monaten explodiert. Der Getreideindex (Weizen, Mais, Sojabohnen) hat sich allein seit Juli 2010 fast verdoppelt. Auch bei anderen börsengehandelten Nahrungsmitteln (zum Beispiel Kokosnüssen) hing es hoch hinaus – alles Folgen einer Inflation, die durch die US-Zentralbank bewusst in Kauf genommen wird. Hat sie damit auch hingenommen, dass es weltweit zu Hungersnöten und Aufständen kommt?

Die Folgen steigender Preise – insbesondere höherer Lebensmittelpreise – sind für die ärmere Hälfte der Weltbevölkerung dramatisch. Das Geld reicht nicht mehr, um satt zu werden. Es gibt keine Reserven, keine Sparbücher. Folge: Die Leute gehen auf die Straße, denn ein leerer Magen macht aggressiv. Wer nur 100 Euro verdient und davon Nahrungsmittel kaufen muss, bei dem wirkt sich eine Lebensmittelinflation von 30 Prozent verhängnisvoll aus – er bekommt dann 30 Prozent weniger Brot und Getreide für sein Geld.

Ägypten beispielsweise gehört zu den weltweit größten Weizenimporteuren. Da die Weizenpreise aber stark gestiegen sind, haben sich die Brotpreise 2010 fast verdreifacht. Trotz staatlicher Subventionsmaßnahmen erhalten die Menschen immer weniger Nahrung für ihr Geld. Wen wundert es da, dass es zu Revolten kommt? Der CRB-Food-Index (US-Index für an der Börse gehandelte Nahrungsmittel) zeigt für 2010 eine Steigerung von fast 40 Prozent. Andere Rohstoffe sind in diesem Jahr um 23 Prozent gestiegen. Zu viel für die Ärmsten der Armen. Sie können das nicht mehr bezahlen und setzen sich zur Wehr. Hat Bernanke dies zumindest teilweise zu verantworten? Rohstoffe werden in Dollar bezahlt. Und Dollars produziert die Fed seit zwei Jahren im Überfluss. Die Folge: Schwellenländer und Dritte Welt leiden an starker Inflation, weil insbesondere Nahrungsmittel importiert werden müssen. Die Folgen werden wir schon in Kürze nicht nur in der Dritten Welt sehen, sondern auch bei uns vor der eigenen Haustür zu spüren bekommen.

Die Geschehnisse im Mittleren Osten und in Nordafrika sind lediglich der Anfang. Wenn die Preise nicht sinken, wird der Virus schon bald auch auf Asien und Südamerika überspringen. Politiker in China, Indien, Thailand, aber auch in Südamerika sind bereits im Alarmzustand. Doch was können sie überhaupt tun? Wenn steigende Nahrungsmittelpreise der Auslöser von Unruhen sind, dann trägt die Geldpolitik der US-Notenbank Fed zumindest eine Mitschuld. Und da derzeit kein Ende des Gelddruckens in Washington in Sicht ist, könnten sich die Unruhen global weiter zuspitzen.

Die weltweiten Tumulte zeigen besonders eines sehr deutlich: wie sinnlos offizielle Inflationsstatistiken sind. In vielen Teilen der Welt zählt nur, wie viel Nahrung man für sein Geld bekommt. Wenn das Geld weniger wert wird, gibt es weniger zu essen. Und darin liegt der eigentliche Zündstoff der Inflation – die meist nur eine Vorstufe zu einem noch viel schlimmeren Phänomen ist: Hyperinflation.

HYPERINFLATION

Die meisten Geldsysteme endeten in einer Hyperinflation – genau wie damals die Reichsmark. Um festzustellen, wie sich eine Hyperinflation möglicherweise in der Zukunft ereignen könnte, brauchen wir ebenfalls nur einen Blick zurück in die deutsche Vergangenheit zu werfen. Die Hyperinflation schleicht sich nämlich ganz langsam an, ohne dass man es merkt. Innerhalb von Tagen oder Wochen geht dann aber alles ganz schnell, bis das Geldsystem in einer riesigen Supernova verglüht. So geschehen übrigens auch im Jahr 2010 in Simbabwe.

Wie lief die Hyperinflation rein „mechanisch" in den Zwanzigern ab? Zunächst passierte relativ wenig. Von 1919 bis 1922 berichten die alten Statistiken von einer ziemlich moderaten Inflation. Im Frühjahr 1922 ging es dann los: Die Preise zogen plötzlich etwas drastischer an. Im März 1922 gab es knapp zehn Prozent Inflation. Diese blieb zunächst einige Monate konstant. Doch ab Herbst des gleichen Jahres kletterten die Preise plötzlich dramatisch: Die Preissteigerungsrate erhöhte sich auf 100 Prozent. Die Preise verdoppelten sich also im Vergleich zum Vorjahr. Auch das wurde noch nicht als letztes Alarmsignal gesehen. Damit konnte man noch leben. Die Situation wurde zwar in den Zeitungen diskutiert, von Weltuntergangsstimmung war aber nirgendwo etwas zu hören. Es gab keinerlei Warnungen.

Doch von da an ging alles ganz schnell und geriet zunehmend außer Kontrolle: Im Dezember 1922 waren die Preise schon fünfmal höher als im Vorjahr, und im Verlauf des Jahres 1923 schossen sie schließlich senkrecht nach oben: Verhundertfachung im Mai 1923, Vertausendfachung im Juli, Verzehntausendfachung im September. Zum Jahresende geriet die Preissteigerung außer Kontrolle. Die Preise stiegen um den Faktor Million, kaum noch jemand hatte den Überblick. Die Notenpressen kamen mit dem Drucken nicht mehr nach. Gegen Ende des Jahres 1923 verglühte die Reichsmark schließlich im Unendlichen. Das Geld war wertlos geworden.

Was das für unermessliches Leid über die Menschen gebracht hat, kann sich jeder leicht vorstellen. Kaum jemand konnte sich vorbereiten – und als die Hyperinflation dann zuschlug, war es zu spät. Denn niemand wollte mehr irgendetwas gegen Geld verkaufen, wenn es nicht unbedingt notwendig war. Geld, das heute eingenommen wurde, konnte schon am nächsten Tag nur noch die Hälfte wert sein. Auf dem Höhepunkt der Inflation war das Geld bereits in der nächsten Stunde weniger wert. Dass unter solchen Umständen jegliches Wirtschaften zum Erliegen kommt, versteht sich von selbst. Mit dem Crash des Geldsystems brach auch die Wirtschaft zusammen.

Das Deutsche Historische Museum beschreibt die schreckliche Zeit der Geldentwertung so: „Mit fortschreitender Inflation hatte sich die Versorgungslage der Bevölkerung laufend verschlechtert. Dem Anstieg der Preise für Waren und Dienstleistungen konnten die Löhne und Gehälter nicht folgen. Der Reallohn sank auf circa 40 Prozent seines Vorkriegsniveaus, weite Teile der deutschen Bevölkerung verarmten. Vermögenswerte schmolzen dahin. Ersparnisse wurden völlig entwertet, Spargelder von Generationen vernichtet. Feste Erträge oder Zinsen waren praktisch wertlos. Durch Mangel an Kaufkraft verloren auch Immobilien ihren Wert und wurden bei Notveräußerungen geradezu verschleudert. Das chaotische Geldwesen hatte einen geregelten Wirtschaftsbetrieb unmöglich gemacht. Oft erfolgten die Lohnzahlungen täglich. Jedermann versuchte, Bargeld schnellstmöglich in Sachwerte einzutauschen. Ladenöffnungszeiten richteten sich nach den Bekanntgabeterminen für aktuelle Wechselkurse. In Restaurants konnte sich die Zeche während der Mahlzeit verdoppeln. Kriminelle stahlen nun nicht mehr nur Geldbörsen, sondern durchsuchten ihre Opfer nach Wertsachen und rissen ihnen sogar Goldzähne heraus.

Pfarrer hielten den Kirchgängern für die Kollekte nach den Gottesdiensten einen Wäschekorb hin."

So weit der Stimmungsbericht von damals. Kann sich so etwas erneut ereignen? Ja, ganz sicher. Denn Geldsysteme sind auf Hyperinflation programmiert. Nur: Wir sehen unser System nicht notwendigerweise im Vergleich zu anderen Währungen, weil auch diese kollabieren werden. Damals konnte man den Verfall der Reichsmark noch im Verhältnis zum US-Dollar beobachten. Warum? Weil der Dollar zu diesem Zeitpunkt an Gold gekoppelt war. Wer also heute den Verlauf der Inflation im Hinblick auf eine „Währung" beobachten möchte, der muss sich nur den Goldpreis anschauen. Wenn dieser unkontrolliert steigt, dann weiß man, dass die Hyperinflation nicht mehr weit ist. Nach meiner Einschätzung befinden wir uns in dieser Hinsicht schon in der „Beschleunigungsphase". Innerhalb verhältnismäßig kurzer Zeit dürfte es dann zur Hyperinflation kommen – analog zu den Ereignissen in den Jahren 1920 bis 1923 in Deutschland. Am Ende verpuffte die Papierwährung einfach.

ALLE GELDSYSTEME SIND KOLLABIERT

Wie kann man sich vor einer Geldentwertung schützen? Am besten, indem man kein Geld besitzt. Aber nicht alle Anlageklassen eignen sich als Werterhaltungsinstrument. Insbesondere Immobilien gelten als der „Klassiker" in Sachen Inflationsschutz, doch diese Annahme könnte trügerisch sein. Als ich mal mit einem Bekannten über dieses drohende Szenario sprach, entgegnete er nur achselzuckend: „Kein Problem, ich bin arm." Aber auch, wenn man nicht so viel Geld hat, sollte man für die Zukunft vorsorgen. Den meisten Menschen ist dieser Gedanke völlig fremd. Sie vertrauen darauf, dass das Geld und unser Geldsystem bis ans Ende aller Tage funktionieren. Das ist natürlich nicht so. Bis jetzt ist alles Geld dieser Welt auf seinen natürlichen Wert zurückgefallen: nämlich auf null.

So erschreckend es klingt: Alle Geldsysteme der letzten Jahrtausende sind über kurz oder lang kollabiert. Das liegt an den Gründen, die ich Ihnen anfangs genannt habe: Man kann Geld viel zu einfach und zu schnell drucken – und weil es so leicht geht, wird es auch gemacht, trotz anfangs gegenteiliger Versprechen. Das ist auch der Grund, warum man Geld 5.000 Jahre lang mit „o" geschrieben hat. Und damit sind wir beim Gold.

Alles hat bekanntlich seine Zeit. Es gibt Zeiten, in denen es weniger wichtig ist, an Gold zu denken. In anderen Perioden wiederum ist es brandgefährlich, das Edelmetall außer Acht zu lassen. In einer solchen Phase befinden wir uns jetzt.

Sehr betagte Zeitgenossen haben womöglich noch die Inflation der Weimarer Republik miterlebt. Eine Zeit, in der das Geld praktisch über Nacht wertlos wurde. Eine Zeit, in der ein Brot eine Milliarde Reichsmark kostete. Auf dem Höhepunkt der damaligen Inflation kostete eine Feinunze Gold (31,1 Gramm) 100 Billionen Reichsmark. Eine ähnliche Situation gab es auch in Simbabwe, im südlichen Afrika.

Wenn die Inflation erst einmal losgaloppiert, ist sie kaum noch aufzuhalten. Erst ganz langsam, dann immer schneller schießen die Preise nach oben. Aus der anfangs kaum fühlbaren Preissteigerung wird am Ende die Hyperinflation, die ein Geldsystem praktisch explodieren lässt. Das ist dann eine Zeit, in der die meisten Menschen alles verlieren, denn die Geschichte hat immer wieder gezeigt, dass nur eine kleine Minderheit auf eine Inflation vorbereitet ist. Auch damals in der Weimarer Republik konnten viele Menschen nur hilflos mit ansehen, wie ihr hart erarbeitetes Geld wertlos wurde, und zwar in immer schnelleren Schritten. Angeblich konnte man damals für eine Feinunze Gold in Berlin ein ganzes Haus kaufen. Nur wer hatte damals schon Gold?

Seit Gründung der Bundesrepublik und mit Etablierung der Bundesbank ist die monetäre Unsicherheit der Deutschen wieder verflogen. Es handelt sich allerdings um eine trügerische Sicherheit. Die D-Mark mag vielen Deutschen zwar stabil vorgekommen sein, doch auch sie hat im Laufe ihres Lebens an Wert verloren. Seit 1948, von der Geburtsstunde der Deutschen Mark bis zu ihrem unrühmlichen Ende, der Einführung des Euros im Januar 2002, hat die geliebte D-Mark immerhin 80 Prozent ihres Wertes verloren – in einem Zeitraum von gut 40 Jahren. Dreimal dürfen Sie raten, was in diesem Zeitraum nicht an Kaufkraft verloren hat. Richtig: Gold.

Seit Einführung des Euros im Jahre 2002 bis Ende 2010 (da ich diese Zeilen in den Computer tippe) hat sich die Talfahrt des Euros erheblich beschleunigt. Offiziell wurde die mittlere Inflationsrate zwar mit rund drei Prozent angegeben, doch bei Statistiken sollte man bekanntlich vorsichtig sein und immer fragen, wer sie gefälscht hat beziehungsweise in Auftrag gab. Doch sogar nach offiziellen Statistiken hat der Euro in der kurzen Zeit seines Bestehens bereits rund ein Viertel seiner Kaufkraft eingebüßt. Das bedeutet also in acht Jahren eine Inflation von rund 25 Prozent.

Nicht wenige Zeitgenossen sind allerdings der Meinung, dass der gefühlte Kaufkraftverlust weitaus höher ist. In bestimmten Bereichen kann man mit Fug und Recht behaupten, dass sich die Preise seit Einführung des Euros verdoppelt haben, also in diesem Zeitraum eine Inflation von 100 Prozent herrschte. Das ist zwar eine ziemlich „unwissenschaftliche" Behauptung, doch manchmal liegt der berühmte „kleine Mann" mit seinen Einschätzungen richtiger als der Professor an der Uni. Fakt jedenfalls ist, dass die Inflation durch den Euro zugenommen hat, auch wenn offizielle Statistiken den Menschen immer wieder etwas anderes weismachen wollen. Gegen Ende 2010 äußerte sich EZB-Präsident Trichet zum Thema und gab zum Besten, dass der Euro eine der härtesten Währungen der Welt sei, noch härter als die Deutsche Mark. Die Botschaft des EZB-Chefs: Die Deutschen können froh über den Euro sein, weil er besser ist als die D-Mark. Eine solche Aussage ist natürlich nur mit einem Anfall von Realitätsverlust zu erklären, doch die meisten Deutschen lassen sich nicht täuschen. Einer Umfrage zufolge mag die Mehrheit den Euro nicht. Das macht den Politikern aber nichts aus, denn die Demokratie ist in der EU in wesentlichen Punkten längst abgeschafft. Abgestimmt werden darf nur noch über Rauchverbote. In wichtigen Fragen wie der Währungsdebatte wurde das Volk ausgeschaltet, und dort, wo es mitbestimmen durfte, blieben die nationalen Währungen erhalten – zum Beispiel in Dänemark. Selbstverständlich hätten die Deutschen nie ihre D-Mark aufgegeben. Aber leider wurden sie danach nie gefragt. Stattdessen hat man sie mit zweifelhaften Stabilitätsversprechen getäuscht, die von Anfang an nicht eingehalten wurden.

Dies ist umso erstaunlicher, als bei Einführung des Euros doch alle Staaten strikt versprochen haben, sich an Stabilitätskriterien zu halten, wie zum Beispiel an den Vertrag von Maastricht. Doch Papier ist bekanntlich geduldig, und außerdem gibt es stets ein Hintertürchen. Und wenn nicht, dann werden eben die Gesetze direkt gebrochen, so wie es mit der Griechenland-Hilfe geschah oder mit dem 750-Milliarden-Unterstützungspaket zur „Rettung des Euros", die in Wirklichkeit gar keine Rettung ist, sondern nur einen Aufschub für das Unvermeidliche darstellt: den Zerfall des Euros.

Die Taktik der Politiker ist immer die gleiche: Am Anfang wird etwas versprochen, was am Ende nicht eingehalten wird. Und Gelddrucken ist natürlich besonders verführerisch. Wenn Deutschland oder irgendein anderes Land in der EU mal eben 50 Milliarden per Knopfdruck zusätzlich produziert (durch Begebung entsprechender Schulden), dann tut es am Anfang gar nicht weh. Dabei ist es ein zusätzlicher Nagel auf dem Sarg des entsprechenden Geldsystems – in diesem Fall des Euros.

Eines kann ich Ihnen jetzt schon versichern: Alles, was Politiker im Hinblick auf vermeintliche Stabilitätsgarantien je versprochen haben oder versprechen werden, ist gelogen. Nichts als Lügen! Das war historisch schon immer so und wird auch in Zukunft so bleiben. Aus diesem Blickwinkel muss man auch das neue, im Grundgesetz verankerte „Überschuldungsverbot" in Deutschland sehen. Davon wird in den nächsten Jahren nichts übrig bleiben. Wenn die Politik es will, dann drückt sie auf den Gelddruckknopf. Das ist immer einfacher, als zu sparen. Sparen tut weh. Inflation hingegen ist anfangs eine schmerzlose Angelegenheit. Die Zeche muss erst später gezahlt werden. Und dann sind die gewählten Volksvertreter schon längst nicht mehr im Amt.

Die Geldwertstabilität ist also äußerst trügerisch. Wenn Sie wirklich wissen möchten, wie es um die Stabilität des Geldes bestellt ist, brauchen Sie nur auf den Goldkurs zu schauen. Je mehr Sie für eine Feinunze zahlen müssen, desto größer ist die Gefahr fürs Geld – auch wenn sich die Preise für Brot und Brötchen zunächst nur leicht erhöhen. Wenn aber der Goldkurs steigt, heißt das nichts anderes, als dass Sie von einer Währung (Dollar oder Euro) mehr für das Gleiche zahlen müssen: eine Feinunze Gold.

Und eine solche Feinunze Gold kostet eben nicht mehr 700 Dollar wie noch 2007, sondern 1.400 Dollar wie Ende 2010. Ein deutlicheres Zeichen für Inflation kann es nicht geben.

Wenn der Goldpreis steigt, ist das immer ein ernst zu nehmendes Alarmzeichen. Das haben übrigens die Menschen in der Dritten Welt viel besser verstanden als wir in Europa oder in den USA. Menschen in „Schurkenstaaten" oder Entwicklungsländern wissen von Anfang an, dass man seiner Währung nicht trauen kann. Selbst in fortschrittlicheren Ländern wie Indien ist Gold traditionell ein Wertaufbewahrungsmittel. Der Rupie vertraut auf lange Sicht niemand in Indien. Dafür sitzt das Misstrauen viel zu tief. Ein gesundes Misstrauen, das wir gegenüber Euro und Dollar ebenfalls haben sollten. Denn im vergangenen Jahr waren die beste „Geld"-Anlage nicht Aktien oder Immobilien – und schon gar nicht irgendwelche Staatsanleihen, sondern: Gold!

Gold hat in den letzten elf Jahren, gemessen am US-Dollar (und vielen anderen Währungen), über 400 Prozent zugelegt und damit eine jährliche Rendite von 16 Prozent erzielt. Der US-Dollar ist gegenüber Gold seit 1999 schon um 80 Prozent gefallen. Auf lange Sicht sind die Folgen noch verheerender: Der US-Dollar und viele andere Währungen sind seit der Gründung der Fed in New York im Jahr 1913 durchschnittlich um 98 bis 99 Prozent gegenüber dem Gold gefallen.

Übrigens ist auch sehr interessant, wie sich Aktien gegen Gold in den letzten Jahren entwickelt haben. Gegenüber Papiergeld mögen sie zwar gestiegen sein, wenn man sie aber „in Gold aufwiegen" würde, sähe das Ergebnis beängstigend aus: Der Dow Jones und viele andere Indizes haben seit 1999 über 80 Prozent gegenüber Gold verloren.

DAS ENDE DES WOHLSTANDS

Wenn ein Geldsystem untergeht, wenn das Geld nichts mehr wert ist, dann ist nie nur eine Währung in Gefahr, sondern die gesamte Gesellschaft. Es stellt sich aber auch die Frage, ob es nicht auch generell einen zyklischen Abschwung gibt, mit und ohne Geldsystem. Denn alles im Leben ist bekanntlich zyklisch. Wir haben eine lange Phase des üppigen Wohlstands erlebt und es könnte sein, dass sie nun endet. Eingeleitet durch eine unkontrollierte Inflation und den anschließenden Zerfall der Währung – und zwar nicht nur des Euros, sondern aller wichtigen Weltwährungen wie Yen, Pfund und US-Dollar sowieso. Selbst der Schweizer Franken dürfte den kommenden Crash nicht überleben, obwohl er derzeit als sicherer Hafen gilt. Doch wenn das Finanzsystem kollabiert, ist gerade die Schweiz verloren. Die Banken in Helvetia verfügen über eine Bilanzsumme, die siebenmal höher ist als die Wirtschaftsleistung des Alpenstaates. Wer also soll hier im Zweifelsfall eine Bank retten können?

Der kommende hyperinflationäre Abschwung und die wohl damit verbundene Kredit- und Kapitalimplosion werden möglicherweise das Ende einer 200-jährigen Epoche des Wachstums in der westlichen Welt markieren, befürchtet der angesehene Schweizer Anlageexperte Egon von Greyerz. Seiner Meinung nach haben die Regierungen zwei Möglichkeiten: die Ausgaben weiter erhöhen und Geld drucken wie die USA oder Sparpakete beschließen wie in Europa. Für welche Option sie sich entscheiden, ist belanglos, da der Umkehrpunkt überschritten wurde.

Die hyperinflationäre Baisse in den westlichen Ländern – auch in den USA und Großbritannien – wird das Ende einer 200-jährigen Epoche seit der industriellen Revolution markieren, glaubt von Greyerz. Der Großteil des Wachstums in den vergangenen 100 Jahren und noch spezifischer in den vergangenen 40 Jahren basiert nach Meinung des Schweizers auf einem unhaltbaren

Wachstum der Kreditniveaus. Diese Schulden werden laut von
Greyerz in den nächsten Jahren noch weitaus größere Dimensionen erreichen, bis die kommende Hyperinflation in der westlichen
Welt zu einer Zerstörung der Immobilienpreise und einer Schul-
denimplosion führt.

Interessanterweise deckt sich diese düstere Prognose mit dem
Kondratjew-Zyklus, und zwar nicht nur mit einem, sondern
gleich mit mehreren. Unter Kondratjew-Zyklen versteht man die
vom russischen Wirtschaftswissenschaftler Nikolai Kondratjew
(1892–1938) entwickelte Theorie zur zyklischen Wirtschaftsent-
wicklung. Kondratjew teilt einen Wirtschafts- beziehungsweise
Konjunkturzyklus in Frühling, Sommer, Herbst und Winter
ein. Ein Kondratjew-Zyklus läuft über rund 70 Jahre. Der letzte
begann 1949 – demzufolge gehen wir im kommenden Jahrzehnt
in den Kondratjew-Winter.

Neben dem normalen Zyklus gibt es nach Ansicht einiger Auto-
ren auch einen „Grand Supercycle", der über 200 bis 300 Jahre
verläuft und nichts weniger beinhaltet als den Aufstieg und Abstieg ganzer Zivilisationen. Nach Ansicht einiger Kondratjew-
Experten geht derzeit nicht nur ein normaler Zyklus zu Ende,
sondern auch der laufende Grand Supercycle. Demzufolge droht
der westlichen Industriewelt der Untergang – in Asien dagegen
beginnt gerade der Kondratjew-Frühling.

Jenseits dieser rein schematischen Betrachtungsweise genügt ein
Blick auf den Schuldenstand des Westens. Da wundert es wenig,
dass die Aussichten eher trübe sind. Interessant ist in diesem Zusammenhang aber, dass Kondratjew, ganz ohne das Geldsystem
zu kennen, schon eine recht präzise Prognose lieferte, als er sein
System der Zyklen in kapitalistischen Systemen im Jahre 1926
veröffentlichte. Er musste seine Erkenntnisse übrigens mit dem
Tod bezahlen, weil Stalin es nicht duldete, dass es im Kapitalismus so etwas wie einen Frühling gibt und dass es nach einem
zyklischen Kollaps wieder aufwärtsgehen kann.

Die Wellen des Kondratjew passen gut zu den Analysen des Schweizer Anlageberaters von Greyerz. Seiner Ansicht nach hat die westliche Welt in den letzten 100 Jahren ein nie vorher da gewesenes Wachstum der Produktion und Innovation erlebt. Dies führte zu einem signifikanten Anstieg der Lebensqualität. Im selben Zeitraum wuchsen die öffentlichen und privaten Schulden exponentiell und führten zu einem steilen Anstieg der Inflation im Vergleich zu den Jahrzehnten zuvor.

Nach Ansicht von Greyerz' wird der Westen somit wohl nach aufregenden und sehr schmerzhaften Zeiten in den nächsten Jahren eine längere Rezession ertragen müssen. Allen Maßlosigkeiten in der Wirtschaft und Gesellschaft wird damit ein Ende gesetzt. Diese Exzesse betreffen nicht nur Konzernleitungen, Banker, Hedgefonds-Manager oder gut verdienende Sportler, sondern beziehen sich auch auf den kompletten Wegfall ethischer und moralischer Maßstäbe sowie die Abkehr von der Familie als kleinste Einheit der Gesellschaft.

Von Greyerz warnt auch vor dem naiven Glauben, dass Regierungen das Ruder noch mal herumreißen könnten: „Die meisten Menschen glauben und hoffen, dass solche Trendwenden heutzutage wegen den der Regierung zur Verfügung stehenden Mitteln nicht möglich sind. Nur sehr wenige Menschen verstehen allerdings, dass es genau diese staatlichen Beeinflussungen, Kontrollen, Regulierungen und das Gelddrucken sind, die unsere Probleme ursprünglich verursacht haben. Macht macht korrupt und mit wachsendem Druck auf die Regierung wächst deren Einflussnahme. Denn sie [die Politiker] glauben, dass ihre Regulierung der Wirtschaft die Staaten oder die Welt retten wird. Sie verstehen wenig davon, dass jede Einflussnahme, jede Regulation oder jeder gedruckte Geldschein die Probleme der Wirtschaft in vielfältiger Weise verschlimmern."

Von Greyerz erklärt in seiner Analyse auch sehr eindrucksvoll, auf welche Weise die Menschen betrogen werden – ohne dass sie es zunächst merken: „Sehr wenige Menschen erkennen, dass der Druck von Geldscheinen eine Form des Diebstahls an dem Geld und der Arbeit der Bürger ist. Geld soll dem Austausch von Gütern und Dienstleistungen dienen und die Werte zwischen ihnen ausbalancieren. Ein Beispiel: Eine Person arbeitet sehr hart, um im Jahr 40.000 Dollar in Form von Papiergeld zu verdienen. Die Regierung druckt, wegen ihres Missmanagements und ihrer Inkompetenz, gleichzeitig 40.000 Dollar, um ihre Schulden zu bezahlen. Somit hat die Regierung durch den Druck eines Knopfes die gleiche Menge Geld erzeugt, für die ein Mensch ein Jahr lang arbeiten musste. Das passiert im Moment überall auf der Welt und wird sich in den nächsten Monaten und Jahren noch beschleunigen und zu einer totalen Zerstörung des Papiergeldes führen. Papiergeld hat komplett seine Funktion als Tauschmittel und Wertbewahrer verloren. Deshalb steigt Gold und wird weiterhin im Vergleich zu vergänglichem Papier, genannt Geld, steigen."

Wichtig sind in diesem Zusammenhang auch die Begriffe „Inflation" und „Hyperinflation". Im Vorfeld einer Geldentwertung kann es immer auch zu deflatorischen Erscheinungen kommen. Diese sind aber meist trügerisch. Von Greyerz sieht das so: „Lassen Sie uns noch einmal betonen, dass Hyperinflation wegen eines Währungskollapses durch Gelddrucken und nicht durch eine erhöhte Nachfrage entsteht. Die schwache, vorherrschende Deflation ist nur ein Vorbote der Hyperinflation. Die Angst vor einem deflationären Zusammensturz zwingt die Regierungen dazu, Geld zu drucken. Dies führt zum Währungskollaps, der in der Historie immer eine Hyperinflation verursachte."

Die Art und Weise, wie sich das Geldsystem entwickelt, führt zwangsläufig dazu, dass Reiche immer reicher und Arme immer ärmer werden. Es ist leichter, aus einer Million zwei zu machen, als die Einnahmen aus einem 2.000-Euro-Job zu verdoppeln. Diese Entwicklung, die man Disparität des Kapitals nennt, ist ebenfalls unausweichlich in unserem System und setzt damit die Voraussetzung für mögliche größere Unruhen in der Zukunft. Viele Menschen fallen jetzt schon aus dem Berufsleben heraus, die Zahl der Arbeitsunfähigen und Sozialhilfeempfänger steigt unaufhörlich. Sie alle können nicht mehr dazu beitragen, das Bruttoinlandsprodukt zu steigern. Im Gegenteil: Sie werden von den Staaten alimentiert. Da die Staaten allerdings kein Geld haben, werden die Sozialleistungen durch zusätzliche Schulden finanziert. Daher ist absehbar, dass irgendwann der Geldfluss abreißt, nämlich dann, wenn sich der Staat nicht mehr verschulden kann.

Goldexperte Walter K. Eichelburg brachte es in einem seiner Kommentare so auf den Punkt: „Es ist nicht primär die Verschuldung, die dem Westen den Garaus machen wird, denn die Verschuldung kann man wie in jedem Kondratieff-Winter abbauen. Es ist vielmehr die Dekadenz der Gesellschaft. Das war schon im alten Griechenland so, dann im Römischen Reich, das daran zugrunde gegangen ist. Es ist die Beschäftigung der Führungsschichten im Westen mit ‚Politicial Correctness' und der räuberische Umverteilungsstaat. Die Hälfte der Bevölkerung lebt vom Staat, besser gesagt von den immer kleiner werdenden produktiven Schichten. Dazu eine enorme Bürokratie. Frösche sind wichtiger als Arbeitsplätze. Massive Deindustrialisierung, dafür eine hypertroph große Kredit- und Finanzwirtschaft. Drastischer Rückgang des realen Bildungsstands, trotz Explosion bei den Akademikerzahlen. Das sind die wahren Probleme und sie werden den Westen kippen lassen, sobald die Geldgeber in Asien den Daumen nach unten senken."

Eichelburg prognostiziert schon in Kürze:
- das Ende des Papiergeldes (Fiat Money)
- das Ende der umfassenden, übergroßen Verschuldung
- das Ende der heutigen Papier-Scheinvermögen
- das Ende des übergroßen sozialistischen Staates

- das Ende des umfassenden Wohlfahrtsstaates
- das Ende der globalen Dominanz von USA und europäischen Vasallen
- das Ende der heutigen globalen Eliten
- das Ende der „Globalisierung", in der Asien produziert, der Westen konsumiert und die Bosse kassieren
- das Ende von EU, Euro und Co

In seiner Analyse nimmt auch von Greyerz auf diese Entwicklung Bezug und konstatiert ein Phänomen, das jeder in den letzten Jahrzehnten selber beobachten konnte: „Insbesondere in den letzten 40 Jahren wurden die Reichen reicher, während das Einkommen der Ottonormalverbraucher nur sehr gering wuchs. Seit 1970 hat sich das jährliche Einkommen der unteren 90 % der US-Familien um 10 % erhöht. Während der Aufschwungsphase zwischen 2002 und 2007 fiel das mittlere Einkommen um 2.000 Dollar. Der erkennbare Wohlstandszuwachs resultiert aus einer größeren Verschuldung und nicht aus einem Anstieg der Reallöhne. Somit ist die Erhöhung des Lebensstandards in Amerika und vielen westlichen Staaten in den letzten 40 Jahren auf Schulden aufgebaut – Schulden, die niemals mit normalem Geld beglichen werden können. Gleichzeitig haben Manager eine große Erhöhung ihrer Gehälter und ihres Wohlstands erleben können. Im Jahr 1973 haben die obersten Führungskräfte das 26-fache Durchschnittseinkommen verdient. Heute verdienen sie das 300-fache. Die größer werdende Lücke zwischen den wenigen Reichen und der breiten Masse ist moralisch und sozial verwerflich. Im Falle eines Falles wird diese Lücke wahrscheinlich zu sozialen Unruhen und Gewalt gegen die Eliten führen."
Diese Entwicklung ist in zinsbasierten Geldsystemen nicht ungewöhnlich. Sie markiert die Endphase eines solchen Systems, die natürlich auch schwerwiegende politische Konsequenzen hat. Auch hier gibt es Parallelen aus früherer Zeit: Oswald Spengler

schreibt in seinem kurz nach dem Ersten Weltkrieg erschienenen Hauptwerk *Der Untergang des Abendlandes* über die Endphase der Demokratie: „Durch das Geld vernichtet sich die Demokratie selbst, nachdem das Geld den Geist vernichtet hat." Und weiter: „Endlich erwacht eine tiefe Sehnsucht nach allem, was noch von alten, edlen Traditionen lebt. Man ist der Geldwirtschaft müde bis zum Ekel. Man hofft auf eine Erlösung irgendwoher, auf einen echten Ton von Ehre und Ritterlichkeit." Spengler sieht in einer solchen Entwicklung Anzeichen für einen Endkampf zwischen Demokratie und „Cäsarismus". Cäsarismus bedeutet die Herrschaft einer charismatischen Einzelperson, die vom Willen des Volkes getragen wird.

Wie also geht es jetzt weiter? Von Greyerz prognostizierte schon vor mehreren Jahren die Hyperinflation als wahrscheinlichstes Ergebnis der wirtschaftlichen Zwangslage, in der sich die Welt befindet. Es sei jedoch nicht zu erwarten, dass es sich dabei um eine geradlinige hyperinflationäre Phase handeln wird. Am Ende aber werden der primäre Nutznießer der Hyperinflation die Edelmetalle sein. Die Preise bestimmter Rohstoffe, insbesondere jene für Nahrungsmittel und Energien, werden ebenfalls steigen. Die meisten der durch den Kreditboom finanzierten Anlagegüter werden jedoch an realem Wert verlieren. Hierzu gehören etwa Immobilien, Aktien und Anleihen. Unter hyperinflationärem Geld könnten zwar die Preise derartiger Anlagegüter noch immer zulegen. Verdient jemand, der zuvor 50.000 Dollar jährlich an Echtgeld erwirtschaftete, nun fünf Millionen Dollar neu gedruckten Geldes, steigert sich der Wert seines Hauses wahrscheinlich auch nominal. Real gemessen jedoch werden Immobilienpreise drastisch zurückgehen. Kredite werden nicht verfügbar und Zinssätze mit vermutlich mindestens 15 bis 20 Prozent extrem hoch angesetzt sein, sodass sich nur wenige Menschen einen Hauskauf leisten können. Vor diesem Hintergrund scheint es wenig ratsam, sich gegen die kommende Krise mit Immobilien abzusichern.

Von Greyerz sieht ein deprimierendes Endszenario, welches seiner Meinung nach nicht mehr aufhaltbar ist: Die Hyperinflation
werde zahlreiche Währungen vernichten, sodass Papiergeld endgültig seinem eigentlichen Wert entspreche – der bei null liegt.
Gold und Silber würden praktisch die einzigen Anlagegüter sein,
mittels derer sich Investoren uneingeschränkt gegen den Geld-
abbau absichern können.

GOLD IST KEIN VERSPRECHEN

Ein kluger Banker hat mal vor 100 Jahren gesagt: „Gold ist Besitz, Geld ist nur ein Versprechen." Der Mann hat Recht. Die kleinen und großen Scheinchen oder der Kontostand sind noch nicht Reichtum. Sie sind bloß ein versprochener Reichtum, der erst dann eintritt, wenn man das Geld in Güter umtauscht. Dass das in Zukunft vielleicht nicht mehr so gut möglich sein wird, habe ich schon in den vorherigen Kapiteln beschrieben.

Gold dagegen ist ein Gut. Der US-Historiker und Zivilisationstheoretiker Carroll Quigley (1910–1977) beschrieb bereits in den Sechzigerjahren in seinem Buch *Katastrophe und Hoffnung. Eine Geschichte der Welt in unserer Zeit* den Unterschied zwischen Geld und Gold so: „Güter sind Reichtum, den man besitzt, während Geld einen Anspruch auf Reichtum darstellt, den man nicht besitzt. Güter sind ein Guthaben, Geld ist eine ausstehende Schuld." Quigley war auch Professor an der Georgetown University in Washington, D. C., zu seinen berühmtesten Schülern gehörte übrigens der ehemalige US-Präsident Bill Clinton. Sein Hauptwerk *Katastrophe und Hoffnung* gilt bis heute in Amerika als Standardwerk zum Thema Finanzwelt und Politik. Das Buch war und ist allerdings wegen seines kritischen Umgangs mit diesen Themen auch umstritten. Kein Wunder – wer so offen über das Geldsystem spricht, hat viele Feinde.

Am wichtigsten scheint mir die Schlussfolgerung „Güter sind ein Guthaben, Geld ist eine ausstehende Schuld". Unter diesem Licht muss man auch den Besitz von Edelmetallen sehen. Gold ist ein Guthaben. Die Scheine bei der Bank sind lediglich eine ausstehende Schuld. Ob diese Schuld jedoch beglichen wird, steht in den Sternen – denn von diesen Schuldtiteln gibt es fast unendlich viele, und es werden immer schneller immer mehr. Würde nur ein Bruchteil der Gläubiger auf Rückzahlung bestehen, wäre sofort klar, dass dies unmöglich ist. Unser System ist deshalb darauf ausgelegt, ähnlich wie in den ehemaligen sozialistischen Staaten des Ostblocks, den Menschen Sand in die Augen zu streuen und sie in trügerischer Sicherheit zu wiegen. Kritiker werden als Verschwörungstheoretiker oder krankhafte Pessimisten gebrandmarkt. Und falls es doch mal brennt, greifen Politiker auch gern zur letzten großen Lüge und behaupten einfach: „Das Geld ist sicher", oder: „Die Rente ist sicher." So stellten sich Bundeskanzlerin Merkel und Finanzminister Steinbrück im Herbst 2008 vor die Kameras und versicherten wahrheitswidrig, dass der Staat alle Sparguthaben garantieren würde. Diese Aussage ist nicht nur falsch, weil dies faktisch unmöglich ist. Merkel und Steinbrück hatten auch gar keine demokratische oder parlamentarische Legitimation, diese Garantie auszusprechen – wie Steinbrück auch später in einem Interview selbst zugab.

Dies hat aber damals kaum jemand kritisiert. Genau so wenig wie die Frage gestellt wurde, ob eine Regierung überhaupt alle Sparguthaben garantieren könne. Kann sie natürlich nicht. Bekanntlich verfügt Deutschland nicht über die entsprechende Summe, die man dafür einsetzen könnte, sondern ist selbst hoch verschuldet. Die Garantie war also eine glatte Lüge. Aber sie hatte ihr Ziel erreicht: Ein Bankrun wurde offenbar verhindert, die Leute waren wieder beruhigt – wenn auch nur für kurze Zeit, denn das eigentliche Problem kann man mit falschen Versprechungen bekanntlich nicht lösen, sondern man fährt die Karre nur noch tiefer in den Dreck. Doch das merkt die breite Öffentlichkeit derzeit offenbar kaum – obwohl die Garantielügen munter weitergingen: 2008 Garantie für alle Sparguthaben, 2009 Garantie für alle Banken, 2010 Garantie für Euroländer, 2011 Garantie für die gesamte EU? 2012 dann Garantie für die ganze Welt? Irgendwann müsste doch wirklich der Letzte merken, dass das ein sehr zweifelhaftes Versprechen ist. Wenn aber die Garantielüge nicht mehr wirkt, dann wird es wirklich ernst. Und das ist nur noch eine Frage der Zeit, denn für das meiste gibt es ja schließlich schon jetzt Garantien – leere Versprechen, die niemand einhalten kann.

Im vorherigen Kapital habe ich geschildert, wie einfach es ist, Geld zu vermehren. Wenn es aber immer schneller vermehrt wird, muss es auch entsprechend wertloser werden. Das bedeutet im Umkehrschluss, dass die Scheinchen, die Sie auf der Bank haben, in Zukunft ihr „Versprechen" wohl nicht mehr halten können. Und dieses Versprechen lautet, Kaufkraft in Höhe des ursprünglichen Wertes auch weiterhin bereitzustellen. Doch es ist eine Lüge. Deshalb kann man bildlich gesprochen sagen: „Der Schein trügt."

Der 100-Euro-Schein trügt, denn schon in einigen Jahren werden Sie für diese 100 Euro mit Sicherheit nicht mehr so viel kaufen können wie jetzt, wo Sie diese Zeilen lesen. Es ist sogar sehr wahrscheinlich, dass es für diesen 100-Euro-Schein bald gar nichts mehr gibt. Dafür sorgt die explodierende Schulden- beziehungsweise Geldmenge.

Schon jetzt laufen die virtuellen Geldpressen auf Hochtouren. Und der unauflösbare Widerspruch bleibt: Einerseits schuften Menschen für ein paar Tausend Euro, andererseits schaffen Notenbanken per Knopfdruck Billionen. Das kann auf Dauer nicht gutgehen. Wieso spüren wir das jetzt noch nicht? Eigentlich müsste die Geldentwertung beziehungsweise die Inflation doch jetzt schon angesichts der explodierenden Geldmenge viel höher sein?

Dass die Geldentwertung bis jetzt noch nicht deutlich sichtbar geworden ist, liegt daran, dass das viele Geld bisher nur bei den Banken lagert und nicht ausgegeben wird. Es existiert aber schon. Deshalb ist es nur eine Frage der Zeit, bis es in den Kreislauf kommt und dort seine unheilsame Wirkung entfaltet. Der jetzt schon explodierten Geldmenge steht bekanntlich nur ein begrenztes Warenangebot gegenüber. Oder anders ausgedrückt: So schnell, wie die Geldmenge wächst, kann kein reales Wachstum mitkommen. Folge: Das Geld muss sich entwerten. Wenn nicht jetzt, dann eben später. Dieses Ereignis wird mit mathematischer Präzision eintreten. Und dann kann es zu einem gewaltigen Knall kommen. Das nennt man Hyperinflation. Das Geld wird sozusagen über Nacht wertlos.

Wähnen Sie sich also nicht in trügerischer Sicherheit mit dem Argument „bis jetzt ist doch alles gut gegangen". Diese Einstellung ist nur noch zu vergleichen mit dem Truthahn, der sich am Tag vor seiner Schlachtung am wohlsten fühlt, wie Nassim Taleb in seinem Buch *Der schwarze Schwan* darlegt. Wir wiegen uns demnach in trügerischer Sicherheit, nur weil bestimmte Systeme seit Jahren und Jahrzehnten offenbar ohne Probleme funktionieren. Dabei hat das System ein eingebautes Verfallsdatum, das aber niemand kennt – ebenso wenig, wie der Truthahn den Termin seiner Schlachtung kennt. Nur eines ist sicher: Der Zeitpunkt des Todes rückt näher. Das Kuriose an diesem Prozess: Je näher der Schlachttermin, desto besser fühlt sich der Truthahn. Wieso soll man auch mit einem solch brachialen Ereignis rechnen? Doch es lohnt sich, auch das Undenkbare zu denken. Dann ist man besser vorbereitet. Jahrhundertelang glaubten Menschen, dass es keinen schwarzen Schwan gibt, bis er dann doch entdeckt wurde. Entsprechend zu unserem Geldsystem kann man deshalb sagen: Nur weil es so lange gut gegangen ist, bedeutet das noch längst nicht, dass es weiterhin gut geht. Im Gegenteil, je länger das Geldsystem läuft, desto wahrscheinlicher ist, dass es abrupt endet. Doch damit rechnen die wenigsten Menschen, und das könnte fatale Folgen für die Zukunft haben. Besser ist es, vorbereitet zu sein und sich nicht in falscher Sicherheit zu wähnen – wie der Truthahn am Tag vor der Schlachtung.

Dabei muss man schon sehr informationsresistent sein, um nicht mitzukriegen, dass irgendwas gewaltig schiefläuft. Wieso sind denn so viele Banken pleitegegangen? Warum stehen so viele Staaten am Abgrund? Warum gibt es fast wöchentlich eine neue „Explosion" irgendwo im globalen Finanzsystem? Selbst wer sich noch nie Gedanken um die Sicherheit seines Geldes gemacht hat, bei dem müsste sich doch angesichts der Ereignisse ein mulmiges Gefühl breitmachen. Sämtliche Geldsysteme in der Geschichte sind zerbrochen, kein einziges Papiergeldsystem hat überlebt. Nicht ein einziges! Das sollte Ihnen zu denken geben. Und genau das ist der Grund, warum „Geld" 5.000 Jahre mit „o" geschrieben wurde. Währungen kommen und gehen. Gold bleibt.

Es ist eben das generelle Problem des Papiergeldes, dass man es ohne Schwierigkeiten unendlich vermehren kann. Und weil das so ist, passiert es auch. Das ist bei Gold anders. Gold kann nicht beliebig vermehrt werden. Alles Gold der Welt, das bis zum heutigen Zeitpunkt je von der Menschheit gefördert wurde, entspricht einem Würfel von 20 mal 20 Metern. Das ist wahrlich nicht viel. Und da Gold nicht beliebig vermehrbar ist, bleibt auch seine Kaufkraft erhalten. So kostet heute ein Abendessen für zwei Personen im noblen Londoner Savoy-Hotel noch immer so viel wie 1913 – einen Sovereign (alte engl. Goldmünze, Wert: 1 Pfund). Und im vorchristlichen, antiken Rom bezahlte man für eine feine Toga mit Gürtel und ein Paar Sandalen den gleichen Preis wie heute, 2.000 Jahre später, für einen Anzug und ein Paar Schuhe: eine Unze Gold. Daran dürfte sich wohl auch in Zukunft nicht viel ändern.

Der Verfall von Papiergeld wird ziemlich deutlich, wenn man mal der Frage nachgeht, wie viel Dollar man früher eigentlich für eine Unze Gold ausgeben musste. Kein Vergleich bringt es besser an den Tag: Für 1.000 Dollar bekam man im Jahre 1910 fast 40 Unzen Gold. 1999 waren es nur noch vier! Sie haben richtig gelesen. Für die gleiche Menge Dollars erhielt man 1999 nur noch ein Zehntel der Menge an Gold. Gegen Ende des Jahres 2010 war es dagegen praktisch fast nur noch eine halbe Unze Gold, die man für 1.000 Dollar erstehen konnte.

Um es noch mal deutlich zu machen: Für 1.000 Dollar gab es also 40 Unzen Gold damals und nur noch eine halbe Unze heute! Ich denke, einen besseren Beweis zur Geldentwertung kann es gar nicht geben. Darüber sollten Sie immer nachdenken, wenn Sie Gold kaufen. Selbst wenn der Preis mal wieder sinken sollte – auf lange Sicht ist der Goldpreis immer nur gestiegen – beziehungsweise umgekehrt: Geld hat sich gegen Gold immer abgewertet, bis zur völligen Wertlosigkeit.

Der legendäre Börsenbrief-Herausgeber Richard Russell antwortete auf die Frage nach der besten Anlage in Krisenzeiten: „Gold ist Geld und war immer das beste Geld in der 5.000-jährigen Geschichte der Menschheit. Man kann damit die Notwendigkeiten des Lebens kaufen. Gold ist diametral entgegengesetzt zu Papier." Gold und Silber haben sich in der Kulturgeschichte der Menschheit als das einzig zuverlässige und sichere Geld und die beste Währung erwiesen: Gold und Silber behalten über Jahrhunderte und Jahrtausende ihren Wert und ihre Kaufkraft. Das ist eine historisch-empirisch erwiesene Tatsache.

Der US-Rechtsanwalt und Finanzexperte Reginald H. Howe beschreibt in seinem Buch *Real Gold, Paper Gold and Fool's Gold: The Pathology of Inflation Gold* als die einzige Möglichkeit, die Kaufkraft seines Vermögens in die Zukunft zu retten: „Gold ist die Versicherung gegen schwere Währungs- oder Kreditvernichtung, ganz gleich, ob die auslösende Ursache eine Inflation oder eine Deflation war. Inflation und Deflation sind jeweils expandierende und kontraktierende Kreditvolumina, relativ zu einem bestimmten verläßlichen Geldmaßstab gesehen. Historisch gesehen war Gold dieser Maßstab, (…) Die Abkehr vom klassischen Goldstandard (…) hat nicht das Geringste an der dem Gold innewohnenden Natur als echtes, dauerhaftes und natürliches Geld geändert."

Reginald Howe ist in den USA unter Goldexperten sehr bekannt. In den Blickpunkt der Öffentlichkeit gelangte er im Dezember des Jahres 2000, als er kurzerhand den damaligen US-Notenbankchef Alan Greenspan, die Bank für Internationalen Zahlungsausgleich (BIZ) und führende globale Geldhäuser wie die Deutsche Bank,

Goldman Sachs und JPMorgan sowie den damaligen Finanzminister Larry Summers wegen Goldmarktmanipulationen verklagte. Damals bewegte sich der Goldpreis zwischen 260 und 300 Dollar pro Unze – laut Howe Resultat manipulatorischer Eingriffe der Eckpfeiler des globalen Finanzsystems.

WARUM IST GOLD SO BILLIG?

„Billig?", werden Sie jetzt fragen. Gold ist doch in letzter Zeit so stark gestiegen! Doch dieser Eindruck täuscht. Gold ist nicht gestiegen, sondern der Wert Ihres Geldes, Ihrer Währung, hat sich in letzter Zeit so stark abgeschwächt. Umgekehrt wird also ein Schuh draus. Gold steigt nicht, sondern Währungen fallen gegen Gold. Bei keinem anderen Metall wird der einsetzende Werteverfall des Geldes so deutlich wie in Bezug zum Gold. Denn Gold lügt nicht. Es kann einfach nicht in dem Maße vermehrt werden wie Geld. Wenn es aber immer mehr Geld gibt, muss man davon auch immer mehr bezahlen, wenn man eine Unze Gold kaufen will. Insofern ist Gold der wichtigste Indikator im Hinblick auf zukünftige Entwertungsgefahren. Und die sind im vollen Gange.

Dabei hat sich der Gedanke der zukünftigen Kaufkraftsicherung durch Umtausch von Geld in Gold noch längst nicht überall herumgesprochen. Im Gegenteil: Nur ein sehr geringer Teil der Weltbevölkerung ist derzeit besorgt. Die überwiegende Mehrheit wiegt sich in Sicherheit. Sollten aber erst mal viele Menschen ihr Geld in Gold umtauschen wollen, werden Sie sehen, wie der Preis für das Metall in astronomische Höhen schnellt. Deshalb ist es so wichtig, sich schon jetzt über zukünftige Probleme Gedanken zu machen, und nicht erst dann, wenn alle es tun. Dann ist der Zug abgefahren und Ihr Geld wertlos.

Fakt ist doch: Das Geld wird immer mehr und das Gold bleibt praktisch gleich. Das ist zugegebenermaßen etwas salopp ausgedrückt. Also: Die Geldmenge erhöht sich immer drastischer, während das Goldangebot unverändert bleibt oder nur minimal steigt. Wenn man ganz genau hinschaut, ist es sogar so, dass das Goldangebot sinkt, denn immer mehr Superreiche horten es gleich kilo- und tonnenweise. Das tatsächlich verfügbare Gold wird demnach eher geringer. Auch wenn die breite Masse noch längst nicht verstanden hat, was wirklich im Geldsystem passiert – diejenigen, die wirklich viel Geld haben, haben längst die Flucht Richtung Gold angetreten. Das mag zwar nicht für Warren Buffett und Bill Gates zutreffen, aber aus dem arabischen Raum höre ich, dass sich insbesondere superreiche Ölscheichs das kostbare Edelmetall flugzeugweise liefern lassen. Ab und zu dringt versehentlich etwas davon an die Öffentlichkeit. Da ich oft in Dubai bin, liest man dort mitunter in den Zeitungen von dubiosen Goldtransporten in die Vereinigten Arabischen Emirate. Die Empfänger bleiben gleichwohl geheim. Gerade am Golf ist es in letzter Zeit stark bergab gegangen. Die Wüste wurde mit Wolkenkratzern übersät, die jetzt leer stehen. Die Krise hat dort mit aller Wucht zugeschlagen. Kein Wunder, dass einige reiche Emire aktuell an Gold denken, weil sie den Zusammenbruch vor der eigenen Haustür miterleben. Und ebensowenig verwundert es, dass der tunesische Diktator Ben Ali im Januar 2011 auf seiner Flucht vor der eigenen Bevölkerung statt Dollars oder Euros 1,5 Tonnen Gold mitnahm – Gold, das er seinen Landsleuten gestohlen hat.

Doch nicht nur Ölscheichs und Despoten schichten heimlich in Gold um. Auch in Deutschland sind ähnliche Tendenzen zu beobachten – natürlich nie öffentlich, immer diskret. Wer Gold kauft, schweigt und hängt es nicht unnötig an die große Glocke. Mir persönlich ist ein Fall eines begütertern Mannes bekannt, der für 100 Millionen Euro Gold gekauft hat. Sein Assistent durfte das Edelmetall persönlich in Zürich am Goldschalter in Empfang nehmen. Kiloweise wurden die Goldbarren auf ein Wägelchen gepackt und in den Tresor befördert. Keine leichte Aufgabe für den Mann. Wie er mir berichtete, kam er dabei ganz schön ins Schwitzen. Ob ein Banktresor die beste Aufbewahrungsmöglichkeit für Ihre Edelmetallschätze ist, dazu kommen wir später.

Zurück zum Thema: Gold ist so billig, weil bisher nur wenige Menschen ihr Geld in Gold umgewandelt haben. Ein Fehler, wie sich in Zukunft herausstellen wird. Was aber würde passieren, wenn plötzlich jeder sein Geld zu Gold machen würde? Richtig! Der Goldpreis müsste explodieren, denn das Angebot ist begrenzt.

Wenn allein die verfügbaren Dollarmengen in Gold umgemünzt würden, spränge der Goldpreis auf sage und schreibe 40.000 Dollar. Das hat einmal ein Goldexperte ausgerechnet. Andere Berechnungen gehen sogar vom Hundertfachen dieser Summe aus. Und das hat einen einfachen Grund: Alles Geld dieser Welt wird derzeit auf etwa 100 Billionen Dollar geschätzt. Diese Schätzung habe ich zusammen mit einigen Geldsystemexperten aufgestellt. Ich habe zwar versucht, über die BIZ in Basel (die Zentralbank der Zentralbanken) und den IWF (Internationaler Währungsfonds) diese Summe genauer zu eruieren, leider konnten mir diese Institutionen jedoch keine genaue Summe mitteilen und verwiesen darauf, jeweils beim anderen Institut den momentanen Stand zu erfragen. Das überraschte mich nicht, denn niemand hat ein Interesse daran, den aktuellen globalen Geldbestand mitzuteilen. Denn wie Sie ja bereits wissen: Geld = Schuld. Das bedeutet, wenn es 100 Billionen an Geldvermögen gibt, dann muss es auf der anderen Seite auch Schulden in gleicher Höhe geben. Auf Schulden sind bekanntlich Zinsen zu zahlen, und wenn man die globale Schuldenmenge kennt, könnte man schnell das Vertrauen ins Geldsystem verlieren, angesichts der Zinssummen, die darauf zu entrichten sind. Deshalb verschweigen offizielle Stellen, insbesondere die BIZ, diese wahnsinnige Zahl.

Nach dem mir vorliegenden Informationsmaterial bewegt sich die Weltgeldmenge zwischen 80 und 120 Billionen Dollar. Das ist zwar eine Fehlertoleranz von 50 Prozent, letzten Endes spielt das aber keine Rolle, so merkwürdig es klingen mag. Ich persönlich gehe davon aus, dass sich die globale Geldmenge eher in der Gegend von 100 Billionen bewegt. Welche Goldmenge steht nun diesen 100 Billionen gegenüber?

Der Goldwürfel mit der Kantenlänge von rund 20 Metern, den wir im vorherigen Kapitel besprochen hatten, wiegt 153.000 Tonnen. Einfacher ausgedrückt: Die 153.000 Tonnen Gold entsprechen etwa 47 Milliarden Unzen (31,1 Gramm). Diesen 47 Milliarden Unzen stehen 100 Billionen Dollar gegenüber (Stand: 2010). Würde man also von allem verfügbaren Geld der Welt Gold in Unzen kaufen, dann müsste man nach diesem Beispiel 2.000 Dollar pro Unze bezahlen. Nun ist es aber leider nicht so, dass alles bisher gefundene Gold frei verfügbar wäre beziehungsweise zum Verkauf stünde. Das meiste Gold ist bereits in festen Händen – besonders in der Hand von Zentralbanken – oder zu Schmuck und Kunstgegenständen verarbeitet. Über 60 Prozent des Weltgoldes sind Schmuck und Kunst. Es ist also nicht mehr am freien Markt erhältlich und kann deshalb nicht in diese theoretische Preisfindung einbezogen werden. Einbeziehen muss man aber natürlich die Goldhortung durch Superreiche. Wie viele Tonnen des Edelmetalls in ihren Tresoren lagern, bleibt ihr Geheimnis. Darüber hinaus befinden sich Großteile des Goldes bei den Zentralbanken, und deren Anteil steigt sogar in der letzten Zeit. Viele Zentralbanken insbesondere der Emerging Markets, aber auch der Dritten Welt stehen eher auf der Käuferseite. So hat die Zentralbank des Inselstaates Sri Lanka immer wieder bekannt gegeben, dass man seinen Goldvorrat aufgefrischt habe. Doch nicht nur kleine Länder kaufen, auch China ist dabei, seinen Goldvorrat gewaltig aufzustocken. Das alles hat zur Folge, dass die verfügbaren Mengen am freien Markt stetig schrumpfen und deshalb lediglich Bruchteile des Weltgoldes zum Verkauf stehen. Was nun der wahre Wert einer Unze Gold ist, darüber darf spekuliert werden – er scheint jedenfalls beträchtlich höher zu sein, wenn bedeutend mehr Menschen das Edelmetall nachfragen. Hier nun zunächst eine Antwort auf die Frage, wer auf der Welt die größten offiziellen Goldbesitzer sind. Es sind die Zentralbanken der einzelnen Länder.

28.600 Tonnen (18 Prozent) Gold gehören Zentralbanken und anderen Währungsinstitutionen. Die größten Goldbesitzer sind:
- USA, 8.133 Tonnen
- Deutschland, 3.428 Tonnen
- Internationaler Währungsfonds, 3.217 Tonnen
- Frankreich, 2.892 Tonnen

- 79.000 Tonnen (51 Prozent) Gold sind in Schmuck verarbeitet.
- 18.000 Tonnen (12 Prozent) Gold sind in Kunstgegen-ständen verarbeitet.
- 25.000 Tonnen (16 Prozent) Gold sind in Privatbesitz (Investoren) – in Form von Barren und Münzen.

Gehen wir mal davon aus, dass die im Privatbesitz befindlichen Goldreserven am freien Markt verfügbar werden. Das wären also 25.000 Tonnen oder rund 800 Millionen Unzen. Wenn also alle Privatleute gewillt wären, ihr Gold zum gegenwärtigen Preis wieder in Geld einzutauschen, dann wären wir schon bei einem Preis von rund 12.000 Dollar pro Unze. Aber selbstverständlich ist nur ein Bruchteil der Privatinvestoren zum Verkauf bereit, auch nicht zu sehr viel höheren Preisen. Doch eines ist klar: Der Goldpreis hat noch sehr viel Spielraum nach oben. Nach allen Berechnungen ist er aktuell völlig unterbewertet.

Und auch die Annahme, dass die Weltgeldmenge bei 100 Billionen Dollar liegt, ist letztlich Spekulation. Wahrscheinlich liegt sie noch viel höher, was den Goldpreis weiter nach oben katapultieren kann. Wie Sie bereits wissen, ist darüber hinaus auch programmiert, dass die Weltgeldmenge zwingend jedes Jahr steigt, und zwar um den Zins, der für das Geld zu entrichten ist. Gehen wir mal der Einfachheit halber davon aus, dass der durchschnittliche Zinssatz fünf Prozent beträgt. Dann hätte sich die Weltgeldmenge allein im Jahr 2010 um fünf Billionen erhöhen müssen. Damit ist natürlich auch ein Anstieg des Goldpreises verbunden. Am Ende ist eines entscheidend: Zählt man alles Gold dieser Welt zusammen, wie viel Gold bliebe dann pro Mensch überhaupt übrig? Diese Summe ist verschwindend gering: Bei einer gleichmäßigen Verteilung auf alle Menschen käme man pro Kopf auf nur 15 Gramm. Ich denke, einen besseren Beweis für die Knappheit von Gold kann es gar nicht geben.

Und noch mal: Das meiste Gold ist ja bereits in festen Händen. Wenn man den Rest aufteilen würde, dann blieben pro Kopf wohl nur noch ein paar Mikrogramm.

Fazit: Wenn es wirklich einmal einen Run auf Gold geben sollte, ist den Preisen kein Limit gesetzt. Genauso wenig wie dem Geld selbst ein Limit gesetzt ist – denn wie wir ja mittlerweile wissen, kann man Geld ohne Ende drucken. Aber Gold wird immer knapp bleiben. Und das ist ebenfalls ein Grund, warum man „Geld" seit 5.000 Jahren eigentlich mit „o" schreibt. Wir haben das zwischenzeitlich vergessen, weil wir mit der D-Mark und anfangs auch mit dem Euro ohne sichtbare Probleme gelebt haben. Aber jetzt sind die Probleme da, und deshalb ist jetzt die Zeit für Gold gekommen.

GOLD IN EIMERN

Gold hat ein relativ hohes spezifisches Gewicht und ist fast doppelt so schwer wie Blei. Das mag ein Grund sein, warum man Gold nicht so ohne Weiteres mit Blei verdünnen kann. Ein Kubikzentimeter Blei wiegt 11,3 Gramm, ein entsprechender Würfel Gold bringt 19,3 Gramm auf die Waage. Platin gehört mit 21,5 Gramm gar zu den schwersten Metallen – während es bei Silber nur 10,5 Gramm sind, die ein Würfel mit einem Zentimeter Kantenlänge wiegt. Damit ist Silber sogar etwas leichter als Blei.

Um Ihnen eine Vorstellung zu geben, was dies bei größeren Mengen bedeutet, hier der „Wassereimer-Vergleich": Jeder weiß in etwa, was ein 10-Liter-Eimer Wasser wiegt und wie sich das anfühlt. Was würde also ein 10-Liter-Eimer mit Edelmetallen wiegen? Fangen wir jetzt im Vergleich beim schwersten mit Edelmetall gefüllten Eimer an: Das wäre ein Eimer mit Platin. Er wiegt erstaunliche 215 Kilogramm (die Platindichte ist also 21,5-mal größer als die des Wassers). Bereits 4,6 dieser Platin-Eimer wiegen eine Tonne, also 1.000 Kilogramm. Ein 10-Liter-Eimer mit Platin ließe sich also nur sehr schwer wegschleppen.

Fast genauso schwierig wegzutragen ist ein 10-Liter-Eimer mit Gold, denn der wiegt rund 190 Kilogramm; bereits gut fünf dieser Eimer sind eine Tonne. Solch ein dicker Klumpen Gold ist also ebenfalls nicht sehr diebstahlgefährdet. Ein Eimer Gold repräsentierte übrigens Ende 2010 etwa sechs Millionen Euro.

Ein 10-Liter-Eimer mit Silber ist dagegen fast ein Leichtgewicht – aber natürlich immer noch viel schwerer als eine entsprechende Menge Wasser. So ein Gefäß mit Silber wiegt circa 100 Kilogramm. Der Wert dieses Eimers entspricht Ende 2010 etwa 80.000 Euro (Verkaufspreis) und ist damit auch relativ diebstahlsicher. In Scheinen wäre der Diebstahl jedenfalls um einiges leichter. Nach Adam Riese müsste man zehn Eimer zusammenbringen, um eine Tonne darzustellen. Bei Silber ist allerdings zu beachten, dass die

Wertdichte nicht so groß ist. Um eine Million Euro in Silber ab-
zutransportieren, bräuchte man schon mehrere Lastwagen. Silber ist zwar nicht so schwer, dafür braucht man allerdings mehr
davon, um eine entsprechende Geldsumme abzudecken. Auch das
bietet einen gewissen Diebstahlschutz. Wer also 80.000 Euro in
Silber bei sich zu Hause verstecken will, bei dem müsste der Dieb
100 Kilogramm entwenden. Sicherlich schwierig, damit ohne
Probleme zu entkommen. Nachteil bei Silber allerdings: Wenn
man es daheim versteckt, muss man bei größeren Mengen den
Statiker kommen lassen. Wer beispielsweise 800.000 Euro in Sil
ber bei sich unterbringen will, der muss zunächst einmal klären,
ob das Gebäude überhaupt eine Zusatzbelastung von einer Tonne aushält. Das sind kleine technische Schwierigkeiten, die der Sil-
berhalter beachten muss. Wer dagegen die gleiche Menge an Geld
in Gold tauscht, hat kaum statische Probleme daheim: 800.000
Euro konnte man Ende 2010 gegen rund 23,5 Goldbarren mit
einem Gewicht von je einem Kilogramm umtauschen. 800.000
Euro entsprechen nach dieser Rechnung also 23,5 Kilogramm.
Das Kompakteste an Wert ist allerdings wohl ein roter oder
blauer Diamant. Da genügt ein Teelöffel voll Diamanten, um den
äquivalenten Wert eines Eimers Gold darzustellen. Hauptproblem bei Diamanten ist aber, dass nur wahre Experten den
Wert der Steinchen wirklich bestimmen können. Außerdem ist
der Handel ziemlich intransparent, was die Preisfindung erheblich erschwert. Anders als bei Gold ist jeder Diamant einzigartig.
Diamanten sind nicht genormt und lassen sich deshalb im Alltag
kaum als Tauschobjekte einsetzen. Ein Gramm Silber oder Gold
sollte jedoch zu allen Zeiten einen bestimmten Wert haben, den
auch jeder erkennen kann. Es soll allerdings einige Zeitgenossen
geben, die ihr Papiergeld auch in Diamanten umtauschen. Hier
gilt: Je größer, desto seltener und wertvoller. Doch man muss
auf diesem Gebiet wirklich ein Fachmann sein, um ein Investment vorzunehmen.

Gleiches gilt übrigens für Platin. Das zwar sehr teure Metall kann von Laien meist nicht richtig erkannt werden. Es sieht eher gräulich aus und reflektiert auf den ersten Blick keineswegs den tatsächlichen Wert. Platin ist daher ebenfalls ein Investment nur für Spezialisten.

Während Diamanten einfach zu verstecken sind, ist Silber schwer zu stehlen. Einen Eimer Silber wegzuschaffen dürfte nicht leichtfallen. Noch schwieriger dürfte es allerdings sein, einen Eimer Gold von A nach B zu transportieren. Auch hier gilt natürlich: In Scheinen wäre der Diebstahl wesentlich einfacher. Sechs Millionen Euro in 500er-Scheinen wiegen aber immerhin auch 13,2 Kilogramm – insgesamt wären 12.000 Scheine im Wert von 500 Euro nötig, um diesen Wert zu repräsentieren.

Wer über etwas mehr Erspartes verfügt, den interessieren vielleicht auch größere Einheiten. Was wiegt zum Beispiel ein Goldwürfel mit einer Kantenlänge von einem Meter? Ein solcher Kubikmeter Gold wiegt rund 19.000 Kilogramm. Als Beistelltischchen im Wohnzimmer eignet sich ein solcher Kubus also nur bedingt. Und ganz billig ist er natürlich auch nicht: Er würde die Kleinigkeit von 570 Millionen Euro kosten (Stand: Ende 2010). An diesen Beispielen sieht man deutlich, dass auch schon kleine Mengen Gold eine hohe Wertaufbewahrungskraft haben.

DER GUTE MILLIARDÄR?

40 Milliardäre spenden 50 Prozent ihres Vermögens. Eine Meldung, die im Sommer 2010 weltweit für Furore sorgte. Ist es wirklich pure Wohltätigkeit oder steckt mehr dahinter? Das letzte Hemd hat bekanntlich keine Taschen, wird sich Warren Buffett gesagt haben. Da kann man schon mal ein paar Milliarden locker machen und sich so wenigstens noch zu Lebzeiten ein Denkmal setzen. Das fanden offenbar noch 40 andere superreiche Schöpfungskollegen, die in den Genuss zweistelliger Milliardenbeträge gekommen sind.

Was bei dem ganzen Theater um die „guten Milliardäre" vergessen wird, ist die Tatsache, dass sie diese Milliarden sicherlich nicht mit ihrer eigenen Hände Arbeit angehäuft haben. Die Milliarden haben andere erarbeitet. Millionen andere. Lohnsklaven in aller Welt. Der kleine Unterschied: Während bei Letzteren nichts hängen geblieben ist, sammeln einige wenige – sicherlich auch durch Riesenglück und begünstigt durchs Schicksal – das Geld ein. Zudem fördert das Geldsystem zusätzlich die Disparität des Kapitals (immer mehr Geld in Händen von immer weniger Menschen). Es ist wesentlich einfacher, eine Milliarde zu verdoppeln, als mit körperlicher Arbeit einen Tausender extra zu verdienen.

Bill Gates ist laut Forbes-Liste (Stand: 2010) mit einem Vermögen von 53 Milliarden US-Dollar nach dem Mexikaner Carlos Slim der zweitreichste Mann der Welt – dicht gefolgt von Warren Buffett, der mit 47 Milliarden Dollar den dritten Platz belegt. Buffett gilt in den USA als „der Milliardär von nebenan". Bewundernswert an diesem Mann ist jedenfalls, dass er nie die Bodenhaftung verloren hat und trotz seines unermesslichen Reichtums ein sehr bescheidenes Leben führt, das auf das Wesentliche reduziert ist – sieht man mal von der gelegentlichen Benutzung eines Privatjets ab. Interessant an der Person Buffett ist übrigens auch, dass er sich standhaft weigerte, sich einen Internetzugang anzuschaffen.

Wer etwas von ihm wollte, konnte ihm entweder einen Brief oder ein Fax schicken. Auch telefonisch ist der ältere Herr aus Nebraska erreichbar, doch sein Mobiltelefon hat er angeblich meistens ausgeschaltet.

Aber Buffett und Gates stehen mit ihrem Milliardenvermögen beileibe nicht alleine da. Laut Forbes leben in den USA 403 Milliardäre, mehr als in jedem anderen Land der Welt. Die Bereitschaft, einige Milliarden für wohltätige Zwecke abzugeben, haben rund zehn Prozent aller US-Milliardäre nach der Gates/Buffett-Initiative bekundet. Aber war es denn wirklich pure Wohltätigkeit, was hier so publikumswirksam in Szene gesetzt wurde? Macht es wirklich einen großen Unterschied, ob ich 20 Milliarden oder zehn Milliarden habe? Oder herrscht auch hier die Angst vor, dass es mit unserem Geldsystem allmählich zu Ende geht und man sicherheitshalber noch schnell was „Vernünftiges" mit dem bedruckten Papier veranstalten will?

Ich tendiere zur letzteren Annahme. Wer wirklich viel Geld hat, der merkt sicherlich auch, dass das System „angeknackst" ist. Vielleicht hat Ben Bernanke bei Bill Gates angerufen und ihm gesagt, er solle sein Geld schon mal schnell ausgeben, denn es stehe in Kürze eine Währungsreform bevor. Fakt ist jedenfalls: Wer über viel Geld verfügt, der hat auch viele Sorgen. Und die größte Sorge gilt natürlich dem Fortbestand des Geldsystems. Was nutzt einem das viele schöne Geld, wenn es über Nacht entwertet oder aufgrund von Verwerfungen im Geldsystem nicht mehr akzeptiert wird? Die meisten Milliardäre wissen jedenfalls, dass die Nullen auf dem Konto keineswegs sicher sind. Geld ist eine Illusion, die schnell platzen kann.

Ob die Warren Buffetts dieser Welt ihre Papiervermögen in Gold getauscht haben, ist bis heute unbekannt. Es scheint so, als hätten Bill Gates und Co derzeit immer noch riesige Geldvermögen auf ihren Konten angehäuft beziehungsweise in Unternehmensbeteiligungen angelegt. Allerdings wurde von Bill Gates bekannt, dass er zwischenzeitlich eine große Wette auf Silber eingegangen ist. Diese Position soll er aber schon 2007 wieder verkauft haben. Vom großen Aufschwung bei den Edelmetallen in den vergangenen Jahren dürften die Milliardäre also nicht profitiert haben. Doch wenn das Geldsystem tatsächlich crasht, dann bleibt auch von all den Milliarden nichts mehr übrig. Dann sind die vielen Nullen auf dem Konto nur noch Makulatur. Vielleicht ist das ja in bestimmten Fällen auch gut so. Festzuhalten bleibt aber, dass der Hauptleidtragende eines solchen Kollapses immer die breite Masse ist, der Normalbürger, der dann natürlich auch seinen Job verliert und vor dem Nichts steht.

UND WAS MACHT DER EURO?

Gegen Gold ist der Euro seit seiner Einführung im Jahr 2002 immer nur gefallen. Das allein zeigt, dass es mit der anfangs versprochenen Geldwertstabilität nicht weit her ist. Gold ist bekanntlich der unabhängigste Indikator im Hinblick auf die Werthaltigkeit einer Währung. Im Januar 2002 musste man für eine Unze Gold rund 300 Euro hinblättern. Im Herbst 2010 waren es 1.000 Euro. Ergibt also rein rechnerisch eine „Inflation" von über 300 Prozent. Die Gefahren einer Abwertung liegen aber nicht nur in der Tatsache, dass man für Dinge des Alltags im Laufe der Zeit mehr Geld zahlen muss. Viel gefährlicher ist die politische Entwicklung. Denn immer, wenn die Dinge nicht so funktionieren, wie sie sollen, versuchen Politiker, Schwierigkeiten mit Dekreten und Gewalt Herr zu werden. Nicht anders beim Euro. Eigentlich wäre es von Anfang an besser gewesen, dieses Experiment nicht durchzuführen. Aber es war eine politische Entscheidung. Jetzt sind die Probleme da, und die Politik versucht sie mit immer undemokratischeren Mitteln aus der Welt zu schaffen, was natürlich am Ende nicht funktionieren wird.

Im Herbst 2010 sollte ich auf einer Euro-Konferenz einen Vortrag halten mit dem Titel „Die Gefahr einer Euro-Diktatur". Es ging um den Aspekt, dass der Euro Europa nicht zusammenführt, sondern sogar spaltet, und um die Frage, ob das künstliche Gebilde „Euro" nur noch mit Gewalt zusammenzuhalten sei, was über kurz oder lang zu einer Diktatur führe. Zwar haben wir noch keine Diktatur, aber wir sind nicht weit davon entfernt – und das alles hat selbstverständlich auch etwas mit dem Währungssystem zu tun, in dem wir leben. Bezeichnend übrigens, dass die Medien diese Euro-Konferenz, zu der über 700 Menschen kamen und auf der hochkarätige Redner zu hören waren, komplett ignorierten. Wirklich ein einmaliger Vorgang. Nur das russische Fernsehen war vor Ort und berichtete live via Satellit. Wie sich die Zeiten ändern. Heute muss Moskau kommen, um die Stimme der Freiheit zu verbreiten! Doch wenn es um Kritik am Euro geht, dann schweigen die westlichen Medien.

Von einer Diktatur spricht man, wenn Menschen etwas aufgezwungen wird, was sie eigentlich nicht haben wollen. Und wenn wir vom Euro sprechen: Wer wollte den überhaupt? Auch schon damals, vor seiner Einführung, sprach sich die Mehrheit der Menschen gegen eine europaweite Einheitswährung aus. Motiviert war diese Haltung aus dem ängstlichen Gefühl, dass da etwas Ungutes mit unserer D-Mark passiert und dass es letztlich eher von Nachteil sein werde, eine neue Währung zu haben, die man nicht selbst kontrollieren kann. Und genau so ist es ja auch gekommen.

Man kann also nicht von der Gefahr einer Eurodiktatur sprechen, denn es ist keine Gefahr mehr, es ist Realität. Die Mehrheit der Menschen wollte diese Währung nicht, sie ist uns aufgezwungen worden. Oder haben die Politiker vor der Einführung darüber abstimmen lassen, ob die europäischen Völker den Euro befürworten? Nein, er wurde ihnen diktiert. Und dort, wo abgestimmt wurde, gibt es ihn bis heute nicht.

Auch im Herbst 2010, also fast zehn Jahre nach der Euro-Einführung, stimmten in einer Umfrage immer noch mehr als die Hälfte der Bundesbürger gegen den Euro, denn sie waren der Meinung, dass er ihnen eher Nachteile als Vorteile brächte. Erstaunlich: In Deutschland sprachen sich 53 Prozent gegen den Euro aus, in Frankreich sogar 60 Prozent. Wenn die Politik also etwas gegen den Volkswillen durchsetzt, was ist das dann anderes als Diktatur? Und da Volkes Standpunkt zum Euro eher kritisch ist, versucht man mit propagandaartigen Methoden, die Menschen vom Gegenteil zu überzeugen. Der Euro soll angeblich gut für Deutschland sein, weil er unseren Exporten zugute käme. Immer wieder wird die Einheitswährung als unverzichtbar beschworen, bis hin zu der Lüge, dass Deutschland in ganz besonderem Maße vom

Euro profitiere. Es wird das Gespenst der Arbeitslosigkeit und der Rezession an die Wand gemalt, für den Fall, dass die D-Mark wiederkommt. Argument: Die D-Mark würde dermaßen stark durch die Decke gehen, dass deutsche Produkte im Ausland nur schwer verkäuflich seien. Das sind natürlich nur Drohgebilde, die mit der Realität nichts zu tun haben. Fakt ist, dass die alte D-Mark seit ihrer Einführung im Jahre 1948 immer eine starke Währung war und bis zum Schluss gestiegen ist. Hat das unseren Exporten geschadet? Nein! Wir waren trotz starker D-Mark Exportweltmeister. Hat die starke D-Mark den Menschen geschadet? Nein! Die Deutschen erfreuten sich während der D-Mark-Zeit eines nie da gewesenen Aufschwungs, der auch beim Einzelnen im Portemonnaie ankam. Und wie sieht es seit Einführung des Euros aus? Der durchschnittliche deutsche Arbeitnehmer musste in den letzten zehn Jahren einen Reallohnverlust von fünf bis zehn Prozent hinnehmen – laut offizieller Statistik. Inoffiziell war es sicherlich noch mehr. Fakt jedenfalls ist: Seit dem 1. Januar 2002 sind die Deutschen durchschnittlich ärmer geworden. Das ist übrigens auch ein Resultat direkter und indirekter Transferzahlungen in die Gemeinschaftskasse. Und diese Zahlungen dürften in Zukunft nicht ab-, sondern zunehmen.

Letztlich ist der Euro ein Mittel zur Enteignung deutschen Volksvermögens – auch wenn die Politik das Gegenteil behauptet. Doch die wirtschaftlichen Aspekte sind die eine Seite. Die andere Seite der Euromedaille ist ein zunehmendes Demokratiedefizit. Die Direktiven der Beamten in Brüssel, welche übrigens nicht von ihren „Untertanen" gewählt wurden, gehen bis in die Privatsphäre des Einzelnen hinein und zielen praktisch auf die Abschaffung der freien Marktwirtschaft unter dem Vorwand von Klimaschutz oder Antidiskriminierungsgesetzen. Was da vordergründig so gut gemeint aussieht, könnte schließlich als Instrument gegen Meinungsfreiheit und Selbstbestimmung eingesetzt werden. Und das alles wird auf dem Altar der gemeinsamen Währung geopfert.

Denn der Euro ist das wichtigste Machtinstrument der Eurokraten. Ohne Euro keine EU. Kippt der Euro, geht Brüssel unter. Kein Wunder, dass die Kommissare bis zum Schluss an dem Gebilde festhalten und zum „letzten Gefecht" blasen.

Die „Eurodiktatur" hat bereits ein Ausmaß erreicht, das früher kaum vorstellbar war. Wer hat zum Beispiel für die Abschaffung der Glühbirne gestimmt? Waren es die Menschen oder die Bürokraten in Brüssel? Bürokraten, die von der Leuchtmittellobby zersetzt sind. Politiker, die ihren Job offenbar darin sehen, während ihrer Amtsperiode die Voraussetzung für einen gut dotierten Lobbyposten „danach" zu schaffen. Die Zahl derer in der EU-Bürokratie, die anschließend als Lobbyisten tätig sind, ist jedenfalls beängstigend und lässt Rückschlüsse auf ihr Handeln zu. Dennoch: Brüssel befiehlt, die EU-Untertanen haben zu parieren. Mittlerweile gibt es keinen Lebensbereich, in den die lobbygesteuerte EU-Zentrale nicht hineinregiert – ohne die Menschen zu fragen. Und wie ist das alles möglich? Nur durch den Euro, nur durch die gemeinsame Währung.

Der Euro ist das Mittel der Macht der Brüsseler Eurokraten. Diese Macht wollen sie natürlich nicht verlieren. Und nur deshalb halten sie an der Gemeinschaftswährung fest. Aus egoistischem Machtwillen heraus, um ihres eigenen Vorteils willen – und nicht weil es besser für die Menschen ist.

Die Probleme des Euros waren von Anfang an programmiert. Der Ablauf der Krise gleicht einem Drehbuch, in dem von Beginn an feststand, wo die Problempunkte sind und was für eine tödliche Wirkung sie entfalten. Je größer die Probleme dann werden, desto größer das politische Bestreben, die Währung um jeden Preis zu erhalten – bis zum Untergang. Niemand hat beispielsweise etwas dagegen unternommen, als die Südschiene mithilfe des Euros eine gigantische Party gefeiert hat, von der abzusehen war, dass sie eines Tages ein böses Ende nehmen würde. Niemand hat genau hingeschaut, als die offiziellen Statistiken zum Eurobeitritt eingereicht wurden – alle gefälscht. In Deutschland hat niemand gemuckt, obwohl wir die Party größtenteils finanziert haben – auf Kosten eines Wohlstandverlustes der deutschen Bevölkerung. Und jetzt sollen wir auch noch den Kater bezahlen! Dass das nicht gut gehen kann, müsste eigentlich jedem klar sein.

Man kann sagen, dass der Euro von Anfang an unter betrugsähnlichen Umständen zustande kam. Und dieser Betrug soll bis heute verschleiert werden. Doch die letzte Stunde rückt näher. Der Tag der Abrechnung ist unausweichlich.

- Wie soll ein System funktionieren, das Betrüger nicht bestraft, sondern bevorteilt?
- Wie soll ein System funktionieren, das Unfähigkeit nicht ausschließt, sondern belohnt?
- Wie soll ein System funktionieren, das den Bankrott nicht zulässt, sondern übertüncht?
- Und wie soll ein System funktionieren, das die Wahrheit immer mehr verdrängt und sich nur noch mit Lügen über Wasser hält?

Und auch das ist die Eurodiktatur: Die angeblichen Vorteile der Währung werden in den Medien in Dauerwiederholung gepredigt. Von Rettungspaketen ist die Rede, die in Wahrheit gar keine sind. Die Leute werden mithilfe der Medien verdummt und nicht aufgeklärt. Wenn man heute die *Tagesschau* guckt, muss man entsetzt sein über diese gleichgeschaltete Propaganda – dagegen war die *Aktuelle Kamera* in der DDR ja der Inbegriff des kritischen Journalismus! Doch Eurokritiker kommen nicht zu Wort. Sie werden in die radikale Ecke gestellt oder schlicht ignoriert. Nicht anders handeln Diktaturen, wenn auch echte Diktaturen ihre Kritiker vielleicht ganz mundtot machen oder ins Gefängnis werfen. Aber auch damit ist es nicht mehr weit, wenn ich mir die Gesamtentwicklung anschaue.

Der Euro hat großes Unglück über die Völker gebracht, die eigentlich nur in Frieden leben wollen. Doch der Stress in der Eurozone wird genau das verhindern. Was war das früher schön, als die Länder ihre eigenen Währungen hatten! Wir alle wussten: Der Grieche fälscht seine Zahlen, der Italiener nimmt es auch nicht so genau. Kein Problem: Irgendwann gab's eine zehnprozentige Abwertung, man hat sich eine Woche lang aufgeregt und ist dann wieder zur Normalität zurückgekehrt. Jeder Investor wusste von Anfang an, worauf er sich einlässt, trug entsprechend sein Risiko.

Auch heute wissen Investoren und die Finanzindustrie natürlich, worauf sie sich einlassen: Nämlich darauf, dass die Staaten sie rausholen, wenn's schiefgeht, dass der Steuerzahler am Ende die Zeche zahlt. Und das alles nur deshalb, weil man Angst davor hat, den Euro auseinanderbrechen zu lassen. Damit wird der Euro zu einem Schrecken ohne Ende, der nur noch unter der immer fester zementierten finanziellen Gewaltherrschaft Brüssels existieren kann. Schon jetzt wollen die Kommissare in der Wirtschafts- und Finanzpolitik mitreden. Die nächste Stufe ist dann, dass sie vorschreiben, was mit den Staatseinnahmen passiert, wohin die Steuern fließen, die in den einzelnen Ländern erwirtschaftet werden. Dieser Brüsseler Direktivismus ist ganz klar die Vorstufe der Diktatur. Der Eurodiktatur.

Den vorläufigen Höhepunkt finden wir in einer kleinen, aber fast billionenschweren Institution in Luxemburg, einem sogenannten „Special Purpose Vehicle" (= Zweckgesellschaft). Das ist nun wirklich der Gipfel des Undemokratischen. Sie soll angeblich die Eurozone stabilisieren, mithilfe von Abermilliarden und bald Billionen, die von den noch potenten Mitgliedern des Euroraumes abgezweigt werden. Offiziell trägt das Ding die Bezeichnung „European Financial Stability Facility". Wieder ein klassischer Fall von Diktatur: Die Stabilität kommt nicht von innen heraus, durch solides Wirtschaften, sondern wird von oben per Dekret erschaffen – von der Junta in Brüssel. Dass das nicht funktionieren kann, versteht sich von selbst. Bis zum Zusammenbruch wird es aber noch ein paar Jahre dauern.

In der Zwischenzeit haben sich die Euroherrscher schon mal 750 Milliarden unter den Nägel gerissen, mit denen sie machen können, was sie wollen. Ohne Rechenschaft abzulegen, ohne jede politische oder gar demokratische Legitimation. Was ist das anderes als Diktatur? Dabei sind die 750 Milliarden bekanntlich noch nicht einmal vorhanden, sondern es handelt sich genau genommen um eine Kreditschöpfungsfazilität. Kredit bekommt bekanntlich nur, wer auch kreditwürdig ist. Und wer ist das am Ende? Deutschland.

Die anderen Länder dürfen sich aus der Affäre ziehen, wenn die Zinsen für ihre Kredite über fünf Prozent steigen. Vor diesem Hintergrund steht also jetzt schon fest, dass die Südschiene niemals an dem Rettungspaket teilnehmen wird. Die Einzigen, die zum Schluss die Zeche zahlen, sind Deutschland und die Nordländer.

Wer kontrolliert dieses „Special Purpose Vehicle", diese Zweckgesellschaft mit „besonderer Absicht"? Welche Absicht steckt wirklich dahinter? Will man den Euro retten oder will man die Nordländer und insbesondere Deutschland enteignen? Letzteres dürfte zutreffend sein. EFSF-Chef Klaus Regling und seine namentlich nicht weiter bekannte Minitruppe werden künftig ein Budget verwalten, das ganze Staatshaushalte in den Schatten stellen wird. In geradezu absolutistischer Gutsherrenart werden diese Personen ohne ernsthafte parlamentarisch-demokratische Kontrolle jede Woche über die Verteilung von Abermilliarden Euro entscheiden.

Wenn die Deutschen dagegen protestieren und auf die Straße gehen, dann dürfte klar sein, dass solche Widerstände sofort niedergeknüppelt werden. Und das wird dann der Zeitpunkt sein, an dem wir in der echten Diktatur angekommen sind. Für den

Fall aber, dass es wirklich zum Aufstand kommt, hat man in Brüssel auch schon mal vorgesorgt: Im Vertrag von Lissabon ist ausdrücklich der Todesschuss erlaubt, wenn Menschen gewaltsam aufbegehren. Auch das ist neu im Euro-Europa. Doch all diese Gewaltmaßnahmen werden schließlich nichts nutzen. Am Ende wird der Euro zerbrechen. Und schon deshalb ist man auf der sicheren Seite, wenn man seine Euros in Gold umwandelt. Hätte man das von Anfang an gemacht, bräuchte man sich um die Werthaltigkeit seiner „Währung" keine Gedanken zu machen. Und so wird es auch in Zukunft sein. Gold ist die beste Gemeinschaftswährung und wird auf der ganzen Welt akzeptiert. Ganz ohne Politiker und völlig freiwillig.

STRASSENKÄMPFE WEGEN DES EUROS?

Der Euro war den Amerikanern schon immer ein Dorn im Auge. Deshalb sprechen nicht wenige Beobachter von einem regelrechten „Währungskrieg". Dabei geht es kurioserweise gar nicht mal um eine starke, sondern um eine schwache Währung. Es geht um einen Abwertungswettlauf, weil sich die Staaten in der Endphase des Geldsystems Vorteile durch eine schwache Währung verschaffen wollen. Eine schwache Währung ist vordergründig gut für die Exportwirtschaft, doch am Ende hilft auch sie nicht weiter. Starke Währungen forcieren Anpassungsprozesse, aus denen eine Wirtschaft eher gesünder hervorgeht. Eine Schwachwährungspolitik dagegen führt immer in den Abgrund, weil sich die Wirtschaften der entsprechenden Währungsräume nicht der harten Konkurrenz stellen müssen, sondern ihre Waren über Preisdumping in den Markt drücken können. Die Politik bevorzugt naturlich immer eine schwächere Währung, weil diese zunächst einmal wie ein kleines Konjunkturprogramm wirkt. Was danach kommt, interessiert einen Politiker der westlichen „Demokratien" in der Regel nicht. Es geht nur um den nächsten Wahlkampf.

Insofern könnte man das ganze Griechenland-Theater, das im Frühjahr 2010 begann, durchaus für politisch inszeniert halten, weil die EU einen niedrigeren Euro erzwingen wollte. Was liegt da näher, als die Griechen-Pleite weltweit hochzukochen? Aber so schlau sind die Bürokraten in Brüssel freilich nicht. Und das Griechenland-Thema inklusive der Konsequenzen für den Rest der Südschiene ist ernster, als man denkt. Es war nur der Anfang der Spannungen innerhalb der Eurozone, die sich zwangsläufig in den nächsten Monaten und Jahren noch verstärken werden, bis der Euro bricht.

In Sachen Euro sprach ich im Herbst 2010 mit dem britischen Europaparlamentarier Nigel Farage, dem letzten aufrechten

Kämpfer für mehr Demokratie und Transparenz in Europa. Sein Vorschlag: „Es gibt zwei Möglichkeiten: Einerseits könnte man Griechenland aus dem Euro ausschließen, ebenso Irland und Portugal. Diese Länder sollten wieder ihre eigene Währung zurückbekommen. Dazu müssten wir sie natürlich auch unterstützen, weil das nicht einfach ist. Die andere, radikalere Lösung ist, dass Deutschland sagt: *Schaut mal, wir sind seit 1945 ganz gut in Sachen eigene Währung gefahren, wir sind gut darin, unsere eigene Demokratie zu managen.* Die Deutsche Mark war eine Währung, die global respektiert wurde. Die Art und Weise, wie die Deutschen durch verantwortliche Fiskalpolitik zu gesundem Geld kamen, war etwas, auf das alle anderen sehr neidisch waren. Der radikalste Schritt für die Deutschen könnte sein, dass sie sagen: *Wir kehren zur D-Mark zurück, wir nehmen unsere Demokratie wieder selbst in die Hand. Wir tun das nicht, um damit auszudrücken, dass wir gegen irgendjemand sind, nein, wir wollen mit allen kooperieren und Handel treiben – aber wir wollen unser eigenes Leben leben und wir wollen unsere eigene Währung haben.* Und genau diese Alternative würde ich persönlich gerne sehen." Recht hat er. Nigel Farage nimmt kein Blatt vor den Mund, doch seine Mahnungen werden ignoriert.

Unterdessen hat sich auch noch eine andere prominente Persönlichkeit zum Thema Euro geäußert: Alan Greenspan, Ex-Chef der US-Notenbank, den ich einmal den größten Betrüger der Menschheitsgeschichte genannt habe. Denn schließlich hat er ja die Finanzkrise durch die Hypothekenbetrügereien in den USA erst möglich gemacht. Er wusste, was passiert. Er hat beide Augen zugedrückt. Und anschließend ließ er das Kartenhaus zusammenbrechen, indem er die Zinsen erhöhte.

Alan Greenspan äußerte sich in einem Interview bei *CNBC* zum Euro und prognostizierte ein düsteres Bild: Der Euro werde auch in Zukunft große Probleme haben, orakelte Greenspan. Die Gemeinschaftswährung sei einem sehr großen Druck ausgesetzt.

Die Unterschiede in den einzelnen Staaten seien riesig. Wörtlich sagte Greenspan: „Wir wissen noch nicht, wo das Endgame des Euros stattfindet." Die Situation in Europa sei jedenfalls im Moment sehr instabil. Keines der Euromitglieder sei fiskalisch so vorsichtig wie die Deutschen. Diese Ungleichgewichte seien ein großes Problem. Derzeit sei nicht absehbar, wie dieses Problem gelöst werden könne. Die Deutschen säßen auf einem großen „ungehobenen Schatz", umschrieb Greenspan die aktuelle Währungssituation. Wenn die Deutschen jetzt noch die D-Mark hätten, würde diese enorm aufgewertet. Doch derzeit sei die Lage sehr verworren. Wenn sich die Situation zuspitzt und die Politiker keine Lösung finden, dann werde „das Problem auf der Straße entschieden, auf den Plätzen von Athen, Lissabon, Madrid", so Greenspan.

Greenspan vermied den Begriff „Währungsreform". Die Ausführungen des ehemaligen Fed-Chefs können jedoch so verstanden werden, dass er den Euro in großer Gefahr sieht und der Währungsunion praktisch keine Zukunft gibt, weil die Unterschiede in den einzelnen Ländern zu groß seien und sich auch in Zukunft nicht angleichen können. Andererseits muss man natürlich auch die Motivation des Ex-US-Notenbankchefs verstehen: Natürlich haben die USA kein Interesse am Überleben des Euros, der womöglich die Dollarhegemonie infrage stellen könnte. Denn noch haben die USA praktisch das Geldmonopol: Die Fed druckt Dollars und kauft damit Waren und Rohstoffe auf der ganzen Welt. Erst später werden die Menschen feststellen, dass die grünen Scheine aus den USA ein Riesenbluff sind und dereinst der Wertlosigkeit anheimfallen.

Doch zurück zum Euro: Mit der Prognose, dass das „Problem" auf der Straße entschieden werde, lehnte sich Greenspan für seine Verhältnisse sehr weit aus dem Fenster. Er vermied in diesem Zusammenhang zwar den Begriff „Straßenkampf", aber letztlich können seine Aussagen dahingehend interpretiert werden, dass die Spannungen in der Eurozone so groß werden, dass es zu Massenprotesten kommt, was schließlich zur Auflösung der Währungsunion führt. Greenspan wurde über eine Stunde bei *CNBC* „gegrillt", äußerte sich über die Ursachen der Finanzkrise und die Zukunft des Finanzsystems. Dabei redete der Altmeister des Geldes über lange Strecken um den heißen Brei herum – getreu dem Motto „Wenn ihr mich verstanden habt, habe ich etwas falsch gemacht".

Doch so einfach ist der Untergang des Euros nicht. Mittlerweile zählt die Währung zu den größten der Welt. Man kann sie deshalb nicht ohne Weiteres untergehen lassen, ohne ernsthafte Konsequenzen auch für andere Währungsräume zu riskieren. Mit anderen Worten: Geht der Euro unter, dann reißt er den Dollar mit in den Abgrund. Denn was Greenspan in dem Interview versäumt hatte zu erwähnen, war die Tatsache, dass es den USA mindestens genauso schlecht geht wie Griechenland – jedenfalls ist das Land auf dem besten Weg dorthin. In den USA genau wie in Europa sind einzelne Länder (zum Beispiel Kalifornien) und viele Städte und Gemeinden völlig pleite, was aber vor der Öffentlichkeit derzeit noch erfolgreich verborgen wird. Nur weil Amerika die Gelddruckhoheit hat, kann das Land machen, was es will. So gibt es derzeit noch nicht mal ernsthafte Sparbemühungen. Es wird einfach munter weiter gedruckt. Und die Staatsverschuldung eilt von Rekord zu Rekord.

Als der Nachfolger von Alan Greenspan, Ben Bernanke, im Herbst 2010 darauf angesprochen wurde, ob es für Amerika nicht vielleicht auch wichtig wäre, zu sparen, antwortete der Fed-Chef: „Vielleicht in zwei Jahren." Doch dann könnte es zu spät sein. Greenspan hat übrigens gut reden. Was der Mann wirklich denkt, ist bekanntlich schwer herauszufinden. Es ist ziemlich müßig, nun in Interviews angeblich gut gemeinte Ratschläge zu geben und schockierende Prognosen aufzustellen – jetzt, wo er nicht mehr im Amt ist. Was Greenspan tatsächlich denkt, das hat er

einmal in einem Buch verraten, das er schrieb, als er noch nicht
Notenbankchef der USA war. Dort hat er ganz klar vor einem
drohenden Schuldenkollaps gewarnt. Und was riet der alte Geldgott aus Washington? Gold! Wörtlich schrieb er bereits im Jahr
1966: „Gold und wirtschaftliche Freiheit sind untrennbar. (…)
Gold steht symbolisch als Beschützer der Eigentumsrechte. (…)
Die Staatsschulden sind nur ein anderes Wort für die heimliche
Konfiszierung von Vermögen. Das Gold steht dem im Wege und
ist allein Garant des Eigentums und der Eigentumsrechte.“[1]

1) Alan Greenspan, *Gold and Economic Freedom*, in: *Capitalism: The Unkown Ideal*, Ann Rand
[Hrsg.], New American Library, New York, 1966.

FLUCHT IN FRANKEN

Im Rahmen der Eurokrise war zu beobachten, dass der Schweizer Franken von einem Rekord zum anderen stieg. An den Finanzmärkten wurde allgemein kolportiert, die Schweiz und damit auch der Franken sei ein sicherer Hafen bei einem drohenden Kollaps. Das könnte sich allerdings als fataler Irrtum herausstellen. Denn die Wahrheit ist: Wenn es wirklich brennt, ist kein Staat so gefährdet wie die Schweiz.

Die Bilanzsummen der Banken in Helvetia übersteigen die Wirtschaftsleistung der Alpenrepublik um das Siebenfache. Das sind Verhältnisse, wie wir sie sonst nur aus Island oder Irland kennen. Sollte es wirklich brenzlig werden, dann ist außerdem niemand da, der einen Rettungsschirm aufspannen könnte – siehe Island.

Fakt ist: Wenn sich die Krise weiter zuspitzt, ist besonders das Geld in der Schweiz in Gefahr. Nach offiziellen Angaben liegt die Eigenkapitalquote der beiden größten Banken der Schweiz, UBS und Credit Suisse, bei einem Prozent – das ist eine mikroskopisch geringe Summe im Verhältnis zu den möglichen Ausfallrisiken, welche die Banken auch schon unter normalen Verhältnissen haben. Vor möglichen Problemen in der Zukunft hat deshalb auch schon die Schweizerische Nationalbank (SNB) gewarnt. Die Notenbank wies darauf hin, dass die ausgegebenen Kredite im Verhältnis zum Eigenkapital viel zu hoch seien, und verlangte eine Aufstockung der Sicherheitsleistungen. Nicht ohne Grund, denn die UBS musste sogar schon einmal vom Staat mit Milliarden Franken gestützt werden. Doch eine echte Bankenkrise kann die Schweiz nicht überleben. Das Hauptproblem der Alpenrepublik besteht leider darin, dass es dort so viele Geldinstitute gibt.

Sollte sich die Krise aber zuspitzen, ist auch der Staat hilflos. Er kann die Banken einfach nicht retten. Schweizer Banken sind nicht „too big to fail", sondern schlicht und ergreifend „too big to rescue", sie sind zu groß, als dass sie überhaupt rettbar wären, resümiert der Börsenexperte Artur P. Schmidt: „Der Schweizer Franken ist genauso wenig wert wie der US-Dollar, wenn es zu einer weltweiten Vertrauenskrise kommt. Aufgrund der viel zu geringen Mindestreserven der schweizerischen Banken, durch riesige Hebel und deren relative Überschuldung gemessen am Bruttosozialprodukt ist auch die Schweiz kein sicherer Hafen für Vermögen mehr, vor allem nicht der Schweizer Franken. Kein Wunder, dass das intelligente Geld bereits nach Hongkong, Singapur und Brasilien flüchtet."

Doch nicht nur die rekordverdächtige Bilanzsumme im Verhältnis zur Wirtschaftsleistung der Schweiz könnte schon bald problematisch für das Alpenland werden. Schweizer Banken werden wegen angeblicher Beihilfe zur Steuerhinterziehung besonders von den USA in die Zange genommen. Ähnliche Schikanen erleben die Geldinstitute durch die EU. Das Resultat ist eine Art virtueller Bankrun, weg von den Schweizer Banken. Anleger ziehen milliardenweise ihr Vermögen ab und überweisen es in andere Länder. Ein Abzug größerer Summen ist jedoch für jede Bank problematisch. So hat es auch in Island angefangen; das Resultat waren ein Kollaps des ganzen Landes und eine Entwertung der isländischen Währung. Ein Szenario, das durchaus nicht nur für die Schweiz realistisch ist, meint Artur P. Schmidt: „In Ländern wie der Schweiz, den Niederlanden und auch Großbritannien sind ähnliche Katastrophen wie in Island und Irland möglich. Mindestens 30 europäische Banken haben Verbindlichkeiten, die mindestens halb so hoch ausfallen wie das Bruttoinlandsprodukt (BIP) ihres Mutterlandes. Besonders extrem ist die Situation für die Schweiz, wo sich alleine die Schulden der UBS auf fast das Vierfache der hiesigen Wirtschaftsleistung belaufen. Auch die Außenstände der Credit Suisse belaufen sich immerhin noch auf das Zweifache des Schweizer BIP. Zusammen also mehr als das Sechsfache des BSP."

Wenn allein die beiden größten Banken in der Schweiz Außenstände in Höhe des Sechsfachen der Wirtschaftsleistung haben,

dann ist die Katastrophe programmiert. Kein Land der Welt
weist ein solches Missverhältnis auf, und das wird sich bitter rächen. Es ist deshalb wenig ratsam, sein Geld in die Schweiz zu
schaffen oder gar in Schweizer Franken umzutauschen. Dass die
Schweiz noch nicht untergegangen ist und Schweizer Banken bis
jetzt überlebt haben, ist nur dem Euro-Rettungsschirm zu verdanken. Wenn die Südschiene nämlich pleite wäre, dann würde
sie die Schweiz mit in den Abgrund reißen, denn die Geldinstitute des Landes haben ihre Schulden zum allergrößten Teil auch
in Südeuropa und übrigens auch in Osteuropa. Die Schweiz wird
deshalb niemals ein „Fels in der Brandung der Finanzkrise" sein,
sondern eher ein kreditüberladener Kutter, der jetzt schon hilflos
im Ozean der Krise taumelt. Das ist der Fluch, wenn Banken zu
groß werden und damit praktisch nicht mehr rettbar sind. Die
Schweizer wären gut beraten, wenn sie die Stärke des Frankens
ausnutzten und sich jetzt mit Gold eindeckten.

WÄHRUNG ALS WAFFE

In einem offiziellen Statement warnten 2010 der Internationale Währungsfonds (IWF) und die Vereinigten Staaten vor der Gefahr eines Währungskrieges. Es beginne die Idee umzugehen, dass Währungen als Waffe der Politik genutzt werden können, stellt der geschäftsführende Direktor des Fonds, Dominique Strauss-Khan, fest. Große Worte, aber wahrscheinlich nur Nebelkerzen. Dass die USA einen niedrigen Dollar wollen, ist wohl längst kein Geheimnis mehr – auch wenn offiziell etwas anderes verlautet. Doch zwischen politischen Bekundungen und der Realität klafft ja des Öfteren eine riesige Lücke.

Insofern kann man getrost davon ausgehen, dass gerade die USA einen schwachen Dollar forcieren. Und mit den USA die vielen anderen Währungen, welche direkt oder indirekt an den Dollar gekoppelt sind, allen voran der chinesische Renminbi. Wie kritisch die Situation auf dem Schlachtfeld „Währungen" ist, kann man schon an einer Mitteilung der Bundesbank ablesen, in der 2010 vor „Währungsmanipulation" zum Zwecke der Erreichung eines Wettbewerbsvorteils gewarnt wird. Damit hat sich die deutsche Notenbank für ihre Verhältnisse sehr weit aus dem Fenster gelehnt.

Der Währungskrieg ist in vollem Gange und es sind in Zukunft vor allem zwei Opfer auszumachen: Europa und Japan. Ein solcher Krieg kann mitunter sonderbare und unerwartete Auswirkungen auf die Richtung der Wechselkurse haben. Womit kann man zum Beispiel Europa am meisten schaden? Mit einem schwachen oder mit einem starken Euro? Bei dieser Frage waren sich die Akteure des globalen Währungskrieges offenbar anfangs nicht ganz einig.

Hieß es zunächst, dass Europa wegen eines schwachen Euros Probleme bekäme, war dies doch ein fataler Irrtum: Denn bei 1,20 ist sogar Griechenland konkurrenzfähig. Bei 1,20 boomt Europa, weil Deutschland boomt. Also wurde nun der Rückwärtsgang eingeschaltet. Wie kann man Europa am stärksten treffen? Natürlich mit einem starken Euro. Dann kippt die Südschiene weg und Deutschland bekommt das besonders hart zu spüren. Vielleicht hat das Spiel auch folgenden Hintergrund: Nur mit einem starken Euro kann man die Gemeinschaftswährung tatsächlich zerstören. Denn wenn Deutschland aufgrund nachlassender Exporte die Transferleistungen nach Süden nicht mehr zahlen kann, dann ist Europa am Ende. Der Kampf um schwächere Währungen mag paradox klingen, doch bereits im römischen Reich war die Abwertung einer Währung eine wichtige Überlebensstrategie. Schon die Römer erkannten: Ein nachlassender Außenwert erhöht die Wahrscheinlichkeit, dass sich eigene Produkte woanders besser verkaufen lassen. Damit ist die Hoffnung auf den Erhalt und Aufbau von Arbeitsplätzen verbunden.

Deshalb ist für die USA ein schwacher Dollar derzeit von außerordentlicher Bedeutung. US-Präsident Obama will damit die Verdoppelung des US-Exports innerhalb von fünf Jahren erreichen, um die US-Arbeitslosigkeit in den Griff zu bekommen. Ein schwacher Dollar ist demnach nicht nur als Schicksal einer im Abstieg befindlichen Nation, sondern auch als politischer Wille Amerikas zu interpretieren. Aber dieses „Falschspiel" nutzt am Ende nichts. Nicht durch eine schwache Währung, sondern durch konkurrenzfähige Produkte kann eine Nation gesunden und die Arbeitslosigkeit nachhaltig beseitigt werden. Doch davon wollen Politiker derzeit nichts wissen. Der Patient „Wirtschaft" erhält nur noch Aufputschmittel, aber irgendwann wird diese Medizin nicht mehr helfen. Auf dem Schlachtfeld der Währungen dürfte es deshalb in Zukunft zu noch größeren und völlig unerwarteten Verwerfungen kommen. Und das alles sind nur Vorboten des finalen Untergangs aller Währungen. Der Stress im System nimmt zu, die Verlierer werden jene sein, die nicht rechtzeitig Vorsorge getroffen haben.

DER DOLLARKOLLAPS

Die offiziellen Schulden der USA betragen derzeit etwa 15 Billionen Dollar, die inoffiziellen liegen bei 60 Billionen Dollar. Doch das scheint derzeit (noch) kaum jemanden zu beeindrucken. Eigentlich ist es letztlich auch egal, ob es zehn Billionen oder 100 Billionen sind. Wer kann denn mit diesen Superzahlen überhaupt etwas anfangen?

Wirtschaftlich rasen die USA auf den Griechenland-Status zu. Vor diesem Hintergrund ist es ein Witz, dass die US-Ratingagenturen europäische Staaten ständig „runterraten" (das heißt, die Bonität herabsetzen), den AAA-Status der USA aber unangetastet lassen. Die Wahrheit wird früher oder später ans Licht kommen. Doch warum können die USA überhaupt so viele Schulden machen und andere Länder nicht?

Der Schweizer Vermögensberater Egon von Greyerz sieht als einzigen Grund, warum die USA einen so großen Schuldenberg anhäufen konnten, den Status des Dollars als globale Währungsreserve. Deswegen konnten die USA auch ihre Schulden und Defizite international finanzieren. Doch dies wird laut von Greyerz nicht ewig so bleiben: „Die USA sind nun an einem Punkt, an dem sich die Schulden drastisch erhöhen müssen, damit das Land überleben kann. Wie alle Schneeballsysteme wird auch dieses ein Ende haben – und zwar sehr bald. Der Dollar wird dramatisch abstürzen und seinen Status als Währungsreserve verlieren. Dadurch wird die US-Regierung ihre Defizite nicht mehr begleichen können – auf keinem Markt. Dieser Prozess wird zu endlosem Gelddrucken, kollabierenden Schuldverschreibungen (wesentlich höhere Zinsen) und einem wertlosen Dollar in einem hyperinflationären schwarzen Loch führen."

Die Kapitelüberschrift „Der Dollarkollaps" mag zwar reißerisch klingen, letztlich nehme ich allerdings nur auf das Bezug, was der Internationale Bankenverband (IIF) schon im Oktober 2010 konstatierte: Der IIF fürchtet aufgrund des zunehmenden Gelddruckens seitens der Fed eine Entwertung des Dollars. „Sollte die Federal Reserve sich auf den Kurs einer weiteren aggressiven quantitativen Lockerung einlassen, kann dies einen destabilisierenden Kollaps des Dollar hervorrufen", heißt es schwarz auf weiß in einer veröffentlichten Studie des IIF zur globalen Wirtschaftslage, Dokument einer internationalen Organisation, welche nun wirklich über alle pessimistischen Verschwörungstheorien erhaben ist.

Eines steht unterdessen fest: Wenn irgendein anderes Land so handeln würde wie die USA, dann würde es sofort den währungstechnischen Sekundentod sterben. Denn der inzestuöse Aufkauf von Staatsschulden durch die Notenbank, indirekt oder direkt, kann sich nun mal nur die USA leisten. Argentinien ist mit dieser Praxis sofort in den Bankrott gerutscht. Warum sollte dies eines Tages nicht den USA passieren? Warum sollte nicht auch der Dollar genau wie der damalige argentinische Peso den Bach runtergehen? Natürlich wird man das dann nicht mehr gegen andere Währungen, sondern nur noch gegen Gold messen können. Die Entwicklung des Goldpreises in US-Dollar spricht deshalb jetzt schon eine deutliche Sprache. Und wenn man diese Parameter zugrunde legt, dann hat der Dollar allein in den vergangenen zehn Jahren 70 Prozent an Wert verloren.

Doch in der Zwischenzeit arbeiten die US-Institutionen weiter daran, die Illusion vom starken Dollar am Leben zu halten, und dazu zählt die künstliche Aufrechterhaltung des höchsten Bonitätsstatus AAA durch alle US-Ratingagenturen. Auch die vielen positiven US-Statistikdaten sollen die Stärke des Landes und der Währung unterstreichen, doch diese Zahlen werden mehr und mehr angezweifelt und erinnern teilweise nur noch an positive Planerfüllungsmitteilungen der ehemaligen UdSSR. So sprachen die Analysten vom Global European Anticipation Bulletin sogar von einem „Stück aus dem Tollhaus": „Dass die US-Schulden immer noch mit der Bonitäts-Höchstnote AAA versehen werden, ist ein Stück aus dem Tollhaus. Das passt wunderbar zu der neuesten Erklärung der zuständigen US-Wirtschaftsbehörde, dass die Rezession überwunden wäre. Die wachsende Kluft zwischen den Verlautbarungen der wichtigsten Protagonisten eines im Zusammenbruch befindlichen Systems und der Wirklichkeit, wie sie von der großen Mehrheit der Menschen täglich wahrgenommen wird, ist ein untrügliches Zeichen für seinen bevorstehenden Untergang", heißt es in einer Studie vom Herbst 2010. Ähnlich hart ins Gericht geht auch Börsenexperte Artur P. Schmidt, der die USA als „Junk-Bond-Staat mit Rating-Mafia" sieht. Die Konzentration auf die Probleme Europas und insbesondere Griechenlands ist laut Schmidt nichts anderes als ein plumpes Manöver, das den Blick der Weltöffentlichkeit von den Problemen Amerikas ablenken soll. Schmidt formulierte es in einem Kommentar für *MMnews.de* folgendermaßen: „Die Probleme im Euroraum sind ein gefundenes Fressen für unsere amerikanischen Freunde, lenken diese doch von der kommenden Krise in den kommerziellen Gebäuden in den USA und der nach wie vor tickenden Derivate-Zeitbombe ab. Wenn man nur lange genug auf den anderen verbal einschlägt, so die falsche These der Amerikaner, kann man effektiv die eigenen Schwächen verbergen. Doch die Amerikaner haben die Rechnung ohne den Wirt gemacht: die Märkte. Diese werden früher oder später den Junk-Bond-Status der amerikanischen Anleihen ebenso einpreisen, wie es bereits bei den griechischen geschah. Das Problem bei Schulden ist, dass sich diese nicht in Luft auflösen, auch wenn man durch Noch-mehr-Schuldenmachen versucht, die Situation zu verbessern. Ich erlaube mir deshalb, die amerikanischen Anleihen auf Junk-Bond-Niveau herabzustufen, da sich scheinbar Rating-Agenturen wie Standard & Poors nicht zu diesem Entschluss durchringen können, weil sie fürchten müssen, zukünftig keine lukrativen Aufträge aus der amerikanischen Wirtschaft mehr zu erhalten. Die mafiaähnliche Struktur der Ratingagenturen, die nur noch als amerikanische Hofberichterstatter dienen, stinkt zum Himmel. Wenn Spanien als pleite gilt, dann ist es die USA schon seit langem. Der amerikanische Trick, die Schulden auf die übernächste Generation verlagern zu wollen, wird nicht aufgehen. Ohne harte Einschnitte und Sparen lässt sich ein jahrzehntelanger Verschuldungswahn nicht einschränken. Das billige Geld der US-Notenbank ist Gift für die Gesundung der Märkte. Diese wird erst dann Einzug halten, wenn neue Strukturen und neue Regeln die Finanzmärkte wieder gesunden. Aktuell handelt es sich um ein gedoptes System, bei dem es nur noch eine Frage der Zeit ist, wann der große Schwindel, das größte Ponzi-Schema der Welt, auffliegt."

Auch hier sei noch mal auf das kulturphilosophische Hauptwerk Oswald Spenglers, *Der Untergang des Abendlandes*, von 1918 verwiesen. Spengler stellte fest, dass „der Kredit eines Landes in unserer Kultur auf seiner wirtschaftlichen Leistungsfähigkeit und deren politischer Organisation beruht." „Je schlechter ein Kredit", so Spengler, „desto höher steht das Gold." Mit anderen Worten: Sinkt die Kreditwürdigkeit eines Staates und gerät deren politische Organisation unter Druck, steigt der Goldpreis in Landeswährung. Eine solche Entwicklung ist derzeit insbesondere für den US-Dollar zu beobachten.

Auch der stets für seinen Optimismus bekannte Warren Buffett sieht Gefahren am Horizont. In einem Gastbeitrag für die *New York Times* befürchtet die Investorlegende bereits im August 2009: „Die USA werden von Schulden zermalmt. Die Vereinigten Staaten müssen die riesigen Beträge ‚geldpolitischer Medizin', die ins Finanzsystem gepumpt wurden, anpacken." Sie stellen nach Ansicht von Buffett eine Gefahr für die größte Volkswirtschaft der Welt und ihre Währung dar. „Enorme Mengen geldpolitischer Medizin werden weiter verabreicht und über kurz oder lang müssen wir ihre Nebenwirkungen beachten", schrieb die Börsenlegende. Derzeit sei der Großteil dieser Auswirkungen unsichtbar; in der Tat sei es möglich, dass sie für lange Zeit verborgen blieben. Dennoch bleibe diese Bedrohung potenziell so verhängnisvoll wie die Gefahren, die von der Finanzkrise selbst ausgingen, sagte Buffett.

Den Zusammenhang zwischen schwacher Währung und Niedergang eines Staates beschrieb der Analyst Robert Rethfeld einmal so: „Gewinnt ein Staat an Stärke und Einfluss, legt auch dessen Währung zu. So ist der Aufstieg der Deutschen Mark nach dem Zweiten Weltkrieg zu erklären, oder auch die Stärke des Britischen Pfundes in der Blütezeit des viktorianischen Zeitalters (Queen Victoria lebte von 1819 bis 1901). Genauso geht der Abstieg einer vormaligen Wirtschaftsmacht mit der Schwächung der Währung einher. Als Beispiel mag der US-Dollar dienen, der sich seit den 1970er-Jahren ununterbrochen gegenüber anderen wichtigen Währungen in einem Abwärtstrend befindet und so die Schwächung Amerikas dokumentiert."

Der Dollar steht also ganz klar unter Beschuss, auch wenn er sich zwischenzeitlich immer wieder erholt. Doch das sind bloße Zuckungen an den Währungsmärkten. Andererseits ist es müßig, den Dollar im Vergleich zu anderen Währungen zu betrachten, denn mittlerweile hat jeder Währungsraum Probleme. Einzig das Verhältnis des Dollars zum Gold ist entscheidend. Und die Entwicklung, die hier sichtbar wird, ist ein böses Omen – nicht nur für den Dollar, sondern für die ganze Welt.

MIT DEM FAHRRAD ZUR FED

Nachdem wir jetzt so viel über den Dollar gesprochen haben, bietet sich ein Vor-Ort-Besuch im Land des Greenbacks an. Im Sommer 2010 trat ich eine Reise nach Washington an. Mein Ziel: ein Besuch beim Federal Reserve System, kurz Fed – die amerikanische Zentralbank. Die wichtigste und mächtigste Zentralbank der Welt. Eigentlich ist die Fed der Begründer des modernen Geldsystems. Die Art und Weise, wie die amerikanische Zentralbank etabliert wurde, ist allerdings ziemlich mysteriös. Sie wurde 1913 gegründet, und in einer Nacht-und-Nebel-Aktion hat man entsprechende Gesetze durch den Kongress gepeitscht. Bis heute ist unbekannt, wem die Fed eigentlich gehört. Entsprechende Anfragen werden nicht beantwortet. Anlass für mich, in Washington einmal nach dem Rechten zu sehen. Ich lade Sie aber erst mal auf eine kleine Tour durch Washington ein. Dort gibt es allerlei Geschichtsträchtiges, das sowohl die moderne Politik als auch unser Geldsystem prägte.

Das beste Fortbewegungsmittel in der US-Hauptstadt ist das Fahrrad. Washington ist erstaunlich zweiradfreundlich. Also auf zum Radverleih und dann gleich in Richtung Kapitol. Es ist recht warm, ziemlich schwül, ab und zu gibt es mal einen Gewitterschauer. Normales Wetter an einem Sommertag in Washington. Washington, D. C. („D. C." steht übrigens für „District of Columbia"), ist durchzogen von großen Wiesen und Parks. Wunderschöne alte Bäume säumen den Weg. Darüber hinaus ist das für Besucher interessante Gebiet zwischen Lincoln Memorial und Kapitol sehr weitläufig. Und: Die Straßen in der Innenstadt sind am Wochenende erstaunlich leer.

Das Washington Monument ist neben dem Kapitol eines der wichtigsten Symbole der Hauptstadt, ein weißer Marmor-Obelisk, der sich genau auf der Verbindungsgeraden zwischen dem Kapitol und dem Lincoln Memorial befindet. Dieses Denkmal wurde zu Ehren des ersten Präsidenten der Vereinigten Staaten von Amerika, George Washington, errichtet.

Gemütliche Cafés sucht man übrigens in Washington – wie in den gesamten USA – vergeblich. Pappbecher-Fastfood-Küchen dominieren. Ein vernünftiger Kaffee, der nicht schon stundenlang auf der Warmhalteplatte stand, ist in den USA unbekannt. Auch Essen ist schwierig, wenn man nicht gerade auf Pappbrötchen steht und dazu eine Coke Zero schlürfen möchte. Das soll uns aber nicht stören. Wir stöbern derweil in der Geschichte der USA – denn da hat Washington viel zu bieten.

Weiter geht's zum Lincoln Memorial – dem Denkmal zu Ehren Abraham Lincolns. Die Gettysburg Address gehört zu den berühmtesten Reden des 16. US-Präsidenten (1861–1865). Er hielt sie anlässlich der Einweihung des Soldatenfriedhofs auf dem Bürgerkriegsschlachtfeld von Gettysburg und fasste darin das demokratische Selbstverständnis der Vereinigten Staaten zusammen. Diese Rede ist in die Geschichte eingegangen:

„Vor 87 Jahren gründeten unsere Väter auf diesem Kontinent eine neue Nation, in Freiheit entworfen und dem Grundsatz geweiht, dass alle Menschen gleich geschaffen sind. Nun stehen wir in einem großen Bürgerkrieg, um zu erproben, ob diese oder jede so entworfene Nation, die solchen Grundsätzen geweiht ist, dauerhaft bestehen kann.

Wir haben uns auf einem großen Schlachtfeld dieses Krieges versammelt. Wir sind gekommen, einen Teil davon jenen als letzte Ruhestätte zu weihen, die hier ihr Leben gaben, damit diese Nation leben möge. Es ist nur recht und billig, dass wir dies tun.

Doch in einem höheren Sinne können wir diesen Boden nicht weihen, können wir ihn nicht segnen, können wir ihn nicht heiligen. Die tapferen Männer, Lebende wie Tote, die hier kämpften, haben ihn weit mehr geweiht, als dass unsere schwachen Kräfte dem etwas hinzufügen oder etwas davon wegnehmen könnten. Die Welt wird wenig Notiz davon nehmen, noch sich lange an das erinnern, was wir hier sagen, aber sie kann niemals vergessen, was jene hier taten.

Es ist vielmehr an uns, den Lebenden, dem großen Werk geweiht zu werden, das diejenigen, die hier kämpften, so weit und so edelmütig vorangebracht haben. Es ist vielmehr an uns, geweiht zu werden der großen Aufgabe, die noch vor uns liegt – auf dass uns die edlen Toten mit wachsender Hingabe erfüllen für die Sache, der sie das höchste Maß an Hingabe erwiesen haben. Auf dass wir hier einen heiligen Eid schwören, dass diese Toten nicht vergebens gefallen sein mögen. Auf dass diese Nation eine Wiedergeburt der Freiheit erlebe. Und auf dass die Regierung des Volkes durch das Volk und für das Volk nicht von der Erde verschwinden möge."

Weiter geht's zu Thomas Jefferson. Er war der dritte Präsident der Vereinigten Staaten von Amerika (1801–1809), der hauptsächliche Verfasser der amerikanischen Unabhängigkeitserklärung und einer der einflussreichsten Staatstheoretiker der USA. Die amerikanische Unabhängigkeitserklärung gilt als Meilenstein in der Menschheitsgeschichte. In ihr werden erstmals in einem offiziellen Dokument allgemeine Menschenrechte postuliert, auch wenn diese in der späteren Verfassungspraxis zunächst nur frei geborenen weißen Männern in vollem Umfang zugestanden wurden, nicht aber Frauen, Sklaven und freien Schwarzen. Ausgehend von diesem naturrechtlichen Rahmen stellt die Unabhängigkeitserklärung eine Vertragstheorie über die Legitimität von Regierungen auf und beschreibt zudem ein Widerstandsrecht gegen ungerechte Regierungen. Diese Grundannahmen gelten bis heute als maßgebend für den politischen Liberalismus. An der amerikanischen Unabhängigkeitserklärung hätte man sich auch heute noch in Europa gut orientieren können, zum Beispiel im Vertrag von Lissabon. Wie anders wäre dieser bei den Menschen angekommen, wenn dort statt des Todesschusses das Recht zum Aufstand festgeschrieben worden wäre, wenn die Regierung ihren Auftrag nicht mehr erfüllt oder diesen pervertiert. Hier also die Unabhängigkeitserklärung von Thomas Jefferson vom 4. Juli 1776:

„Wir halten diese Wahrheiten für ausgemacht, dass alle Menschen gleich erschaffen wurden, dass sie von ihrem Schöpfer mit gewissen unveräußerlichen Rechten begabt wurden, worunter Leben, Freiheit und das Streben nach Glückseligkeit sind. Dass zur Versicherung dieser Rechte Regierungen unter den Menschen eingeführt worden sind, welche ihre gerechte Gewalt von der Einwilligung der Regierten herleiten; dass sobald eine Regierungsform diesen Endzwecken verderblich wird, es das Recht des Volkes ist, sie zu verändern oder abzuschaffen, und eine neue Regierung einzusetzen, die auf solche Grundsätze gegründet, und deren Macht und Gewalt solchergestalt gebildet wird, als ihnen zur Erhaltung ihrer Sicherheit und Glückseligkeit am schicklichsten zu sein dünket.
Zwar gebietet Klugheit, daß von langer Zeit her eingeführte Regierungen nicht um leichter und vergänglicher Ursachen willen verändert werden sollen; und demnach hat die Erfahrung von jeher gezeigt, daß Menschen, so lang das Uebel noch zu ertragen ist, lieber leiden und dulden wollen, als sich durch Umstoßung solcher Regierungsformen, zu denen sie gewöhnt sind, selbst Recht und Hülfe verschaffen. Wenn aber eine lange Reihe von Mißhandlungen und gewaltsamen Eingriffen auf einen und eben den Gegenstand unabläßig gerichtet, einen Anschlag an den Tag legt, sie unter unumschränkte Herrschaft zu bringen, so ist es ihr Recht, ja ihre Pflicht, solche Regierung abzuwerfen, und sich für ihre künftige Sicherheit neue Gewähren zu verschaffen."

Thomas Jefferson beschäftigte sich übrigens auch mit dem Geldsystem. Von ihm stammen folgende denkwürdige Aussagen:

„Ich glaube, Bankinstitutionen sind für unsere Freiheiten gefährlicher als stehende Armeen.

Wenn das amerikanische Volk es den Privatbanken jemals erlaubt, die Ausgabe ihres Geldes zu kontrollieren, zuerst durch Inflation, dann durch Deflation, dann werden die Banken und Konzerne, die [um diese Banken] heranwachsen, den Menschen ihren ganzen Besitz wegnehmen, bis ihre Kinder obdachlos aufwachen, auf dem Kontinent, den ihre Vorväter erobert haben. Die Macht der Geldausgabe sollte den Banken ENTZOGEN und dem Volk ZURÜCKGEGEBEN werden, dem diese Macht eigentlich zusteht.

Wenn der Staat sein Geld verleiht, hat er keine paradoxen Schulden und verpfändet so nicht seine Nachkommen an die Bankiers – so kann er mit dem Zins das Soziale stärken und alles gesundet."

Diese Aussage ist für mich Anlass, doch einmal bei Ben Bernanke vorbeizuschauen. Ich fahre zum Eccles Building, dem Sitz der Federal Reserve in Washington. Was würde Bernanke wohl zu Jeffersons Kritik an der Fed sagen? Doch das Eccles Building machte eher einen leeren, unbelebten Eindruck, wenn auch streng abgesichert. Hier also wird die Geldpolitik gemacht? Ich traf den Chef des Federal Reserve Systems später an anderem Ort.

ORTSTERMIN MIT BEN BERNANKE

Washington in Aufregung. Präsident Obama gibt das umfang-reichste Regulierungspaket für die Finanzindustrie seit der Gro-ßen Depression bekannt. Angeblich eine Megareform. Durch strik-te Regulierung soll sich eine Finanzkrise nicht mehr wiederho-len. Doch die Zeichen mehren sich, dass nicht fehlende Regulie-rung, sondern die Federal Reserve selbst die Krise erzeugt hat. Bewusst und gewollt? Oder hat sie einfach nur zugesehen?

Die US-Zentralbank hätte dem kriminellen Treiben der US-Ban-ken schon früh Einhalt gebieten können – durch eine Zinserhö-hung. Doch Alan Greenspan hielt die Zinsen bewusst über lange Zeit rekordniedrig und führte so die Welt mit jedem Tag ein Stück weiter in die unausweichliche Katastrophe.

Wird durch strengere Gesetze jetzt alles besser? Im Rahmen der neuen Regulierung soll ausgerechnet die Fed noch mehr Macht erhalten, was auch in den US-Medien zunehmend offen kritisiert wird.

Mitten in Washington fand der „Global Financial Literacy Sum-mit" statt. Mit dabei Ben Bernanke. Für mich *die* Gelegenheit, den Fed-Chef persönlich zu treffen. Auf dem Kongress wurde aus-führlich über die Ursachen der Krise diskutiert. These: Weil sich viele Menschen in den USA nicht mit Geld auskennen, haben sie sich unverantwortlich verschuldet und so die Krise mit ausgelöst. Diese etwas merkwürdige Interpretation der Ursache der größten Geldsystemkrise der Menschheitsgeschichte wurde von den Teil-nehmern praktisch nicht hinterfragt. Es mag daran liegen, dass sie die Hintergründe nicht kennen – oder nicht kennen wollen. Doch umgekehrt wird ein Schuh draus: Vor den Augen der Fed haben die US-Banken ein System geschaffen, das unter dem Motto „Generate and Distribute" einzig zum Ziel hatte, Kredite zu ge-nerieren und zu verkaufen. Man könnte das auch Betrug nennen. Die Opfer sind die Kreditnehmer und -käufer. Also die ganze Welt.

Doch dazu äußerte sich Ben Bernanke in seiner Ansprache nicht. Er hielt nur einen kurzen Vortrag auf dem „Global Financial Literacy Summit". Keine freie Rede, sondern präzise vom Manuskript abgelesene Sätze. Der Mann durfte sich schließlich nicht versprechen. Als Ausweg aus der Krise machte er einen Vorschlag, wie man den Menschen mittels neuer, staatlich unterstützter Kreditprogramme zum Eigenheim verhelfen kann und sie gleichzeitig besser über die Gefahren einer Kreditaufnahme aufklärt. Etwas spät, dieser Ratschlag.

Im Anschluss an seinen Vortrag traf ich den mächtigsten Banker der Welt hinter der Bühne. Die Sicherheitsbeamten hatten offenbar keine Bedenken, dass ich mich dort unangemeldet näherte und so eine der umstrittensten Persönlichkeiten der westlichen Welt näher kennenlernen konnte. Doch einfach war das nicht. Die Person Bernanke scheint wie von unsichtbaren Schutzhüllen umgeben. Alles, was er sagt, klingt vorsichtig, abgewogen, zurückhaltend. Kritische Fragen werden neutralisiert. Niemals würde dieser Mann etwas kundtun, was die Fed in Misskredit bringen könnte. Kein kritisches Wort zu der Organisation, der er selbst vorsteht. Ich hätte gerne gewusst, wem die Fed gehört. Die Antwort: ein schweigendes Lächeln.

Seine Aussagen klingen wie von der Pressestelle vorgedruckt. Sehr bedächtig und dennoch freundlich, der Geldgott aus Washington. Wohlüberlegt, ja fast roboterhaft spricht der Mann, der es eigentlich besser wissen müsste. Doch die Aussagen wirken gestelzt, immer so, als wolle er eigentlich mehr sagen, es sich aber nicht trauen. Ja, die Ursache der Finanzkrise sei auch bei den großen Banken zu suchen. Eine verstärkte Überwachung solle verhindern, dass Zusammenbrüche großer Finanzinstitute das gesamte System bedrohen. Zudem müssten die Regularien für die gesamte Finanzinfrastruktur so gestärkt werden, dass sie auch Krisensituationen überstehen kann. Also: mehr Kontrolle – durch die Fed. Aber hatte die Fed diese Kontrolle nicht schon vorher?

Was mag in diesem Kopf vorgehen? Was denkt dieser Mann wirklich? Ist er nur eine Marionette? Unauflösbarer Widerspruch: einerseits Vorstand einer privaten Bankenorganisation, andererseits Staatsdiener? Wie geht das zusammen? Immer mehr Menschen stellen diese Frage in den USA. Selbst bei *Fox-News* wird kritisiert, dass die Fed privaten Banken gehört und dass es ein Skandal sei, wenn sich die Banken quasi selbst kontrollieren. Offen wird angeprangert, dass durch die neuen Regulierungsmaßnahmen die Fed sogar noch mehr Macht erhält. Nach dem kurzen Gespräch bat ich Bernake um einen Fototermin. Er kam dieser Bitte zu meiner größten Verwunderung sofort nach. Der mächtige Fed-Chef und ich auf einem Foto – als wären wir schon lange vertraute Freunde. Es entstanden unglaubliche Aufnahmen. Zwischendurch lachte er auch einmal herzlich und posierte mit mir vor der Kamera. Doch was wirklich los ist im internationalen Geldsystem, wo die tatsächlichen Probleme liegen, das habe ich leider nicht erfahren. Es wunderte mich aber auch nicht, denn es ist die wichtigste Strategie einer Zentralbank, aufkommende Probleme nicht in der Öffentlichkeit zu benennen oder gar zu diskutieren. Da dringt nichts nach außen – obwohl man das in einer Demokratie eigentlich erwarten müsste. Doch Demokratie hört bekanntlich an den Pforten der Notenbanken auf.

Die Zeit drängt, Ben Bernanke muss weiter: zum Kongress, wo er Rede und Antwort stehen sollte. Zügigen Schrittes läuft er zu seiner Dienstlimousine, ein Sicherheitsbeamter öffnet die Tür. Ein kurzer Blick zurück, ein kurzer Wink mit der Hand, „goodbye". Ein kleines Heer schwarz uniformierter Security checkt kurz, ob der Weg frei ist. Dann gibt der Fahrer Gas – und weg ist er, der Chef der US-Notenbank. Der Chef des Geldes der Welt. Wie lange wird er seine Dollarshow noch abziehen können, ohne dass sein Kredit dahinschmilzt? Aber so sind sie halt, die Notenbanker. Wenn sie den Mund aufmachen, reden sie zwar, sagen aber nichts. Jedenfalls nichts, was tiefere Einblicke in das wirkliche Geschehen des globalen Geldsystems geben könnte.

Als Axel Weber 2010 beim jährlichen Notenbanken-Treffen im amerikanischen Jackson Hole war, wurde er von Journalisten befragt, worüber er sich denn mit seinen Kollegen unterhalten habe. Die Antwort war typisch: „Wir sprechen nicht übereinander, sondern miteinander." Auf die Idee, auch von einem Notenbanker eine Auskunftspflicht zu fordern, genau wie beispielsweise gegenüber Politikern, kam der fragende Journalist leider nicht. Da sitzen die mächtigsten Notenbanker der Welt zusammen und reden über die Krise, und wenn sie vor die Kamera treten, geben sie nur leere Worthülsen zum Besten. Das erinnert doch schon sehr stark an Parteitage in der ehemaligen UdSSR und deren offizielle Verlautbarungen.

Bei dieser ganzen Geheimnistuerei sollte man am besten gleich sein ganzes Geld in Edelmetalle umwandeln. Allein das Schweigen der Notenbanker spricht meines Erachtens Bände. Wo keine vernünftigen Auskünfte gegeben werden, ist etwas faul. Was genau, das werden wir wahrscheinlich bald erfahren. Doch für diesen Zeitpunkt ist es sicherlich besser, nicht zu viel Bargeld und Anleihen auf dem Konto zu haben. Gold braucht keine Notenbank. Gold ist ein Wert an sich. Und um den Wert des Goldes müssen sich weder Politiker noch Ökonomen noch Zentralbanker kümmern.

1 UNZE GOLD FÜR 100.000 DOLLAR?

Über die Aussichten des Goldpreises wird immer wieder heiß diskutiert. Es gibt nicht wenige, die davon sprechen, dass Gold total überbewertet ist und dass wir derzeit eine Goldblase sehen, die sich wieder auf niedrigerem Niveau einpendeln wird. Doch wahrscheinlich ist der Goldpreisanstieg erst der Anfang eines ziemlich langen Aufschwungs, der noch längst nicht beendet ist. Der Schweizer Goldexperte Prof. Dr. Hans J. Bocker beschrieb die Preisentwicklung beim Gold in einem „Dreiphasenmodell", welches meiner Meinung nach die vergangene und zukünftige Entwicklung des Goldpreises recht gut widerspiegelt: „Der Goldzyklus ist dreifacher Natur. In der ersten Phase, der ‚Nacht' (zum Beispiel 1983 bis 2001), werden Goldkäufer verlacht oder bemitleidet. In Phase zwei (der ‚Morgen') beginnt das Erwachen (2002 bis etwa 2012), erst langsam, dann lebhafter, viele Rückschläge folgen, und am Ende ziehen die Preise stark an. Wir sind jetzt etwa in der Mitte von Phase zwei. Das Bächlein wird allmählich zum Strom, und Phase drei beginnt, der heiße und superhelle ‚Mittag'. Der Strom wird zum reißenden Riesenfluss."

Erst wenn alle Medien Tag und Nacht von Edelmetallen berichten, so Bocker, wenn Taxifahrer, Bordsteinschwalben, Suppenküchenbesucher, Dienstboten, Omas und Küchenhilfskräfte fortwährend über Gold reden, erst dann ist Gefahr für den Goldpreis in Verzug, und erst dann kann man von einer „Blase" reden, ähnlich derjenigen, die wir Ende der Neunzigerjahre am „Neuen Markt" erlebt haben. Doch bis dahin dürfte noch einige Zeit verstreichen, und vor allem: Bis dahin dürfte Gold weiter steigen.

In einem Interview mit *MMnews.de* ging Bocker auch noch mal ausdrücklich auf die Frage ein, ob der gestiegene Goldpreis bereits „Blasenniveau" erreicht habe. Doch davon kann keine Rede sein, rechnet der Goldexperte vor: „Im Januar 1980 kostete die Unze 852 Dollar. Um die damalige Kaufkraft zu erreichen, brauchten wir einen Preis von etwa 2.000 Dollar, falls man die massiv geschönte amtliche Inflation zugrunde legt. Nimmt man die wirkliche Teuerungsrate als Grundlage der Kalkulation, käme man auf 7.400 Dollar pro Unze. Außerdem müssen sich Dow Jones und Gold erst noch treffen, um ein realistisches Niveau zu erreichen. Damals standen sich Dow und die Unze 1:1 gegenüber. Zwischenzeitlich musste man sogar über 100 Unzen für den Dow bezahlen."

Derzeit ist das Verhältnis vernünftiger, etwa 1:8. Der Goldpreis darf laut Bocker also ruhig um das Achtfache steigen, um wieder ein realistisches Verhältnis zum Aktienmarkt zu erreichen: „Sobald wir 7.000 bis 8.000 Dollar ansteuern, sprechen wir uns wieder, und selbst das wäre noch keine Blase, denn das alte Hoch wurde gerade erst erreicht."

Bocker weist außerdem auf interessante historische Entwicklungen beim Goldpreis hin. Aufgrund von zyklischen Beobachtungen des Goldpreises könne man davon ausgehen, dass der Preis vom letzten Hoch um den Faktor 25 übertroffen werde. Der erste Sprung ging demnach von rund 30 Dollar 1970 auf 852 Dollar Ende der Achtziger.

Wenn man nun den gleichen Zyklus auf das letzte Hoch anwenden würde, dann müsste man 850 mal 25 rechnen. Dann läge der Kurs bei über 20.000 Dollar. Von einer echten Blase könne man aber erst sprechen, wenn Gold bei 100.000 Dollar pro Unze stehe. Diese Blase würde dann platzen und der Preis für Gold würde sich für die nächsten Dekaden vermutlich bei etwa 30.000 Dollar einpendeln, prognostiziert der Goldexperte.

Auslöser für den Goldrun sei die Tatsache, dass derzeit nur rund ein Promille der Menschheit in Edelmetalle investiert habe. In zunehmendem Maße würde aber immer mehr Menschen Gold als sicheren Hafen entdecken. Wenn nur ein Prozent der Menschheit Vorsorge mit Gold betreiben würde, dann würde das Edelmetall sofort sprunghaft in die Höhe schießen.

Bocker stellt allerdings infrage, ob man überhaupt auf den Goldpreis achten sollte. Der Preis spielt letztlich keine Rolle. Wie soll
man auch ein Edelmetall im Hinblick auf sich ständig entwer-
tendes Papiergeld evaluieren? Gold ist ein Wert an sich. Die einzige Frage, die sich stellt, ist, was man dafür bekommt – und
zwar an tatsächlichen Gütern, nicht Geld. In einer Hyperinflation spielt es sowieso keine Rolle mehr, wie viele Ziffern und Nullen auf einem bunten Geldschein stehen. Es wäre müßig, hier
einen Gegenwert in Gold zu suchen.

Auch der bekannte alternative Finanzexperte Max Keiser äußerte sich ziemlich drastisch zur der Frage, ob Gold überbewertet
sei: „Jeder, der sagt, dass sich Gold in einer Blase befindet, redet
idiotisches Zeug. Wenn Vermögenswerte in einen Blasenpreis
übergehen, hat man einen extrem populären Eigentumsanteil dieses Vermögenswertes. Nehmen Sie zum Beispiel die Internet-
aktien in den 1990ern oder den S&P in den 1980ern – da hatten
Sie jeweils einen sehr großen Prozentsatz der Bevölkerung, der
sich an der Bildung dieser Blasen beteiligte. Im Fall von Goldbarren befindet sich weniger als ein Prozent aller investierbaren
Vermögenswerte auf der Welt in Gold. Nicht nur ist es keine Blase, sondern die wirkliche Hausse für Gold hat noch gar nicht angefangen. Lassen Sie es mich für Sie so ausdrücken: Gold ist immer noch in einer Baisse."

Letztlich ist doch entscheidend, was man für seine Feinunze bekommt, und das war in der Menschheitsgeschichte praktisch immer gleich. Es wird sehr wahrscheinlich auch in Zukunft so sein.
Solange es Menschen gibt, wird man für eine Unze wahrscheinlich immer mindestens einen Anzug kaufen können, und vermutlich noch ein paar gute Schuhe dazu.

Eines dagegen ist sicher: Für 1.000 Euro – den Preis für eine Feinunze Gold im Oktober 2010 – werden Sie in einigen Jahren keinen Anzug mehr kaufen können. Entweder, weil die 1.000 Euro
dramatisch an Kaufkraft verloren haben, oder weil es den Euro

dann gar nicht mehr gibt. Gold dagegen wird es immer geben. Gold wird unter geringen Schwankungen immer die gleiche Kaufkraft haben.

Nur im ersten Moment klingt das merkwürdig. Im Grunde ist Gold an sich ja sogar wertlos. Welchen objektiven Wert hat Gold überhaupt? Diese Frage hat bisher niemand beantworten können. Wenn es aber darum geht, ein Austauschverhältnis zwischen Gold und Geld herauszufinden, dann brauchen Sie nur auf den Goldkurs zu schauen, um zu wissen, wie viel Geld Sie dafür zahlen müssen. Eigentlich müsste man die Preisentwicklung für Gold deshalb aus einer ganz anderen Perspektive sehen: Nicht das Gold steigt, sondern die Währung fällt. Gold bleibt immer gleich. Nur das Papiergeld wird immer weniger wert – und so müssen Sie für eine Feinunze Gold auch immer mehr zahlen.

Deshalb sollte man in den entsprechenden Marktberichten auch schreiben, dass der Euro am Tag X mal wieder zwei Prozent gegenüber Gold an Wert verloren hat und nun die höhere Summe Y für die Unze Gold zu entrichten sei. Bei einer solchen Betrachtung würden die Menschen viel schneller merken, dass es ihr Geld ist, das wertloser wird, und nicht das Gold, das an Wert zunimmt.

Was also tun, wenn man noch kein Gold hat? Ganz einfach: sofort welches kaufen. Wie viel? Das hängt von Ihrer persönlichen Vermögensstruktur ab. Wenn Sie viel Bares auf der hohen Kante haben, müssen Sie mehr kaufen als jemand, der über Haus und Hof verfügt. Eines ist jedoch wichtig: Nicht sofort alles an einem Tag in Gold umrubeln. Goldpreise können natürlich kurzfristig schwanken. Deshalb schlage ich vor, dass Sie pro Woche einmal Gold kaufen, immer einen kleinen Betrag. So haben Sie mit der Zeit einen schönen Durchschnittskurs. Sie kaufen also immer, egal ob der Preis steigt oder fällt. Und Sie kaufen sogar dann, wenn er neue Rekorde macht. Aber immer wenig – nicht alles auf einmal. Viele Experten sind der Meinung, dass man mindestens zehn Prozent seines Vermögens in Gold halten sollte. Ich halte das für deutlich zu wenig. Bargeldbestände, Festgelder, Staatsanleihen et cetera sollte man zum großen Teil oder zumindest zu 30 Prozent in Gold tauschen. Wo liegt das Risiko? Ich sehe keines – bis auf die Gefahr, dass Staaten ein Goldverbot erlassen. Dann muss man seinen Goldschatz eben gut verstecken.

DER GOLDAUSVERKAUF

Wer Vorsorge mit Gold betreiben will, sollte damit schon morgen anfangen. Im Falle von Krisenzuspitzungen ist es nämlich schlicht unmöglich, überhaupt an das Edelmetall heranzukommen, auch wenn es noch offizielle Preise gibt. Aber selbst diese sind mit Vorsicht zu genießen, weil sie die realen Preise am Verkaufsschalter dann kaum noch widerspiegeln. Das, was an den Rohstoffbörsen gehandelt wird, hat im Zweifelsfalle wenig mit dem zu tun, was Sie beim Goldhändler „um die Ecke" bekommen und bezahlen. Mit anderen Worten: Selbst wenn es offizielle Preise für Gold gibt, muss das noch lange nicht heißen, dass Sie auch Gold kaufen können, und falls das Edelmetall dennoch im Angebot sein sollte, dürften sich die Preise weit von den offiziellen Quotierungen entfernen.

So war im Verlauf der Krise nicht selten zu beobachten, dass Gold schlicht und ergreifend ausverkauft war – obwohl es an der Börse noch gehandelt wurde. Selbstverständlich könnte man sich das Edelmetall an der Börse besorgen und anschließend ausliefern lassen. Das ist aber ein sehr schwieriger und komplizierter Vorgang, der sich eigentlich nur für größere Mengen eignet. Wenn Sie dagegen mal ab und zu ein paar Krügerrands kaufen wollen, dann kann es durchaus sein, dass der Mann am Bankschalter sagt: „Tut mir leid, ausverkauft." Ähnliches gilt natürlich auch für alle anderen Goldmünzen und für Barren.

Das habe ich auf den Höhepunkten der Krise im Herbst 2008 und im Frühjahr 2009 selbst erlebt. Weder Münzen noch Barren waren erhältlich. Testkäufer in Frankfurt wurden abgespeist mit dem Hinweis: „Sie können es jetzt bestellen und in sechs Wochen wiederkommen." Allerdings gab es auch für spätere Zeitpunkte keine Auslieferungsgarantie. Selbst mir bekannte Goldhändler in großen Berliner Wechselstuben hatten nur ein müdes Achselzucken übrig, wenn ich wieder meine übliche Ration Goldmünzen kaufen wollte.

Wirklich ein einmaliger Vorgang in einer freien Marktwirtschaft, in der angeblich Angebot und Nachfrage herrschen.

Eigentlich hätten unter diesen Umständen die Preise so lange nach oben gehen müssen, bis wieder Verkäufer da sind. Da die Goldkurse aber an der Börse festgezurrt sind, sagen sich die Goldbesitzer in Krisenzeiten natürlich: „Zu den Preisen verkaufe ich nicht." Resultat: Gold ist käuflich nicht mehr zu erwerben. Ich erinnere mich noch, als ich zu jener Zeit den Goldhändler beauftragte, mich anzurufen, wenn er wieder Ware hätte. Es dauerte manchmal einige Tage, bis der Anruf kam. Und viel konnte man dann auch nicht kaufen. In einer größeren Berliner Wechselstube, die auch auf Gold spezialisiert ist, erzählte mir ein Angestellter, dass die Menschen „säckeweise" mit Barem kämen, um ins Edelmetall zu flüchten. Das war sicherlich etwas übertrieben, aber trifft die Sache im Kern. Wichtigste Botschaft aber: Im Krisenfall dürfte es sehr schwierig sein, an Gold heranzukommen.

Im Herbst 2008 und verschiedene Male in 2009 war Gold also bei vielen normalen Händlern nicht mehr erhältlich. Dies hätte an den Goldmärkten zu einem scharfen Kursanstieg führen müssen. Dass dieser seltsamerweise ausblieb, deutet darauf hin, dass die offiziellen Goldpreise manipuliert sind. Dazu später mehr.

Fakt ist, dass Gold selbst bei kleineren Verwerfungen im Finanzsystem sofort ausverkauft ist. Es gibt einfach nicht genügend physische Ware, die zum Verkauf steht; der Goldmarkt scheint sehr eng zu sein. Hinzu kommt, dass in Krisenzeiten das Angebot durch private Verkäufer praktisch auf null zurückgeht. Wer verkauft schon sein Edelmetall, wenn er dunkle Katastrophenwolken am Horizont sieht? Andererseits dürften auch die Goldproduzenten in solchen Zeiten ihr Gold eher horten, als es zu verkaufen, weil sie glauben, später für die gleiche Menge einen höheren Preis zu erzielen. Deshalb ist es dringend notwendig, persönliche Goldbestände in „Friedenszeiten" aufzubauen, und nicht erst dann, wenn es kracht. Viele Börsianer, die ich kenne, sind selbst relativ spät in

Gold eingestiegen. Sie glaubten, dass man Gold jederzeit kaufen könne. Umso überraschter waren meine Kollegen, als sie bei großen Banken abgewiesen wurden. Damals war es vereinzelt gar so schlimm, dass Banken gar keine Aufträge mehr annahmen, auch nicht solche, die für eine Auslieferung zu einem späteren Zeitpunkt bestimmt waren.

Diese Situation hatte selbst eingefleischten kapitalistischen Börsianern zu denken gegeben. Ein Bekannter ist deshalb dazu übergegangen, Schmuck und Altgold zu kaufen. Allerdings ist es bei solchen Produkten recht schwierig, den wahren Goldgehalt abzuschätzen. Mit 1-Unze-Münzen und -Barren ist das natürlich einfacher.

Auch im Internet wurde bei vielen Händlern zu jener Zeit der Handel ausgesetzt oder nur vereinzelt zu sehr überhöhten Preisen durchgeführt. Ich hatte jedoch meine Zweifel, ob man bei einem ernsthaften Kauf nicht doch darauf hingewiesen wurde, dass es „aufgrund von Lieferengpässen derzeit leider nicht geht". Es schien so, als seien die vereinzelten Angebote nur pro forma im Netz, während viele seriöse Anbieter praktisch schon längst den Handel eingestellt hatten. Sicher, die Lage entspannte sich nach wenigen Wochen wieder. Hätte sie sich nicht beruhigt, würde ich die Behauptung wagen, dass es dann praktisch unmöglich geworden wäre, an Gold heranzukommen. Eine sehr interessante Erfahrung war auch, dass sich die Straßenverkaufspreise sehr rasch von den offiziellen Börsenpreisen abgekoppelt hatten. So war es im Mai 2010 eine Zeit lang möglich, Gold oberhalb des Spotpreises zu verkaufen, also oberhalb des offiziellen Börsenpreises. In „Friedenszeiten" ist der Goldverkauf nur unterhalb des offiziellen Goldkurses möglich. Die Abschläge liegen bei drei bis zehn Prozent unterhalb der Börsenpreise – je nachdem, wo man verkaufen will.

Hintergrund: Unter normalen Umständen verkauft der Händler Gold durchschnittlich etwa fünf Prozent über dem Spotpreis und die Ankaufspreise liegen fünf Prozent darunter. Steht der offizielle Preis für eine Unze Gold also bei 1.000 Euro, dann liegt der Verkaufspreis bei 1.050. Bringt man die Unze dagegen zum Händler und will sie dort verkaufen, dann gibt er höchstens 950 Euro. (Dieses Beispiel gilt für kleine Mengen, An- und Verkaufspreise können verschieden sein, ein Vergleich lohnt sich immer.) In den beschriebenen Krisenzeiten war es dagegen so, dass man eine Unze Gold für über 1.000 Euro beim Händler verkaufen konnte, obwohl der Spotpreis nur bei 1.000 Euro lag. Eine solche Preisgestaltung habe ich noch nie erlebt. Aber die Goldhändler wollten eben auf jeden Fall ein Geschäft machen und boten deshalb höhere Kurse als an der Börse. Beim Kauf dagegen musste man natürlich noch drastischere Aufschläge zahlen.

Ich überlegte mir in dieser Zeit, ob ich nicht ein großes Arbitragegeschäft starten sollte: Gold an der Börse kaufen, ausliefern lassen und dann beim Händler verkaufen. So einfach ist das aber nicht, und es lohnt sich nur bei großen Mengen. Wenn man Gold zum Zwecke der Auslieferung an der Börse kauft, dauert es mitunter Wochen, bis das Prozedere abgeschlossen ist und man sein Gold wirklich in den Händen hält.

Jedoch sollte man sich diese Möglichkeit (Kauf direkt an der Börse) immer vor Augen führen, für den Fall, dass das Gold wirklich ausverkauft ist. Die Börsen müssen es liefern. Das wäre die letzte Chance, im Krisenfall an das Edelmetall zu kommen. In Deutschland kann man Gold übrigens bequem über Xetra kaufen, den elektronischen Handel der Deutschen Börse. Auf der Internetseite der Börse steht ausführlich beschrieben, was man anstellen muss, um die Auslieferung des gekauften Goldes zu bewirken. Doch auch hier gilt: Je kleiner die Mengen, desto höher die Gebühren für die Auslieferung. Denn ein solcher Prozess ist nicht einfach – schließlich werden keine normalen Konsumgüter verschickt, sondern wertvolles Gold, das auch entsprechend versichert und transportiert werden muss.

WAS BRINGT DIE GOLDWÄHRUNG?

In der Geschichte der Menschheit galt Gold schon immer als Geld – über alle Kulturen hinweg. Erst mit dem Beginn des Ersten Weltkriegs im Jahr 1914 ging die Phase des freiwillig gewählten Goldstandards, in der es zu einem bisher nicht gekannten Aufblühen des Welthandels gekommen war, in einigen Ländern zu Ende, zum Beispiel in Deutschland. Die Folgen sind bekannt: Man verließ den Goldstandard, nicht etwa weil er nicht funktioniert hätte, sondern weil wertbeständiges Geld der Kriegsfinanzierung im Wege stand. Dazu war die Enteignung der breiten Massen in größtem Stil notwendig und deshalb bediente man sich des Papiergeldsystems. Manche Zeitgenossen behaupten gar, dass Kriege unter einem Goldstandard gar nicht möglich sind, weil man Gold eben nicht beliebig „drucken" kann. Dieses Gelddrucken aber ist notwendig, um eine Kriegsmaschinerie zu finanzieren. Immer wieder warnten Ökonomen vor den Konsequenzen durch die Einführung von Papiergeld. So schrieb der einflussreiche amerikanische Ökonom Irving Fisher (1867–1947) bereits zu Beginn des 20. Jahrhunderts, dass sich für fast jede Gesellschaft die Entscheidung für Papiergeld als Fluch erwiesen hätte. Doch solcherlei Prognosen verhallten ungehört. Das Problem: Am Anfang funktioniert ein zinsbasiertes Geldsystem komfortabel und scheinbar ohne Probleme – nur das Ende ist schrecklich.

Während traditionell die meisten Ökonomen das Thema „Geldsystem" völlig ausklammern und sogar ignorieren, beschäftigten sich einige wenige Wirtschaftswissenschaftler schon seit über 100 Jahren mit der Frage, welches das beste Tauschmittel ist. Kann Gold die Lösung sein? Oder freies Marktgeld à la Hayek? Ludwig von Mises (1881–1973), einer der wohl bedeutendsten liberalen Denker des 20. Jahrhunderts, erörterte die Vorteile des Goldes: „Die Goldwährung macht die Gestaltung der Kaufkraft von dem Einfluss der Politik und der schwankenden wirtschaftspolitischen

Anschauungen wechselnder politischer Majoritäten unabhängig. Das ist ihr Vorzug." Gold scheint viele Vorteile zu haben. Aufgrund der geologischen Gegebenheiten steigt der Vorrat an verfügbarem Gold nur langsam, etwa in der Größenordnung von einem bis drei Prozent pro Jahr. Daraus ergibt sich ein sinnvolles Geldmengenziel, denn um diesen Prozentsatz müsste unter normalen Bedingungen die Geldmenge wachsen. Eine Goldbindung des Geldes, so die Hoffnung ihrer Anhänger, würde den Einfluss des Staates auf die Geldpolitik minimieren und den inflationären Missbrauch der Notenpresse unmöglich machen.

Doch leider ist nicht alles Gold, was glänzt. Eine Währung auf Goldstandard hat durchaus Nachteile. Darüber hinaus ist auch beim Goldstandard das Hauptproblem eines Geldsystems nicht gelöst: der Zinseszinseffekt und die dadurch erzwungene drastische Geldvermehrung am Ende. Denn auch bei einem Goldstandard wird es Kredite geben, für die Zinsen gezahlt werden müssen – auch wenn diese Zinsen in Gold zu entrichten sind. Eventueller Vorteil: Bevor das System exponentiell in die Senkrechte geht, ist das Gold schon weg. Denn Gold ist bekanntlich endlich. Das bedeutet, dass man sich schon früher überlegen muss, wie es dann weitergeht. Papiergeld dagegen kann man noch eine ganze Zeit drucken, bevor auch dieses System scheitert. Dennoch: Sollte unser Geldsystem zerbrechen, dürfte es zunächst wohl keine Alternative zum Goldstandard geben.

Gehen wir mal davon aus, dass es im Falle einer Währungsreform nicht notwendigerweise zu bürgerkriegsähnlichen Unruhen kommen wird und alles in einer Form von globaler Selbstzerstörung oder gar Krieg endet, so ist damit zu rechnen, dass irgendwann auch wieder geordnete Verhältnisse herrschen. Denn Währungsreformen gab es schon immer, das ist bekanntlich nicht das Ende der Zeit. Wenn aber Papiergeldsysteme zusammenbrechen, dürfte es nicht gerade leicht sein, sofort ein „Ersatzpapiergeld" einzuführen. Wer sollte denn diesen Scheinchen noch trauen?

Andererseits ist reines Gold als Tausch- und Schmiermittel einer globalisierten Wirtschaft eher unpraktisch und auch unpraktikabel. Bekanntlich haben nicht alle Länder Gold, und die Goldreserven der einzelnen Staaten sind sehr unterschiedlich.

Davon abgesehen: Eine moderne Wirtschaft dürfte mit Gold als Austauschmittel kaum funktionieren. Dass jemand für ein paar Kilo Gold oder Silber ein Auto kauft, ist schlecht vorstellbar – von Ausnahmen abgesehen. Und wie soll das ablaufen, wenn man zum Bäcker geht, um ein Brot zu kaufen? Solche kleinen Goldeinheiten gibt es gar nicht, um damit Essbares in kleinen Mengen zu erwerben. Es gibt zwar Anhänger der Theorie, dass eine moderne Wirtschaft sehr wohl mit Gold als Tauschmittel funktionieren könne, aber ich halte es für eher unwahrscheinlich.

Viel wahrscheinlicher dagegen ist, dass wieder eine goldgedeckte Währung eingeführt wird. Dann können die Inhaber dieser Papierschnipsel zur Bank gehen und sich den entsprechenden Betrag in Gold auszahlen lassen, wenn sie das möchten.

Der US-Dollar war bis 1971 zumindest offiziell durch Gold gedeckt. Das hat über Jahrzehnte gut funktioniert, bis dann mehr Papier als Gold hergestellt wurde. Als die Franzosen Anfang der Siebzigerjahre ihre Dollarmilliarden in Gold tauschen wollten, sagte die US-Zentralbank plötzlich: „No." Das war eigentlich ein riesiger Skandal, der Dollar hätte daraufhin auf Tauchstation gehen müssen. Tat er aber nicht. Er blieb zum größten Erstaunen der Währungsexperten stabil. Grund genug, den Goldstandard aufzukündigen, und auch da passierte anfangs nicht Schlimmes mit dem Dollar. Allerdings hat er im Laufe der nächsten Jahrzehnte doch erheblich an Wert eingebüßt.

Der Dollar und die enormen Staatsschulden der USA stehen auch heute wieder im Blickpunkt. Dass die USA im Jahre 2010 für ihre Staatsschulden immer noch ein AAA von den Ratingagenturen bescheinigt bekamen, ist bekanntlich umstritten. Was also tun in einer solchen Situation?

Unter den Währungstheoretikern gilt es als ausgemachte Sache, dass der Dollar – und damit auch alle anderen Währungen – in Kürze crashen wird. Es gibt keine andere Möglichkeit, weil systembedingt die Schulden weiter steigen müssen und damit die Kaufkraft der Währung kontinuierlich ausgehöhlt wird. Möglicherweise gibt es aber auch einen Crash über Nacht, das heißt, die Menschen verlieren in einer Art Massenhysterie plötzlich den Glauben an die Währung, holen ihr Geld von der Bank und tauschen es in Sachwerte um.

Für diesen Fall muss ein Plan B her und manche Währungstheoretiker glauben auch, dass dieser Plan B bereits besteht. Wie also muss eine neue Währung beschaffen sein, damit sie von der Bevölkerung auch akzeptiert wird? Richtig: Sie muss goldgedeckt sein. Und jeder muss das überprüfen können, indem er bei der Bank für sein Papier entsprechendes Gold bekommt. Davon werden wohl am Anfang recht viele Menschen Gebrauch machen, denn das Vertrauen in die neue Währung dürfte zunächst einmal gering sein. Nach einer gewissen Zeit wird sich das Misstrauen dann aber wieder legen und alles geht wieder von vorne los. Der „Reset-Button" wurde erfolgreich gedrückt.

Damit Plan B funktioniert, muss natürlich genug Gold vorhanden sein. Deshalb glauben Beobachter auch, dass Zentralbanken derzeit unbemerkt Gold kaufen – insbesondere die US-Notenbank wird verdächtigt, ein heimlicher Käufer zu sein. So lautet die nicht abwegige Theorie, dass im Falle eines Falles der neue Dollar eine Golddeckung haben wird.

Schon aus diesem Grund dürfte die Nachfrage nach Gold in Zukunft eher zu- als abnehmen – theoretisch zumindest. Das bedeutet jedoch nicht, dass notwendigerweise auch der Preis für das Edelmetall dramatisch ansteigt. Denn das wäre ja geradezu ein Alarmsignal für die Finanzmärkte. Deshalb dürfte man von offizieller Seite alles daran setzen, den Goldpreis weiterhin in Schach zu halten, ihn nur moderat steigen zu lassen oder gar nach unten zu manipulieren. Und genau das geschieht derzeit nach Ansicht einiger Beobachter. Das Perfide an dem Spiel: Der Preis wird künstlich gedrückt, damit sich Notenbanken, insbesondere die US-Notenbank, billig mit dem Metall eindecken können. Und damit wären wir schon beim nächsten Thema: Wie funktioniert die Goldpreismanipulation eigentlich?

GOLDPREISMANIPULATION

Papier ist bekanntlich geduldig. Und wenn man Papiergeld in beliebigen Mengen herstellen kann, kann man damit auch allerhand Unsinn anstellen. So gibt es seit Jahren nicht nur Gerüchte, sondern auch konkrete Hinweise, dass einige wenige Player (unter anderem US-Banken) an der US-Rohstoffbörse den Preis der Edelmetalle (auch Silber) künstlich drücken. Dies geschieht mit komplizierten Derivaten, Optionsgeschäften und direkten Leerverkäufen. Es wird also etwas verkauft, was man gar nicht hat. Die Spekulation baut darauf, dass der Preis irgendwann sinkt und man dann billiger wieder eindeckt. Die Differenz ist dann der Gewinn. Doch der Preis für das Edelmetall ist in den vergangenen Jahren sehr stark gestiegen. Dies müsste also für die Baisse-Spekulanten ein riesiges Verlustgeschäft sein. Bis jetzt ist aber noch keiner der großen Player an der Fehlspekulation pleitegegangen, obwohl die Leerverkaufspositionen mittlerweile gigantische Dimensionen erreicht haben.

Schon seit Längerem wird in den USA beobachtet, dass einige wenige Player riesige Leerverkaufspositionen vor sich herschieben. Denn an den „Papierbörsen" ist es nicht notwendig, einen abgelaufenen Kontrakt mit physischer Ware einzudecken, sondern man kann ihn praktisch beliebig in die Zukunft verschieben und die Differenz in Geld bezahlen – Papiergeld, von dem die Banken ja bekanntlich fast nach Wunsch aus dem Nichts schöpfen können. Die Positionen werden dann in den nächsten Monat oder auf einen beliebigen Termin in der Zukunft „gerollt", wie es im Fachjargon heißt.

Das bedeutet im Klartext: Selbst wenn man auf riesigen Verlusten sitzt, weil der Preis trotz des Leerverkaufsangriffs steigt, muss man diese Verluste nicht bezahlen oder gar das entsprechende Gold liefern, sondern man schreibt einfach einen neuen Zettel aus, der die Liefer- beziehungsweise Zahlungsverpflichtung in die Zukunft verlegt. Dieses Spiel könnte theoretisch unendlich weitergehen. Aber selbstverständlich kommt auch hier irgendwann mal der Tag der Abrechnung.

Doch in der Zwischenzeit erreichen die Player genau das, was ihnen aufgetragen wurde: Der Goldpreis bleibt relativ niedrig oder steigt nicht so stark an, wie es im freien Spiel der Kräfte in einer freien Marktwirtschaft eigentlich sein sollte.

Über diese kriminelle Vorgehensweise regen sich derzeit viele eingefleischte Goldbugs auf. Sie werfen den Finanzinstituten ein verbrecherisches Handeln zum Zwecke der Goldpreisdrückung vor. Dem ist wahrscheinlich auch so. Die Handelszahlen an der Terminbörse in den USA, wo entsprechende Kontrakte gehandelt werden, sind jedenfalls beeindruckend. Und immer sind es nur einige wenige große Geldhäuser, die durch verdächtige Handlungsweise auffallen. Doch auch auf Nachfragen äußern sie sich nicht zu ihren Positionen. Schweigen im Papierwald. Allein der Eindeckungsbedarf würde den Goldpreis in ungeahnte Höhen katapultieren. Gleiches trifft übrigens auch auf Silber zu. Denn die Banken haben schließlich etwas verkauft, was sie gar nicht besitzen und was sie sich anderweitig auf dem physischen Markt besorgen müssten, sprich: reales Gold.

Die Gesetze lassen jedoch zu, dass sie genau das nicht tun müssen, sondern einfach ihre entsprechenden Positionen verlängern können. Und das Geld, die Margin, die sie dafür brauchen, schöpfen sie dabei gleich selbst aus dem Nichts. Kein Wunder, dass der Goldpreis nur zögerlich nach oben geht. Doch das Spiel dürfte sich nicht unendlich so fortsetzen.

Manchmal sind diese Eingriffe in den Goldpreis auch für Beobachter ganz offensichtlich. In zahlreichen Fällen kann man mit eigenen Augen verfolgen, wie sich der Goldpreis im Laufe des Tages nach oben bewegt. Doch wenn die Amerikaner wach werden, gibt es plötzlich einen Schlag nach unten, meistens zwischen 14 und 15 Uhr. Im Verlaufe des US-Handels geht es dann innerhalb des Tages noch weiter abwärts, bis zum Handelsschluss Tagestiefpunkte erreicht werden. Wenn die Amis dann schlafen gehen, springt der Goldpreis anderntags in Asien wieder nach oben, um dann im Verlauf des weltweiten Handels wieder abzusacken. Es gibt zahlreiche Statistiken über diesen auffälligen Kursverlauf, den man schon seit mindestens einem Jahrzehnt beobachten kann.

Einer der Ersten, die gegen diese Machenschaften auch gerichtlich vorgingen, war der US-Anwalt und Goldanalyst Reginald Howe. Der Berater des Gold Anti-Trust Action Committee (GATA), einer Organisation, die sich dem Kampf gegen die vermeintliche Goldmarktmanipulation verschrieben hat, reichte deshalb bereits im Dezember 2000 Klage beim United States District Court/District of Massachusetts in Boston ein.

Diese Klage hatte es wahrlich in sich, denn keine Geringeren als die Ikonen des Finanzsystems standen auf der Anklageliste – auch der damalige Finanzminister Larry Summers sowie Ex-US-Notenbankchef Alan Greenspan. Auf der Bankenseite waren unter anderem die Bank für Internationalen Zahlungsausgleich (BIZ), JP Morgan, Goldman Sachs und auch die Deutsche Bank angeklagt.

„In betrügerischer Weise hat das Kartell den Preis für das Edelmetall über Jahre auf ein künstlich niedriges Niveau manipuliert", behauptete Howe. Das Okay für die Machenschaften sei aus dem Weißen Haus gekommen. Die Hauptrolle in der Konspiration spielt laut Howe die BIZ in Basel. Die Absprachen verliefen nach dem Konsens „Nur ein tiefer Goldpreis ist ein guter Goldpreis". Damals trat der Goldkurs lange Zeit auf der Stelle in einer Schwankungsbreite zwischen 270 und 300 Dollar. Laut GATA hätte der Preis für die Unze schon im Jahr 2000 bei 600 Dollar liegen müssen.

Drängt der Kurs zu sehr nach oben, werde laut GATA Gold in New York und London, den wichtigsten Handelsplätzen, auf den Markt geworfen. „Die Zentralbanken sind bereit, Gold in großen Mengen zu verleihen, falls der Preis steigt", bestätigte Greenspan im Juli 1998 vor dem Bankenkomitee des US-Repräsentantenhauses.

Für Howe ein klarer Fall: „Das Statement kommt der Erklärung gleich, dass der Goldpreis kontrolliert wird."
Bis heute gab es immer gab es immer wieder Versuche, die Goldpreismanipulation aufzudecken. Doch das Finanzkartell hat es stets geschafft, die Angelegenheit unter den Teppich zu kehren.
Fakt scheint allerdings zu sein: Niemand hat derzeit ein Interesse daran, den Goldpreis in schwindelnde Höhen klettern zu sehen, denn das wäre für alle ein ernst zu nehmendes Alarmsignal, eine Warnung, dass irgendetwas faul ist – und das soll mit allen Mitteln verhindert werden.
Doch die Stunde der Abrechnung rückt näher. Kein System der Welt kann ewig manipuliert werden. Und wenn die künstliche Goldpreisdrückung endet, springt der Preis nach oben. Manch einer vermutet sogar, dass die Kurssprünge dann hundertdollarweise stattfinden und das Edelmetall schnell in Richtung 6.000 Dollar pro Unze klettern wird.
Bis dahin dürfte allerdings noch etwas Zeit vergehen. Zeit für die US-Notenbank, sich günstig mit dem begehrten Metall einzudecken. Zeit, in der man das Gold anderen Notenbanken auf niedrigen Niveaus abluchsen kann. So wird zum Beispiel in die Geschichte eingehen, dass ausgerechnet der britische Schatzminister Gordon Brown bei einem Goldpreis von 250 Dollar pro Unze Anfang des neuen Jahrtausends große Teile der Goldbestände der Bank of England zu Schleuderpreisen verhökert hat. Darüber schüttelt man in der Finanzwelt heute noch den Kopf.
Strategisches Ziel der Goldpreisdrückung ist also einerseits, weiterhin billig selbst Gold zu kaufen und es anderen Marktteilnehmern aus den Tresoren zu locken, und andererseits, die Menschen nicht durch zu hohe Edelmetallpreise zu verunsichern. Wie lange kann dieses Spiel dauern? Mittlerweile haben die Leerverkaufspositionen eines manchen großen Players riesige Ausmaße angenommen: Allein im Oktober 2010 waren diese Positionen so groß, dass bei Gold rund 130 Produktionstage gebraucht werden, um all

das leer verkaufte Gold überhaupt einzudecken. Mit anderen Worten: Müssten die Spekulanten jetzt aus irgendeinem Grund ihre Positionen wirklich eindecken und mit physischer Ware – also echtem Gold – begleichen, ginge das gar nicht. Alle Minen dieser Welt müssten erst einmal 130 Tage lang Gold produzieren, um diesen Betrag überhaupt herzustellen. Daran sieht man recht deutlich, wie verfahren die Situation ist.

Eine Alternative für die Leerverkäufer bestünde darin, dass sie im Falle der Auslieferung das Gold aus vorhandenen Beständen kaufen müssten – was dann aber mit dem Goldpreis passieren würde, kann sich jeder vorstellen: Er ginge wie eine Rakete nach oben. Eine andere Frage ist dabei, ob es überhaupt möglich ist, dieses Gold aus den großen Goldlagerbeständen von beispielsweise Notenbanken zu beziehen. Wahrscheinlich eher nicht, denn dann wären sie ja ihr Gold los – Gold, das sie aber sehr wahrscheinlich sowieso nicht mehr haben, weil es verliehen oder veroptioniert ist. Es war nämlich eine Zeit lang große Mode, dass die Zentralbanken ihr Gold gegen geringe Zinsen verliehen, um damit Extra-Einnahmen zu generieren. Ob sie dieses verliehene Edelmetall je wiedersehen werden, darf angezweifelt werden. Es dürfte schon längst in den unendlichen Weiten des Finanzsystems verloren gegangen sein und nur noch auf dem Papier existieren.

Ich bin der Meinung, dass man sich über dieses kriminelle Vorgehen nicht zu sehr ärgern und den Kopf zerbrechen sollte. Man sollte es vielmehr als eine willkommene „Goldpreis-Subvention" betrachten, die es auch Späteinsteigern noch ermöglicht, zu erschwinglichen Preisen zu kaufen. Und wer schon Goldvorräte hat, kann sie damit immer noch billig aufstocken – dank der Goldpreismanipulation in den USA, die eigentlich einem ganz anderen Zweck dient.

Also greifen Sie zu, solange der Goldpreis noch nach unten gemogelt wird. Irgendwann fliegt der ganze Schmu auf und dann geht der Kurs durch die Decke.

WO IST ALL UNSER GOLD?

Deutschland hat (laut Auskunft der Deutschen Bundesbank) nach den USA die größten Goldreserven – zumindest auf dem Papier. Der Goldschatz war Ende 2010 rund 100 Milliarden Euro wert. Verantwortlich für das deutsche Gold ist die Bundesbank. Offiziell weist die Zentralbank 3.412 Tonnen Goldreserven aus. Schön, dass wir Deutsche so viel Gold haben – die Frage ist aber, ob wir es auch wirklich besitzen. Da scheint es einige Probleme zu geben, denn nur geringe Teile des deutschen Goldes lagern tatsächlich in Deutschland. Der allergrößte Anteil befindet sich in ausländischen Tresoren. Nur wo genau liegt unser aller Goldschatz? Auf Fragen nach dessen Verwahrort geben sich die Bundesbanker äußerst zurückhaltend: Das Gold lagere in eigenen Tresoren im Inland, Bestände würden aber auch im Ausland bei Zentralbanken verwahrt, so ein Bundesbank-Sprecher gegenüber der *WirtschaftsWoche*. Goldbestände lagerten in New York bei der Federal Reserve Bank und in London bei der Bank of England. Dies habe sich „historisch und marktbedingt so ergeben", weil das Gold an diesen Handelsplätzen einst an die Bundesbank übertragen wurde. Ein kleiner Teil werde auch in Paris bei der Banque de France verwahrt. Die Lagerung im Ausland sei betriebswirtschaftlich sinnvoll, solange sie kostengünstiger sei als der Transport nach Deutschland und der Bau zusätzlicher Tresoranlagen.

Auf eine offizielle Nachfrage hat die Pressestelle der Deutschen Bundesbank die Frage „Wo ist unser Gold?" folgendermaßen beantwortet: „Bei der Verwaltung der Währungsreserven im Allgemeinen, wie auch der Goldbestände, lässt sich die Bundesbank von den Grundsätzen der Sicherheit, Kosteneffizienz und Liquidität leiten. Lagerstellenwechsel sind dabei nicht generell ausgeschlossen. Die Verwaltung der Währungsreserven ist eine Aufgabe, die der Bundesbank als Teil des Europäischen Systems der

Zentralbanken zugewiesen ist. Bitte haben Sie Verständnis dafür, dass wir Ihnen keine näheren Angaben zur Verwaltung der Währungsreserven machen können. Insbesondere mit Blick auf den vertraulichen Charakter der Angaben zu den Lagerstätten der Goldbestände können wir Ihnen nicht genauer mitteilen, an welchen Orten welche Mengen Gold gelagert werden. Auch zu Goldgeschäften können wir Ihnen mit Rücksicht auf den geschäftspolitischen Charakter keine näheren Auskünfte erteilen." So weit das offizielle Statement aus dem Jahr 2010. Auch ich habe mich bei der Bundesbank über den Verbleib unseres Goldes erkundigt, doch die Auskunft war eher mager. Selbst ein Gespräch mit einem ehemaligen Bundesbankpräsidenten brachte keine Details. Deutsches Gold im Ausland? Eines der bestgehüteten Geheimnisse in Deutschland.

„Alle Insider haben keinen Zweifel daran, dass der allergrößte Teil der deutschen Goldreserven in den USA liegt. Und zwar nicht in Fort Knox, wie oft kolportiert wird, sondern im Keller der Federal Reserve Bank in New York, also unter dem Straßenpflaster von Manhattan", so das Urteil des renommierten Goldexperten Bruno Bandulet. Auch andere Kenner der Materie sehen den Verbleib des deutschen Goldes eher skeptisch – zum Beispiel Dimitri Speck, der in seinem Buch *Geheime Goldpolitik* ausdrücklich die Frage nach dem Verbleib deutschen Goldes stellt. Nach seinen Schätzungen lagern bei der US-Zentralbank in New York mehr als die Hälfte der deutschen Goldbestände, nämlich 66 Prozent. Bleibt zu hoffen, dass die Kollegen in New York die Deutsche Bundesbank nicht ausgetrickst haben. Denn zu der Merkwürdigkeit, dass das meiste deutsche Gold im Ausland lagert, gesellt sich noch ein viel größerer Skandal: Der Bundesbank oder deutschen Behörden wird schon seit Jahrzehnten der Zutritt zu den US-Tresoren verweigert, um den Goldschatz zu kontrollieren. Es tun sich hier mehr und mehr berechtigte Zweifel auf, ob das Gold tatsächlich noch da ist.

Gemäß den Schätzungen von Dimitri Speck befindet sich der zweitgrößte Teil des deutschen Goldes in den Tresoren Großbritanniens, nämlich bei der Bank of England. Acht Prozent lagern in Paris und nur mickrige vier Prozent des deutschen Goldes lagern tatsächlich noch bei der Bundesbank. Im Grunde genommen ist es ein Skandal, dass unsere Zentralbank keine konkrete Auskunft darüber gibt, wo sich unser Gold befindet. Sie muss ja nicht die konkreten Positionsdaten des Edelmetalls nennen – der Ort und das Land würden ja schon genügen. Doch das bleibt eines der bestgehüteten Geheimnisse. Eines aber scheint zugegeben worden zu sein: Lediglich der geringste Teil des deutschen Goldes lagert im Inland. Das Gros liegt in den USA. Ob es dort aber tatsächlich noch vorhanden ist, daran zweifeln immer mehr Experten.

Die Geheimnistuerei der Bundesbank mag ihren Grund haben. Wahrscheinlich ist das deutsche Gold in amerikanischen Tresoren nämlich schon längst verkauft, verliehen, verswapt – jedenfalls in irgendeiner Weise gegen Papierforderungen eingetauscht, was wirklich verhängnisvoll wäre. Denn im Falle eines Systembruchs wären diese Forderungen nichts mehr wert. Fakt ist auch, dass alle Repatriierungsversuche ehemaliger Bundesbankchefs gescheitert sind. Das mag Gründe haben. Welche genau, darüber darf spekuliert werden.

Peter Bakstansky, ehemaliger Vizepräsident der New Yorker Federal Reserve, wurde schon 1977 mit den Worten zitiert: „Wir haben hier 700.000 Goldbarren, die Währungsgoldreserven von insgesamt 60 Ländern. Hier befindet sich der größte Goldschatz der Erde." Mit einem damaligen Wert von rund 124 Milliarden Dollar – 1977. Seitdem hat sich der Preis des Goldes fast verzehnfacht! Neuere Schätzungen zeigen, dass die USA sogar insgesamt 6.000 Tonnen ausländischen Goldes in ihren Tresoren verwalten.

Doch niemand darf seine Goldbestände überprüfen, denn das amerikanische Schatzamt lässt schon seit mehr als 50 Jahren keine unabhängige Prüfung der in den USA eingebunkerten Goldbestände mehr zu. Rein theoretisch könnte also der Tresor der Federal Reserve Bank in Manhattan leer sein – und niemand würde es merken. Kein Wunder, dass die Amerikaner alles daran setzen, den Zugang zu den Goldtresoren zu verweigern oder gar Teile der Goldbestände an die rechtmäßigen Besitzer auszuhändigen. Diese Erfahrung musste auch der ehemalige Bundesbankchef Karl Blessing machen.

Historischer Hintergrund ist das als „Blessing-Brief" bekannt gewordene Zugeständnis von Karl Blessing an die Amerikaner. Das Originaldokument ist bis heute nicht aufgetaucht, Insider sind jedoch fest davon überzeugt, dass es existiert. Blessing stand von 1958 bis 1970 der Bundesbank vor. Ende der Sechzigerjahre verlangten die USA einen neuen finanziellen Ausgleich für ihre Stationierungskosten in Deutschland. Da Bonn zahlungsunwillig war, einigte man sich angeblich darauf, dass die Bundesbank ihre Goldreserven nicht aus den USA abziehen werde, solange die USA militärische Stützpunkte in Deutschland unterhalten. Seitdem sind bekanntlich 50 Jahre vergangen. Die US-Soldaten sind mittlerweile aus Deutschland abgezogen. Aber unser Gold haben wir trotzdem nicht zurückbekommen und der Zutritt zum Tresor, in dem es angeblich lagert, wird nach wie vor verweigert.

Im Januar 2011 ist dann übrigens tatsächlich ein „Blessing-Brief" aufgetaucht. Darin versicherte der damalige Bundesbankchef zwar nicht, die Goldreserven in den USA belassen zu wollen, sondern er versprach den Amerikanern ganz devot, die Dollarreserven der Bundesbank nicht in Gold umzutauschen – wozu Deutschland 1967 bekanntlich jederzeit das Recht gehabt hätte, denn der Dollar war damals ja noch goldgedeckt. Beobachter vermuten, dass es zusätzlich zu diesem Brief noch ein anderes Dokument gibt, in dem auch versprochen wird, dass deutsches Gold in den USA verbleibt. Man fragt sich in diesem Zusammenhang, warum sich ein deutscher Bundesbankchef genötigt sieht, der US-Zentralbank mitzuteilen, dass man ihre Dollarreserven nicht in Gold umtauscht? Ist er möglicherweise dazu gezwungen worden? Hatten die Amerikaner Angst, dass ihnen der Goldstandard um die Ohren fliegt, wenn die Deutschen erst mal anfangen, ihre Dollars in Gold umzumünzen? Zurück zum Goldbunker in den USA: Nicht nur ausländischen Goldbesitzern ist es nicht gestattet, in den USA ihre Bestände zu kontrollieren. Auch die US-amerikanische Zentralbank selbst lässt keine unabhängigen Prüfer ins Haus. Und das macht die Sache noch mysteriöser – und ruft immer mehr Kritiker auf den Plan. In ganzseitigen Anzeigen verlangte die US-Organisation GATA Auskunft darüber, was mit dem US-Gold geschehen ist, sowie einen einwandfreien Nachweis darüber, dass es, wie versprochen, in den Tresoren der Zentralbank lagert. Doch trotz aller Proteste und öffentlichen Aufrufe: Das Geheimnis wurde nicht gelüftet. Es wurde lediglich behauptet, dass das Gold noch da sei.

GATA befürchtet nun das Allerschlimmste: nämlich, dass es dieses Gold gar nicht mehr gibt. Dass es verkauft, in komplizierten Börsentermingeschäften verliehen oder für andere Zwecke hergegeben wurde. Andere Gerüchte besagen, dass die Zentralbank das Gold schlicht und ergreifend verkauft hat, um den Goldpreis zu drücken oder ihre Bilanz aufzupolieren. Bleibt zu hoffen, dass es nur ihr eigenes Gold war, dass da auf den Markt geworfen wurde, und nicht jenes, das von ausländischen Besitzern stammt. Richtig unterscheiden wird man sicherlich nicht können. Und wenn in den Tresoren der US-Zentralbank deutsches Gold tonnenweise auf die Seite der USA geschoben worden wäre, dann würden wir es gar nicht bemerken. Wie und was in den Goldkellern der USA verschoben wurde, könnte am Ende niemand mehr feststellen. Denkbar wäre auch, wenn die Deutschen wirklich mal zur Kontrolle vorbeikämen, dass man ihnen einfach sagen würde: „Da vorne, in der Ecke, das ist euer Gold." Kaum ist der Prüfer aus dem Raum, wird der Goldberg dann wieder in eine andere Ecke geschoben. Höchste Zeit also, eine echte Bestandsaufnahme zu machen. Aber wahrscheinlich wird es nie dazu kommen. So bleibt es wohl am Ende bei der Goldillusion. Wenn wir unseren Schatz wirklich in Besitz nehmen wollten, dann würde man es uns das Gold entweder gar nicht geben oder es würde lapidar mit dem Kopf geschüttelt: „Leider nicht mehr da …"

Ich selbst habe in ganzseitigen Anzeigen in den USA die Aufrufe von GATA gesehen: „Wo ist unser Gold?", wurde dort immer wieder in riesigen Lettern gefragt. Die Antwort steht bis heute aus.

DER GOLDBETRUG

Offiziell sind die Notenbanken die größten Edelmetallhalter, und wie ich schon erörtert habe, ist die Bundesbank die Nummer zwei der globalen Goldbesitzer. Die Tatsache, dass alle Notenbanken so ein großes Geheimnis um den physischen Verbleib ihrer Goldreserven machen, mag einen ganz einfachen Hintergrund haben: Es ist schlicht und ergreifend nicht mehr da. Ursache: fraktionales Banking. Warum soll es beim Gold anders laufen als beim Geld?

Wie bereits erklärt, basiert das Banksystem darauf, dass jeder eingezahlte Euro rund zehnmal verliehen wird. Das geht auf die Erfahrung zurück, dass nur ein Bruchteil der Bankkunden an das Geld heranwill und es sich wirklich auszahlen lässt. Also wird nicht ein Euro verliehen, sondern zehn Euro. Einem echten Euro stehen neun aus dem Nichts geschöpfte Euro gegenüber – fraktionales Bankensystem. Eines der Hauptprobleme eines solchen Systems: Würden aus irgendeinem Grund plötzlich alle Kunden ihr Geld zurückverlangen, müsste die Bank zugeben, dass es leider nicht mehr da ist.

Ähnlich funktioniert es augenscheinlich auch beim Gold: Eine Notenbank hat ein Kilo Gold, das „nutzlos" in den Tresoren lagert. Was liegt da näher, als es zu verleihen? Gegen Zinsen, versteht sich. Da jedoch das Gold nicht physisch ausgeliefert, sondern nur per schriftlicher Vereinbarung übertragen wird, liefert die Notenbank nicht den Goldbarren, sondern einen entsprechenden Schein, der in der Finanzwelt anerkannt wird.

Nun stellt die Notenbank fest, dass nur in ganz seltenen Fällen wirklich auf die physische Auslieferung bestanden wird. Dies ist auch gerade bei größeren Goldmengen aufgrund von logistischen und sicherheitstechnischen Problemen praktisch fast unmöglich. Wie will man eine Tonne Gold von A nach B transportieren? Also erklärt sich der Käufer damit einverstanden, dass das

Gold bei der Notenbank bleibt und nur „umgeschrieben" wird. In einer Ecke des riesigen Tresors steht dann rein theoretisch auf einem Schild: „Verliehen an Mister Müller".

Da dieser Mister Müller aber wahrscheinlich nicht vorbeikommen wird, um sein Gold abzuholen, bietet es sich doch eigentlich an, genau den gleichen Haufen Gold noch mal zu verleihen und damit die Zinseinnahmen zu verdoppeln. Und so weiter. Mit anderen Worten: Es ist wohl davon auszugehen, dass die Notenbanken ihr Gold mehr als einmal, wahrscheinlich sogar ebenfalls zehnmal verliehen haben. Noch schlimmer: Selbst wenn Notenbanken Gold verkaufen, passiert eigentlich physisch gar nichts. Auf den entsprechenden Haufen Gold wird nur ein Zettel geklebt mit der Aufschrift: „Verkauft an Mister Meier". Aber das Gold lagert nach wie vor im gleichen Tresor, aus den Gründen, die ich eben schon erwähnte. Also wäre es verlockend, die gleiche Menge nochmals zu verkaufen, weil man ja fast sicher davon ausgehen kann, dass der Käufer nicht vorbeikommt, um den Schatz mitzunehmen. Die gleiche Menge Gold – zigmal verliehen, zigmal verkauft?

Viele Beobachter gehen davon aus, dass genau dieses Spielchen bei den großen Notenbanken so abläuft. Und natürlich ist das Spiel in der Realität noch viel komplizierter, mit Swaps, Optionen, Vorwärts- und Rückwärtsverkäufen sowie Derivaten von hochkomplexer Finanzmathematik. Doch all dies hat letztlich eine Konsequenz: Falls wirklich mal jemand kommt, um seinen Goldbestand zu überprüfen oder gar mitzunehmen, dürfte dieser Schmu auffliegen. Das wäre dann gleichbedeutend mit dem Ende des Finanzsystems, so wie wir es kennen. Oder umgekehrt: Wenn das System bricht und die Goldbesitzer an ihr Gold wollen, dann werden sie feststellen, dass es nicht mehr verfügbar ist und sich in der komplexen Derivatewelt verflüchtigt hat.

Diese Vorgehensweise erklärt auch, warum die Bundesbank ein solch merkwürdiges Geheimnis um den Verbleib der deutschen

Goldreserven macht und alle Aufforderungen, deutsches Gold zu repatriieren, vom Tisch wischt. Die Bundesbank weiß genau, wie das Spiel läuft und dass es praktisch unmöglich ist, eigene Goldbestände abzurufen, ohne dass der Betrug auffliegt. Deshalb ist es notwendig, einfach so zu tun, als wäre man noch im Besitz des Edelmetalls, und eine Welt vorzugaukeln, in der alles in Ordnung ist. Doch der Krug geht so lange zum Brunnen, bis er bricht. Irgendwann fliegt alles auf.

Deshalb ist es äußerst wichtig, seine persönliche Goldvorsorge nur mit eigenen physischen Beständen aufzubauen, die keineswegs in einem Banktresor lagern dürfen! Und selbstverständlich kauft man Gold auch nicht auf „Papier", also in Form von börsenverbrieften Versprechungen (ETFs, Goldfonds und so weiter), denn diese sind lediglich Mitspieler in diesem riesigen Betrugsmonopoly. Im Zweifelsfall werden die Versprechungen nicht eingehalten.

IST GOLD BEI DER BANK SICHER?

Im Dezember 2010 berichtete die Internetseite *Kingworldnews*
(KWN), dass eine Schweizer Bank einem Kunden verweigerte,
Gold im Wert von 40 Millionen Dollar auszuliefern. Nur durch
Drohungen rückte die Bank das Edelmetall nach Angaben von
KWN schließlich doch heraus, allerdings erst später und nach
langem Hin und Her. Offenbar hatte die Bank, die allerdings
nicht genannt wurde, Schwierigkeiten, an das Gold heranzukommen. Den Gegenwert in Geld hätte der Kunde dagegen jederzeit
haben können. Doch wer ist im Ernstfall schon an Papierscheinen
interessiert?
„Es wurden Rechtsanwälte eingeschaltet, die Öffentlichkeit wurde mobilisiert, es bedurfte großen Drucks, um dran zu kommen,
was meiner Meinung nach daran liegt, dass das Gold nicht da
war. Die Bank musste sich beeilen und es irgendwo auftreiben", so
die Interpretation des Kunden im Hinblick auf die zögerliche
Haltung seiner Bank.
Von ähnlichen Vorfällen berichtet auch der Goldexperte James
Turk. Er verwies auf einen aktuellen Fall, bei dem eine Schweizer
Bank Schwierigkeiten hatte, Silber im Wert von 550.000 Dollar
auszuliefern. Dies sei laut Turk eine Bestätigung dafür, dass die
Banken nicht nur Schwierigkeiten bei größeren Abholungen hät-
ten, sondern dass auch bei kleinen Mengen Probleme bei der physi-
schen Aushändigung bestünden. Im vorliegenden Fall bestand die
Bank darauf, statt des Silbers das Äquivalent an Geld auszuzahlen.
Das erstaunte den Kunden umso mehr, als er seit den späten Neun-
zigern eine Lagergebühr für sein Silber entrichten musste. Der
Kunde ging also davon aus, dass die Bank sein Silber auch tatsäch-
lich einlagerte. Dies scheint aber offenbar nicht der Fall zu sein. Für
Turk ist der Vorfall Anlass, noch einmal darauf hinzuweisen, Edel-
metalle sicherheitshalber außerhalb des Bankensystems zu lagern.
Wie *MMnews.de* erfuhr, sind die Schwierigkeiten der physischen

Auslieferung bei Banken kein Einzelfall. Es handelt sich offenbar um die sogenannte Sammelverwahrung. Im Kleingedruckten steht allerdings, dass die Geldhäuser tatsächlich nicht verpflichtet sind, die Edelmetalle einzulagern, und dass der Kunde im Zweifelsfall nur Anspruch auf den entsprechenden Geldbetrag hat. Dies könnte natürlich im Ernstfall fatale Folgen für die Edelmetallbesitzer haben: Sie kommen in der Krise nicht an Gold und Silber heran, weil einfach zu viele Kunden ihre Edelmetalle abholen wollen und diese im Zweifelsfall gar nicht mehr bei der Bank sind.

Anstatt Edelmetalle tatsächlich zu kaufen, garantieren Banken bei der Sammelverwahrung oft nur den Gegenwert in Geld. In der Zwischenzeit verdienen die Institute Zusatzeinnahmen mit dem Geld ihrer Kunden, weil sie dieses ja tatsächlich nicht für die Edelmetalle ausgegeben haben. Eine andere Variante besteht darin, die Edelmetalle zwar zu kaufen, aber dann zu verleihen, um auf diese Weise Zusatzeinnahmen zu erzeugen. Davon erfährt der Kunde natürlich nichts.

Die Angelegenheit scheint analog zum fraktionalen Bankensystem zu funktionieren: Da nur wenige Kunden ihre Edelmetalle tatsächlich physisch haben wollen, werden diese entweder erst gar nicht gekauft oder gegen Zinsen ausgeliehen. Der Goldkäufer erhält lediglich einen Papierzettel auf dem steht: „X Barren Gold gekauft". Darauf dürfte im Kleingedruckten auch hingewiesen worden sein. Und welcher Käufer schaut schon später mal bei der Bank vorbei, um festzustellen, ob sein Gold wirklich eingelagert wurde? Selbst wenn er das wollte, dürfte dies in der Praxis ziemlich schwierig sein, bei Tausenden von Kunden, die möglicherweise ihr Gold in einem einzigen großen Tresor gelagert haben.

Im Zusammenhang mit der Sammelverwahrung von Gold sei auch noch auf einen besonders wichtigen Punkt hingewiesen: Edelmetalle unterliegen nicht dem Einlagensicherungsfonds und sind eine Form von Sondervermögen. Falls die Bank pleitegeht, gibt es also keine Haftung oder staatliche Garantie.

Das Gleiche gilt übrigens auch für Aktien: Die Depotbank hat die Möglichkeit, die Aktien ihrer Kunden zu verleihen und damit Geld zu verdienen, ohne den Besitzer darüber zu informieren. Mehr noch: Depotbanken können sogar Aktienbestände mehrfach verleihen. Hier wiederum die gleiche interne Begründung: Nur wenige Kunden machen von ihren Aktienbeständen Gebrauch, indem sie diese zum Beispiel verkaufen. So entsteht ein vollkommen verzweigtes System von Aktienverleihungen, das im Ernstfall dazu führt, dass der eigentliche Besitzer nicht mehr an seine Stücke herankommt. Das ist dann der Fall, wenn eine Bank pleitegeht. So geschehen zum Beispiel bei der Lehman-Pleite. Auch Lehman hatte Aktien seiner Kunden mehrfach verliehen, um Zusatzeinnahmen zu generieren. Nach der Pleite war es deshalb nicht mehr möglich, dem eigentlichen Besitzer die Aktien zurückzugeben, weil sie schon weg waren. Der Kunde verlor damit Millionen bei Lehman, ohne Ansprüche auf Schadenersatz geltend machen zu können – in der Insolvenzmasse von Lehman war bekanntlich nicht mehr viel zu holen.

Wer nicht möchte, dass seine Aktien hinter seinem Rücken verliehen werden, der muss seiner Depotbank darüber schriftlich Mitteilung machen. Diese wird dann höhere Depotgebühren verlangen. Argumentation: Nur durch die Wertpapierleihe werden bei der Depotbank Zusatzeinnahmen generiert, die überhaupt erst die niedrigen Depotgebühren ermöglichen.

Und was Gold und Silber angeht: am besten gleich von der Bank abholen und selbst verstecken. Auch ein Schließfach ist bei einer Bankenpleite bekanntlich schwer zu erreichen. Darüber hinaus bergen Schließfächer noch andere Gefahren. Es ist durchaus denkbar, dass der Staat irgendwann einfach Schließfächer konfisziert. Denn es ist ja wohl klar, was in der Regel in einem Schließfach lagert: Schwarzgeld. Darüber hinaus werden bei einem möglichen Goldverbot zuerst die Schließfächer bei Banken zwangsgeöffnet – so ist es zumindest in den USA passiert. Näheres zu diesen beiden brisanten Themen in den nächsten Kapiteln.

WIRD DAS GOLD KNAPP?

Gold gab es auf unserem Planeten noch nie in üppigen Mengen, doch früher war es zum einen viel einfacher aufzuspüren als heute und zum anderen offenbar auch in größeren sichtbaren Mengen vorhanden. Davon zeugen die vielen sagenumwobenen Goldrushs in den USA, aber auch in Australien.

Damals stieß man eher zufällig auf Goldfunde, und das löste dann gleichzeitig auch stets einen Goldrausch aus. Da die Menschen in jenen Zeiten nicht so aufwendige Geräte hatten wie heute, musste das Gold in viel höheren Konzentrationen vorkommen, damit man es überhaupt wahrnehmen konnte. Um Gold in der Erde mit dem bloßen Auge zu erkennen, muss der Gehalt des Edelmetalls bei rund 20 Prozent liegen. Bei so hohen Konzentrationen findet man dann die berühmten Goldadern im Gestein oder die Nuggets, kleine Goldklumpen, nach denen heute noch eine berühmte Goldmünze in den USA benannt ist.

Der erste Goldrausch der Geschichte wurde übrigens ab 1693/95 durch umfangreiche Funde in Brasilien ausgelöst. Er brachte fast während des gesamten 18. Jahrhunderts jährlich zehn bis 15 Tonnen Gold nach Europa.

Bekannt ist auch der kalifornische Goldrausch (1848–1854), dem Kalifornien überhaupt zu verdanken hatte, dass viele Menschen dorthin zogen. Damals suchten Tausende ihr Glück als Goldgräber. Die Leute waren verrückt nach dem Edelmetall und das hatte ernsthafte Auswirkungen: Mehrere Hunderttausend Menschen siedelten nach Kalifornien um.

Zwischen Januar 1848 und Dezember 1849 wuchs zum Beispiel San Francisco von 1.000 auf 25.000 Einwohner. Die Abwanderung aus anderen Landesteilen hatte zum Teil tief greifende Auswirkungen auf die dortigen Unternehmen: Eine kalifornische Zeitung musste sogar ihr Erscheinen einstellen, weil sich die Angestellten aus dem Staub machten. Dutzende Schiffe blieben

vor San Francisco liegen, weil die Matrosen sofort nach der
Ankunft zu den Goldfeldern zogen.

Ab 1854 wurde der Goldabbau dann schließlich industriell im
großen Maßstab betrieben, womit die Zeit der privaten Goldgräber vorbei war. Heute gibt es kaum noch große „Sensationsfun-
de", die einen Goldrausch auslösen. Alle wichtigen Lagerstätten
sind bekannt und durch moderne Technik erforscht.

Aufgrund immer raffinierterer Abbaumethoden genügen heutzutage schon kleinste Goldspuren in der Erde, damit sich der
Abbau lohnt. Selbst bei einem Goldgehalt von zwei bis drei
Gramm pro Tonne Gestein spricht man noch von einer lohnens-
werten Lagerstätte. Dies verdeutlicht vor allem eines: Die Zeiten
der großen Nuggets sind offenbar endgültig vorbei. Es dürfte
höchst unwahrscheinlich sein, noch mal auf eine große „Gold-
ader" zu stoßen. Stattdessen wird es immer komplizierter, an
das begehrte Edelmetall heranzukommen. Ein Geologe, mit dem
ich in Sachen Rohstoffen mehrere Male in Afrika unterwegs
war, formulierte es so: „Entweder wird es immer teurer und
aufwendiger, bekannte Lagerstätten auszubeuten, oder man
wendet sich neuen, unerschlossenen Gebieten zu. Allerdings
nimmt die Zahl solcher Gebiete rapide ab, weil praktisch alles
schon erforscht ist."

So bleibt derzeit hauptsächlich eine Option: Wenn man weiß,
dass es irgendwo Goldbestände gibt, bohrt man dort immer tiefer in die Erde, um noch ein paar Gramm pro Tonne Gestein zu
finden. Ein Beispiel, wie aufwendig es heutzutage ist, bietet Südafrika, ein Land, das einst zu den größten Goldlagerstätten der
Welt gehörte. Südafrika ist seit Beginn des 20. Jahrhunderts der
größte Goldproduzent der Welt und verfügt heute über 41 Prozent der Goldreserven. Die tiefsten Bergwerke reichen bis rund
4.000 Meter unter die Erdoberfläche – nirgendwo sonst wird für
den Rohstoffabbau so tief gegraben. Die Zukunft der kostenin-
tensiven Bergwerke wird indessen immer fraglicher.

Denn auch in Südafrika wird das Gold langsam knapp. Bergbau in 4.000 Meter Tiefe ist eine hoch komplizierte und gefährliche Angelegenheit. Dort lagert nicht nur das begehrte Edelmetall, sondern es drohen auch allerlei Gefahren. Allein die Hitze in dieser Tiefe ist ein großes Problem. Bis zu 60 Grad heiß ist es da unten, die Stollen müssen künstlich gekühlt werden. Erdbeben, Gase und Wassereinbrüche machen den Bergleuten zu schaffen und immer wieder kommt es zu tödlichen Unfällen. Etwa acht Gramm Gold pro Tonne Gestein findet man in dieser Tiefe. Es versteht sich von selbst, dass der Ausbeutungsprozess in dieser Lage nicht nur eine gefährliche, sondern auch eine teure Angelegenheit ist. Mittlerweile liegen die Produktionskosten für eine Unze Gold bei rund 500 Dollar – Tendenz steigend. Schon beginnen theoretische Überlegungen, wie man noch tiefer bohren kann. Experten glauben, dass es möglich wäre, bis 5.000 Meter Tiefe zu gehen, dann aber sind alle technischen Möglichkeiten ausgeschöpft und auch die Gefahren zu groß, als dass sich der Abbau noch lohnen würde.

Mittlerweile sind viele Goldlagerstätten so stark ausgebeutet, dass man sogar davon spricht, dass sich der Abbau auch dann noch rechnen würde, wenn nur ein einziges Gramm Gold pro Tonne Gestein vorhanden ist. Das funktioniert natürlich nur in erdoberflächennahen Schichten und nicht in kilometertiefen Schächten. Am Beispiel Südafrikas lässt sich gut erkennen, wie es mit den abbaubaren Goldreserven der Welt bestellt ist. Südafrika war seit Beginn des 20. Jahrhunderts der größte Goldproduzent der Welt. Wegen der schrumpfenden Goldvorkommen gab das Land die Spitzenposition, die es seit 1905 innehatte, im vergangenen Jahr an China ab.

Nach Angaben des World Gold Councils produzierte Südafrika im Jahre 1970 noch 32 Millionen Unzen Gold pro Jahr. Dies entsprach mehr als zwei Dritteln der Weltproduktion. Seit 2002 knickte die Produktion um knapp ein Drittel ein. 2007 wurde die geringste Produktion seit 1922 gemeldet. Ausschlaggebend dafür waren alternde Goldvorkommen, die die Minenbetreiber zu immer tieferen und anspruchsvolleren Bohrungen zwingen. Die Goldproduktion fiel beispielsweise 2007 auf den niedrigsten Stand seit elf Jahren, Tendenz weiter rückläufig. Die Goldproduktion sinkt beziehungsweise stagniert in acht der zwölf wichtigsten Fördernationen, die insgesamt mehr als 50 Prozent des Primärangebots produzieren. Dazu zählen die traditionellen „Big Four"-Goldabbauregionen Kanada, Australien, die USA und natürlich Südafrika.

Generell konstatieren einige Experten, dass Gold aus verschiedenen Gründen in Zukunft knapp werden könnte. In einer umfangreichen Analyse hat die österreichische Erste Bank folgende fundamentale Gründe für einen künftig steigenden Goldpreis herausgearbeitet:

- sinkende Minenproduktion
- steigende Schmucknachfrage aus Indien und dem Mittleren Osten
- steigende Industrienachfrage
- Käufe durch Exchange Traded Funds (ETFs)
- negative Realzinsen in den USA und China
- Zentralbankverkäufe rückläufig
- Rückkäufe von alten Terminsicherungsgeschäften (Produzenten-De-Hedging)
- zunehmende geopolitische Risiken
- Angst vor Staatsbankrott und Währungscrash

Während in der ersten Hälfte des vergangenen Jahrzehnts die Zentralbanken eher auf der Verkäuferseite standen, beobachtet man in letzter Zeit immer häufiger, dass Notenbanken das Edelmetall offen oder versteckt kaufen. Bekannt ist, dass China und Russland ihre Goldreserven aufgestockt haben und zukünftig weiter ausbauen. Auch viele kleinere Länder waren in letzter Zeit eher auf der Käuferseite. Und auch von den USA wird gemutmaßt, dass die Fed heimlich Gold kauft und den Preis deshalb nach unten manipuliert.

Nicht zu unterschätzen ist auch der Goldbedarf der Industrie. Gold lässt sich gut verarbeiten und verfügt über hervorragende Leitfähigkeit für Elektrizität und Wärme – Eigenschaften, die das gelbe Edelmetall zu einem wichtigen Rohstoff machen. Der wichtigste Einsatzbereich ist die Elektroindustrie, wo man Gold unter anderem für Schaltkreise, Chips, Stecker und Leiterplatten benötigt.

Nach Berechnungen des World Gold Councils stieg in den letzten Jahren die Goldnachfrage in der Industrie durchschnittlich um zwei Prozent. Die Industrienachfrage macht derzeit insgesamt etwas mehr als zehn Prozent der gesamten Nachfrage aus. Der Verbrauch in diesem Segment wird in Zukunft laut Berechnungen einiger Experten sogar um fünf bis zehn Prozent wachsen, es sei denn, eine tief greifende globale Rezession würde hier für vorübergehende Rückgänge sorgen. Wichtig in diesem Zusammenhang ist, dass von der Industrie verbrauchtes Gold meist nicht mehr recycelt werden kann – es ist also weg. Anders sieht es bei Schmuck aus, doch auch dieser Markt wächst ständig. Die Nachfrage der Schmuckindustrie entspricht derzeit rund 63 Prozent der Gesamtnachfrage und ist somit der wichtigste Einflussfaktor auf den Goldpreis. Neben der spekulativen Nachfrage legte auch die Nachfrage aus der Schmuckindustrie aufgrund des weltweit zunehmenden Wohlstandsniveaus zu.

Als stärkster Faktor sollte sich aber künftig eine starke Goldnachfrage in Asien, insbesondere in Indien entwickeln. In dem Maße, wie der Wohlstand in Indien, aber auch in anderen Ländern zunimmt, steigt die Goldnachfrage. Teils aus traditionellen Gründen, teils aber auch aufgrund von Sicherheitsbedenken. Selbst in China wurden die Menschen offiziell aufgefordert, Gold zu kaufen. In Shanghai gibt es eine gut funktionierende Goldbörse. Schließlich erhöht sich in Zukunft auch die Nachfrage aus den traditionell armen Ländern. Menschen in der Dritten Welt haben seit jeher ein eher gespaltenes Verhältnis zu ihren Währungen, weil es hier in den vergangenen Jahrzehnten immer wieder zu spektakulären Abwertungen oder Entwertungen gekommen ist. Wer es also in Bangladesh oder Sri Lanka zu einem gewissen Wohlstand gebracht hat, der bringt auch immer sein Geld in Sicherheit, sprich: Er kauft Gold. Gerade in Indien kam es im Zuge des rasanten Wirtschaftswachstums und der Aufwertung der Rupie gegenüber dem Dollar zu einer stetigen Kaufkraftsteigerung. Entsprechend legt die Goldnachfrage in Indien seit Jahren rasant zu. Bereits 2007 hat der Subkontinent mehr als 900 Tonnen Gold importiert. Dies entspricht etwa einem Fünftel des gesamten Weltabsatzes. Insgesamt horten Inder knapp 15.000 Tonnen Gold – das ist ungefähr ein Zehntel des weltweiten Goldbestandes.

Das ist meiner Meinung nach die Tendenz des 21. Jahrhunderts: Die ärmeren Länder werden immer reicher. Es sind zugleich die Länder mit dem stärksten Bevölkerungswachstum. Entsprechend groß dürfte die Nachfrage nach Gold in den nächsten Jahren sein – ein nicht zu unterschätzender Faktor für die Preisbildung bei Gold in der vor uns liegenden Dekade.

20 TONNEN ABFALL FÜR EINEN EHERING

Abgesehen von der in Zukunft stark steigenden Nachfrage ist eines klar: Es wird immer aufwendiger, an den begehrten Stoff heranzukommen. Aufwendiger heißt, dass somit Gold automatisch immer teurer werden muss. Und noch eine andere Komponente dürfte in Zukunft die Goldproduktion eher verknappen: Weltweit wird die Umwelt in nie da gewesenem Ausmaß verseucht, um das Gold aus dem Gestein zu lösen. Denn dazu sind hochgiftige Chemikalien erforderlich, mit denen gerade in der Dritten Welt sehr schlampig umgegangen wird.

Wenn das goldhaltige Gestein an die Oberfläche befördert wird, beginnen die Probleme. Das Gold muss nämlich mithilfe von ätzenden Chemikalien aus dem Gestein herausgelöst werden. Dazu benutzt man in der Regel Zyanid, einen äußerst giftigen Stoff, der weltweit zunehmend die Umwelt verseucht. Es wird geschätzt, dass Goldminen auf der ganzen Welt jedes Jahr 182.000 Tonnen Zyanid verbrauchen, eine gigantische Menge. Das Gift gelangt in Flüsse und ins Grundwasser, kann Fische töten. Das Wasser kann man nicht mehr trinken oder in der Landwirtschaft verwenden. In vielen Ländern der Dritten Welt fehlen zudem grundlegende Umweltstandards: In Indonesien wird beispielsweise der giftige Minenabfall einfach in den Ozean gekippt.

Die toxischen Abfallhalden als Konsequenz der Goldproduktion werden immer größer. Ein Minenexperte schätzte bereits in einem *SPIEGEL*-Interview aus dem Jahr 2008, dass für die Produktion der Goldmenge für einen einzigen Ehering 20 Tonnen Abfall entstehen. Und dieser Abfall wird umso größer, je geringer der Goldgehalt des Gesteins ist. Doch Zyanid ist nicht das einzige Problem bei der Goldherstellung. Zyanidbehandeltes Gestein gibt unter Luftumgebung nämlich Schwefelsäure ab, und das ist eine noch viel größere Bedrohung für Umwelt und Grundwasser. Außerdem gibt es in der Dritten Welt noch sehr viele illegale Minen, die

mit einem noch viel giftigeren Stoff arbeiten: Quecksilber. Das ge-
wonnene Sand-Gold-Gemisch wird mit Quecksilber versetzt, sodass ein Amalgamgemisch entsteht. Dieses wird erhitzt und das
Quecksilber verdampft. Zurück bleibt das Gold. Das Quecksilber
gelangt in die Umwelt, insbesondere in die Flüsse, und dadurch in
den Nahrungskreislauf.

Strengere Umweltauflagen verhindern weltweit verstärkt die In-
betriebnahme neuer Goldminen. Insbesondere in Kanada und
Australien wurden in letzter Zeit strengere Richtlinien erlassen,
die die ökologischen Folgen des Goldabbaus abmildern sollen.
Deshalb verzögert und verteuert sich die Zulassung neuer Projekte
deutlich. Diese Restriktionen dürften in Zukunft eher zu- als
abnehmen.

So weit ein kurzer Ausflug in die umweltpolitische Komponente
der Goldproduktion. Es scheint außer Frage zu stehen, dass die
Barrieren immer höher werden, um das Edelmetall lukrativ zu
fördern – und damit müsste es auch teurer werden. Nicht auszu-
denken wäre jedoch, wenn Gold eines Tages stärker als bisher in
der Industrieproduktion für neuartige Hightechgeräte gebraucht
würde. Schon heute spielt Gold in diesem Sektor eine wichtige
Rolle und es ist davon auszugehen, dass es in Zukunft noch wichtiger wird. Auch dies würde dramatisch zu Goldverknappung
beitragen.

Experten gehen davon aus, dass derzeit einerseits der Industrie-
bedarf für Gold ständig steigt und andererseits die Goldproduktion eher abnimmt, weil die meisten Ressourcen erschöpft sind.
Hinzu kommt, dass in den Hightechminen immer häufiger Un-
fälle passieren, sodass große Produzenten vorübergehend ausfallen. Dies ist schon allein aufgrund technischer Umstände möglich: So kam es in Südafrika bereits häufiger zu Produktions-
stopps, weil schlicht und ergreifend nicht genug Strom da war.
Denn die Hightechminen sind wahre Stromfresser – und davon
gibt es in ärmeren Staaten oft nicht genug. Die Versorgung mit

der nötigen Elektrizitätsinfrastruktur wurde in der Vergangenheit sträflich vernachlässigt. Doch da der Strombedarf allein durch die Bevölkerung stetig steigt, kommt es zum Beispiel in Südafrika heute schon zu Problemen und Ausfällen, sodass ganze Minen vorübergehend geschlossen werden. Ein Phänomen, das in Zukunft sicher häufiger auftreten wird.

Und last, but not least gibt es auch politische Unwägbarkeiten. Große Goldminen liegen häufig in politisch eher unstabilen Ländern. Hier kann es immer mal zu Unruhen und Umstürzen kommen, was automatisch auch die Goldproduktion beeinträchtigt. So hat man in Kolumbien beispielsweise kurzerhand den privaten Bergbau über Nacht verstaatlicht, quasi enteignet. Damit gingen auf einen Schlag Milliarden verloren, aufwendige Exploration wurde zunichtegemacht.

Nun kann man sich zwar auf den Standpunkt stellen, dass sozialisierte Minen gut fürs Volk seien, die Praxis zeigt aber eher das Gegenteil: Die Herrscher sammelten das Gold in ihrer Privatschatulle und die Sicherheitsstandards sanken. Am Ende brach dann auch die Produktion ein. Eine Goldmine in Privathand ist eben effizienter als eine verstaatlichte – auch wenn es auf den ersten Blick so aussieht, als würden Land und Menschen damit ausgebeutet. Wir können davon ausgehen, dass Verstaatlichungstendenzen in Zukunft zunehmen werden, was die weltweite Goldproduktion ebenfalls beeinträchtigen dürfte.

WO KAUFT MAN GOLD AM BESTEN?

Viele Banken haben eine eigene Edelmetallabteilung. Dort erhält man kleine Stückelungen oder kiloschwere Goldbarren. Der größte Goldbarren, den ich je gesehen und selbst in der Hand gehalten habe, war 31 Kilo schwer. Da Gold so ein hohes spezifisches Gewicht hat, war der Barren gar nicht groß – etwa von den Ausmaßen einer Stange Zigaretten. Der Besitzer dieses stolzen Stücks bot folgende Wette an: „Wenn du diesen Barren mit einer Hand heben kannst, dann kannst du ihn behalten." Diese Wette nahm ich natürlich sofort an.

Jedoch hatte ich bei dem Versuch, diesen Goldbarren zu bewegen, das Gefühl, dass er am Tisch angeklebt war. Keine Chance, das Ding auch nur ansatzweise anzuheben. Nur mit Müh und Not und mit beiden Händen konnte ich das teure Stück liften. Dabei macht einem auch das eigene Hirn ein Strich durch die Rechnung: Da der Barren im Verhältnis zu seinem Gewicht so klein ist, ist man auf die Schwere einfach nicht vorbereitet. Das ist ein zusätzliches Hindernis bei der Realisierung dieses verlockenden Angebots. Ich ging also mit leeren Händen nach Hause.

Ein Geologe erzählte mir einmal, dass es eine ähnliche Aktion in Sudafrika in einer Goldmine gegeben hätte. Dort bot der Minenbesitzer seinen Mitarbeitern an, dass sie einen 31-Kilo-Barren behalten durften, wenn jemand es schaffte, ihn mit einer Hand vom Tisch zu nehmen. Natürlich gab es zahlreiche Versuche, diese Wette zu gewinnen, doch es schien aussichtslos – bis auf eine berühmte Ausnahme: Ein sehr stämmiger, kräftiger Südafrikaner nutzte den Trick, seine Fingernägel in das bekanntlich relativ weiche Metall hineinzukrallen. Dieser Trick, zusammen mit einer gehörigen Portion Muskelkraft, half ihm tatsächlich, das bis dahin Unmögliche zu realisieren: Er konnte den Barren hochheben. Zur Belohnung durfte er das Goldstück behalten. In der Mine wurde er seitdem nicht wieder gesehen … Von Ihrem Bankberater dürfen

Sie nicht erwarten, dass er Ihnen ein solches Angebot macht – wenn auch die Wahrscheinlichkeit des Gelingens mehr als gering ist. In normalen Zeiten ist die Bank Ihres Vertrauens kein schlechter Partner beim Goldkauf. Zumindest kann man im Normalfall davon ausgehen, dass das Metall rein und ohne Makel ist. Es gibt jedoch Ausnahmen – dazu kommen wir später. Beim Goldpreis gilt generell: Je kleiner die Einheit, desto größer der Aufschlag des Verkäufers. Bei einer Feinunze Gold nimmt der Verkäufer in der Regel rund fünf Prozent Aufschlag zum aktuellen Goldpreis. Es gibt aber auch halbe, viertel, zehntel und zwanzigstel Unzen – egal ob Barren oder Münzen. Je kleiner die Einheit, desto höher der Aufschlag. Für zehntel Unzen muss man mindestens zehn Prozent Kommission auf den aktuellen Goldpreis zahlen. Bei einem Kilo Gold liegt der Aufpreis bei etwa zwei bis drei Prozent, bei guter Verhandlung auch weniger. Deshalb mein Tipp: Nehmen Sie Aufschläge nicht als gottgegeben hin. Handeln Sie! Das kann man überall tun, auch bei der Bank. Gerade bei größeren Mengen ist immer eine Reduktion der Kommission möglich. Sie sparen dann bares Papiergeld und können vielleicht auf diese Weise ein paar Unzen mehr kaufen. Der Hintergrund für diese Aufschläge sind die kostspielige Lagerung und der Transport des Edelmetalls. Es ist eben einfacher, 30.000 Euro zu „transportieren", als ein Kilogramm Gold.

Etwas billiger als bei der Bank erhält man das Gold übrigens bei freien Edelmetallhändlern oder großen Wechselstuben. Der Vorteil beim Goldkauf in Wechselstuben: Man kann das Gold dort anonym kaufen. Auch manche Edelmetallhändler bieten diesen Service an, auf den immer mehr Leute Wert legen. Sie wollen nicht, dass man im Zweifelsfall nachweisen kann, wie viel Gold man besitzt. Diese Vorgehensweise ist besonders im Hinblick auf ein drohendes Goldverbot ein Sicherheitsfaktor.

Die Mitarbeiter von Edelmetallhändlern und großen Wechselstuben sind in der Regel ebenfalls sehr versiert, sodass man keine

Angst vor Fälschungen und Betrug haben muss. Meist kann man besonders in Wechselstuben auch besser handeln als bei einer Bank. Meine Erfahrung mit Goldkäufen in großen Wechselstuben ist, dass sie durchweg billiger waren, das heißt, die Kommissionen sind geringer. Doch Vorsicht: Andererseits sind hier auch die Preisunterschiede größer. Kaufen Sie nie gleich in der erstbesten Wechselstube oder beim Goldhändler um die Ecke! Ein Vergleich lohnt sich. Und auch in den Wechselstuben gilt: Handeln und Feilschen ist ebenfalls möglich und meist sogar noch erfolgreicher als bei der Bank.

Bevor Sie auf Gold-Shoppingtour gehen, sollten Sie sich erst mal einen guten Preisüberblick verschaffen. Das funktioniert am besten im Internet. Dort kann man natürlich auch recht kostengünstig Gold kaufen – meist sogar etwas billiger als „auf der Straße". Jedoch lauern hier auch Gefahren, auf die ich gleich noch zu sprechen komme. Die große Transparenz macht den Preisvergleich jedenfalls einfach. Allerdings eignet sich das Internet nur für die „Leichtgewichte", also Münzen oder kleine Barren. Wenn Sie Gold kiloweise kaufen möchten, dann ist es schon besser, direkt zum Edelmetallhändler oder in eine Wechselstube zu gehen. Im Internet kann man eine gute erste Indikation bekommen, was üblicherweise pro Gewichtseinheit an Kommission genommen wird, auch bei kleinen Stückelungen. Gerade bei zehntel oder gar zwanzigstel Unzen lohnt sich genaues Hinsehen. Manche Händler verlangen bis zu 20 Prozent mehr auf den aktuellen Börsenpreis. Ich habe aber auch schon Wechselstuben erlebt, die selbst bei kleinen Einheiten ihre Aufpreise nicht erhöhen. Hier heißt es dann „Zugreifen", denn gerade halbe, viertel oder zehntel Unzen lassen sich sehr gut weiterverkaufen. Ich würde natürlich auch die „kleinen" Mengen sofort ins Schatzkästlein legen, denn besonders in Krisenzeiten sind kleine Stückelungen praktischer als ganze Unzen oder gar Kilos des glänzenden Edelmetalls.

GOLDKAUF IM INTERNET

Im Internet gab es vor einiger Zeit eine lustige Werbeanzeige, die offensichtlich nicht ganz ernst zu nehmen war und dennoch einen wahren Kern hat: „Altgeld ist Bargold." Es ist immer schön, wenn man auch mal lachen kann und wichtige Erkenntnisse witzig verpackt sind. Weiter hieß es in dieser Anzeige: „Papiergeld ist ein wertvoller Rohstoff. Zu schade, um sinnlos herumzuliegen. – Wir kaufen Ihnen Ihr Altgeld (alle Fiat-Währungen) zu einem guten Preis ab. Zum Beispiel Euromünzen, Scheine aller Größen, Kleingeld, Schecks."

Abgesehen von der Tatsache, dass diese Werbung natürlich ein intelligenter Scherz war, gibt es derzeit viele Goldangebote im Internet. Nach meinen Erfahrungen sind die meisten davon seriös einzuschätzen. Allerdings ist es für den Laien nicht immer einfach, die Spreu vom Weizen zu trennen. Deshalb mein Rat: Kaufen Sie im Internet nur bei den großen, anerkannten Shops. Wenn Sie sich für einen Verkäufer entschieden haben, googeln Sie erst mal, wie es um die Zufriedenheit der Käufer steht. Im Internet gibt es zahlreiche Foren, die sich mit diesem Thema beschäftigen. Oftmals wird man schnell fündig, wenn es um die Frage geht, ob man einem bestimmten Internetgeschäft trauen kann oder nicht.

In letzter Zeit häufen sich nämliche Berichte, dass gerade im Internet viele Betrüger unterwegs sind. Die Masche ist immer die gleiche: Die Preise eines verdächtigen Shops sind meist billiger als die der Konkurrenz. Wenn der Kunde nun sein Geld überweist, dann wartet er vergeblich auf die Ware. Und nach einigen Tagen gibt es den Shop dann nicht mehr, und das Geld ist weg. Meist handelt es sich dabei um Internetauftritte aus dem Ausland, gut zu erkennen an den Endungen „.com", „.net" oder „.be" – ein „.de" dagegen zeigt, dass der Shop höchstwahrscheinlich in Deutschland angesiedelt ist. Letzte Sicherheit dafür gibt es aber leider auch nicht. Betrüger mit vorgetäuschten Edelmetallshops treiben im deutschsprachigen Raum immer häufiger ihr Unwesen. Einige dieser Shops locken die Kunden mit Superpreiswert-Angeboten über Google-Anzeigen. Wer hier klickt, der landet schnell in der Falle und ist sein Geld los. Bei verlockenden Edelmetallschnäppchen ist also dringend Vorsicht geboten! Ist das Geld erst mal überwiesen, ist der Shop nach einiger Zeit aus dem Internet verschwunden. Bedenken Sie also bitte immer, dass auffällig niedrige Preise auch ein Indiz für Betrug sein können. Schauen Sie sich stets das Impressum ganz genau an. Meist wird bei Betrügerseiten kein Handelsregistereintrag aufgeführt. Auch das Gütesiegel „Trusted Shops" ist oft irreführend: Beim Klick auf das Logo wird häufig gar kein entsprechendes Zertifikat angezeigt. Manchmal ist sogar die angegebene Service-Rufnummer ungültig – „kein Anschluss unter dieser Nummer". Wenn Sie also das erste Mal Gold im Internet kaufen wollen, dann stellen Sie vorher sicher, dass das Geschäft seriös ist, und bestellen Sie anfangs nur kleine Mengen (Testkauf). So sind Sie vor bösen Überraschungen gefeit.

Der Vorteile des Goldkaufs im Internet bei seriösen Anbietern sind große Preistransparenz und diskreter, sicherer Versand. Die Lieferungen sind versichert. Allerdings gilt auch hier: Kaufen Sie immer in kleinen Portionen. Die Preise bei Gold schwanken – wie Aktienkurse an der Börse. Und wenn Sie immer nur kleine Einheiten bestellen, ist der Schaden auch nicht so groß, für den Fall, dass tatsächlich mal etwas schiefgehen sollte.

Ich habe allerdings bisher von keinem Fall gehört, dass im Internet bei geprüften Shops jemand so richtig über den Tisch gezogen wurde. Was allerdings passieren kann, ist, dass der Goldhändler sagt, dass die Ware zum bestellten Preis „leider" ausgegangen sei. Das ist ein Trick, der offensichtlich weit verbreitet zu sein scheint: Der Käufer bestellt eine Münze zum Preis von 1.000 Euro. Das Geld wird überwiesen. Es vergehen zwei Tage. Der Goldhändler hat die Münze sofort besorgt. Nun sieht er aber, dass der Goldpreis kräftig anzieht. Dann ist es für ihn natürlich lukrativer, diese dem nächsten Kunden für sagen wir 1.050 Euro anzubieten. Damit hat er dann einen risikolosen Gewinn gemacht. Der erste Kunde, dem die Münze für 1.000 Euro eigentlich zusteht, geht leer aus. Er kriegt natürlich sein Geld zurück, doch was nutzt ihm das? Er kann dann eventuell zu teureren Kursen nachkaufen. Besonders ärgerlich ist dieser miese Trick natürlich, wenn man für große Summen Gold kaufen will, im Internet die Bestellung aufgibt und der Goldpreis anschließend tatsächlich steigt. Die Freude am Gewinn währt nur kurz, wenn nach wenigen Tagen ein Schreiben kommt mit den Worten: „… ist uns leider die Ware ausgegangen. Sie können aber gerne zu aktuellen Kursen wieder kaufen." Deshalb hier noch mal der Tipp, bei größeren Beträgen doch lieber eine Bank oder die Wechselstube aufzusuchen. Dort gibt man das Geld ab und bekommt sofort sein Gold. Sicher ist sicher.

Und was ist, wenn Sie Gold verkaufen wollen? Auch das machen Sie am besten bei einer Bank, beim Goldhändler oder in einer Wechselstube. Ich würde niemals mein Gold an einen unbekannten Internethändler schicken. Damit möchte ich natürlich nicht zum Ausdruck bringen, dass diese generell betrügen wollen. Doch das Risiko ist immer da, dass es am Ende heißt: „Leider nicht angekommen." Oder es ist eine geringere Menge angekommen, als ursprünglich abgeschickt wurde. Die Nachweispflicht liegt immer beim Absender. Und im Nachhinein etwas zu beweisen, dürfte sehr schwierig sein. Deshalb: Goldverkauf immer direkt, nicht im Internet.

Sehr skeptisch sollte man auch sein, wenn Ihnen freundliche Menschen im Fernsehen ein angeblich einmaliges Angebot für Ihr Gold machen. Dort werden die Leute aufgefordert, doch einfach ihr Gold in einen Briefumschlag zu stecken und an eine Adresse zu schicken, um dann eine entsprechende Überweisung an Geld zu erhalten. Wer auf so etwas hereinfällt, ist meiner Meinung nach selbst schuld. Denn natürlich rechnen die Goldankäufer schon mal weniger Gramm ab, als ursprünglich eingeschickt wurde. Doch im Nachhinein den Beweis anzutreten, ist praktisch unmöglich, wenn man das eingetütete Gold nicht vorher einem Notar oder Zeugen vorgelegt hat, die dies dann auch noch an Eides statt versichern können. Also: Wer sein Gold in einen Briefumschlag steckt und es an eine dubiose Firma schickt, der muss sich nicht wundern, wenn er damit Geld verliert. Er kann froh sein, dann überhaupt etwas zu bekommen, denn manche Zeitgenossen verschicken ihr „Altgold" sogar ohne Einschreiben. Denen ist dann wirklich nicht mehr zu helfen.

Banken hingegen oder große Wechselstuben, die auch auf Edelmetalle spezialisiert sind, wiegen das Gold vor Ihren Augen, zählen und prüfen die Münzen. Nur so können Sie sichergehen, dass Sie eine faire Menge an Papiergeld für Ihr schönes Gold erhalten.

DER GOLDAUTOMAT

Eine saubere und zudem umweltgerechte Entsorgung von Papiergeld bietet wahrscheinlich demnächst der Goldautomat. Der Goldautomat frisst alle Scheine und spuckt Gold zum aktuellen Kurs aus. Solche Goldautomaten stehen seit Kurzem auch in einigen großen deutschen Städten. Zunächst aber haben sie einen Testeinsatz am persischen Golf in Abu Dhabi erfolgreich bestanden. Die kleine Gold-Weltsensation in Abu Dhabi ging bereits im Frühjahr 2010 in einem Luxushotel in Betrieb: im berühmten Emirates Palace. Die Resonanz war überwältigend. Binnen Stunden war der Goldautomat leer. Schon mehrmals musste der Verkaufsroboter seitdem nachgefüllt werden. Kein Wunder, denn die reichen Araber dort sind vollgestopft mit Dollars. Sie fanden den Apparat einfach großartig, und jeder wollte mal schauen, wie er funktioniert.

Ein Goldautomat funktioniert nämlich entgegengesetzt zu einem Geldautomaten. Während der Geldautomat Scheine ausgibt, saugt der Goldautomat Scheine ein. Heraus kommt das Edelmetall zum aktuellen Kurswert plus Aufschlag. Aufwendige Elektronik verifiziert das Altgeld, checkt die aktuellen Kurse. Ein leises Schnurren, geheimnisvolle Geräusche aus dem Inneren, und schon fällt unten, fein verpackt, das Edelmetall heraus.

Der Papiergeld-Entsorger kann wählen, wie viel Gold er haben will. Auch höhere Beträge können recycelt werden. Das Edelmetall kommt wahlweise in kleinen Barren (kleinste Einheit: ein Gramm) oder Münzen (zum Beispiel Krügerrand). Der Testlauf in Abu Dhabi übertraf die Erwartungen bei Weitem. Hinter dem Goldautomaten steckt übrigens süddeutscher Erfindergeist. Die Wunderkiste wurde von der schwäbischen Firma Ex-Oriente-Lux AG konstruiert und zur Serienreife entwickelt. Nun kann sich die kleine Firma vor Aufträgen kaum noch retten. Weltweit liegen Bestellungen vor. Steht bald ein Goldautomat an jeder Ecke?

„Wir werden zunächst 200 GOLD To Go® Automaten in Deutschland, Österreich und der Schweiz aufstellen", erklärte ein Mitarbeiter von Ex-Oriente-Lux AG gegenüber *MMnews.de.* Der erste
Goldautomat auf deutschem Boden wurde übrigens in Reutlin-
gen, dem Sitz der Firma, positioniert. Danach wurden weitere
Städte mit „GOLD To Go" versorgt. Bei entsprechender positiver
Marktakzeptanz erfolgt dann auch der globale Rollout. Bevor-
zugte Standorte sind Flughäfen, Hotels, Einkaufszentren, Casi-
nos, Kreuzfahrtschiffe, aber auch Banken und Juweliere – Orte
mit großem Publikumsverkehr, guten Umgebungsbedingungen
und hohen Sicherheitsstandards.

Mit den Goldautomaten beginnt eine neue Ära des Edelmetall-
verkaufs. Die Preise fürs Automatengold sollen dabei voll konkurrenzfähig sein, so Ex-Oriente-Lux gegenüber *MMnews.de.* Der
Kunde erhält bei jedem Kauf ein Zertifikat und eine „Geld-Zu-
rück-Garantie". Je nach Automatenversion können nicht nur
Scheine, sondern auch Münzen recycelt werden. Doch auch wer
kein Bares zur Hand hat, kann Gold ziehen: Der Automat akzeptiert sogar Plastikgeld in Form von EC- und Kreditkarten.

Kleiner Wermutstropfen: Berichten zufolge soll das Gold aus dem
Automaten etwas teurer sein als beim „Golddealer um die Ecke"
oder bei der Bank. Also schauen Sie, wenn Sie mal vor so einem
Goldautomaten stehen, genau hin, wie viel „Altgeld" der Roboter
haben will, um dafür eine Unze Gold auszuspucken. Dennoch:
Wer schnell sein Geld entsorgen möchte oder ein kleines Ge-
schenk für den Partner oder die Partnerin ergattern möchte, der
kann dies mithilfe des Goldautomaten kinderleicht tun. Und wer
freut sich heutzutage nicht über einen kleinen Barren Gold oder
einen Krügerrand?

MÜNZEN ODER BARREN?

Die kleinste Goldmünze wiegt eine zwanzigstel Unze (1,55 Gramm) der kleinste Goldbarren wiegt ein Gramm – er sieht aus wie ein winziges Plättchen. Ich persönlich tendiere dazu, kleine Mengen als Münzen zu kaufen und große Mengen als Barren. Das lohnt sich meiner Meinung nach aber erst ab einem halben Kilogramm und kostet derzeit (Stand: 2010) die nicht unbeträchtliche Summe von rund 15.000 Euro. Nicht jeder hat bekanntlich das passende Kleingeld, um gleich solche Summen zu „vergolden". Ein Kilo Gold ist übrigens so groß wie ein Drittel einer Zigarettenpackung – also eher klein.

Kleinere Summen würde ich grundsätzlich in Münzen anlegen. Dabei sollte man darauf achten, dass man bei einer Sorte bleibt, weil man dadurch quasi selbst zum Fachmann wird. Nach einer gewissen Zeit sehen Sie schon von Weitem, ob die Münze echt ist oder nicht – obwohl bisher kaum Fälle bekannt wurden, dass jemand schon mal mit einer falschen Münze abgespeist wurde.

Zu den bekanntesten Goldmünzen zählt sicherlich der südafrikanische Krügerrand. Den Krügerrand gibt es – wie die meisten Münzen – in den Gewichtseinheiten zehntel, viertel, halbe und ganze Unze.

Der Krügerrand ist nicht nur die bekannteste, sondern gleichzeitig auch die älteste Anlagemünze der „Neuzeit". Eigentlich heißt es genau genommen „Krugerrand", denn außerhalb Deutschlands gibt es bekanntlich das „ü" nicht. Umgangssprachlich wird hierzulande dennoch vom Krügerrand gesprochen. Der Münzname setzt sich aus dem abgebildeten burischen General und späteren Präsidenten von Transvaal, Paul Kruger (vollständig: Stephanus Johannes Paulus Kruger, 1825–1904), und der südafrikanischen Währung Rand zusammen. Von Anfang an behielt die Münze ihr Motiv auf beiden Seiten bei. Die Rückseite zeigt eine Springbock-Antilope mit dem Prägejahr und der Größenangabe.

Eine Währungsangabe sucht man vergeblich. Dennoch handelt es sich nicht um eine Medaille, sondern um eine echte Münze. Laut südafrikanischer Notenbankverordnung ist die 22-Karat-Goldmünze in Südafrika offizielles Zahlungsmittel mit einem täglich variierenden Nennwert. Dieser entspricht dem Londoner Fixingpreis, umgerechnet in die Landeswährung, den südafrikanischen Rand.

Die Geschichte des Krügerrands begann bereits 1967, als die Münze zum ersten Mal mit einer Auflage von 40.000 Stück geprägt wurde. Die eigentliche „Massenproduktion" begann 1970 mit 211.018 Stück. 1974 wurde erstmals die Millionengrenze mit 3,2 Millionen Exemplaren überschritten, gefolgt von dem bisherigen Rekord im Jahr 1978 mit über sechs Millionen geprägten 1-Unze-Goldmünzen. Zwischendurch wurde die Auflage der geschaffenen Krügerrands geheim gehalten. In manchen Jahren wurden auch überhaupt keine hergestellt. Für 2010 rechnen Insider allerdings wieder mit der Produktion von mindestens einer Million Krügerrands. An der Höhe der im Umlauf befindlichen Krügerrands ist leicht nachzuvollziehen, dass diese Münze schon längst eine Art geheime Weltwährung in Gold darstellt.

Der 22-Karat-Krügerrand ist sehr beliebt, weil er eben nicht zu 100 Prozent aus Gold besteht, sondern noch etwas Kupfer beigemischt wurde. Deshalb hat diese Münze auch den typischen kupfernen Schimmer und unterscheidet sich dadurch deutlich von allen anderen Münzen. Das bedeutet natürlich nicht, dass deshalb weniger Gold in der Münze ist. Sie ist deshalb auch einen Tick größer als 999iger-Münzen wie zum Beispiel der Maple Leaf (aus Kanada) oder der berühmte American Eagle (USA).

Die Kupferlegierung hat einen entscheidenden Vorteil: Die Münze zerkratzt nicht so leicht. Sie ist viel robuster als Produkte aus reinem Gold. Während 999iger-Münzen schnell mal eine Macke abbekommen, wenn sie zum Beispiel herunterfallen, verkraftet der Krügerrand so etwas sehr gut.

Hier die wichtigsten Eckdaten zum Krügerrand:

Größe	Durchmesser	Dicke	Gewicht	Prägejahre
1/10 Unze	16,46 mm	1,19 mm	3,3931 g	ab 1980
1/4 Unze	22,02 mm	1,52 mm	8,4826 g	ab 1980
1/2 Unze	27,00 mm	2,24 mm	16,9653 g	ab 1980
1 Unze	32,60 mm	2,75 mm	33,9305 g	ab 1967

Die Gewichtseinheit Unze bezieht sich lediglich auf den Goldanteil. Insgesamt ist der Krügerrand etwas schwerer, weil noch andere Metalle, hauptsächlich Kupfer, enthalten sind. Fürs Portemonnaie eignet er sich meiner Meinung nach also am besten. Und wenn Sie sich mal ein paar davon angeschafft haben, dann können Sie schon bald keinen Unterschied mehr zwischen Gold und Geld feststellen. Denn Ihr Gold ist jetzt Geld. Die unterschiedlichen Einheiten (zehntel, viertel, ganze Unze) kann man dann genau wie große oder kleine Geldscheine ansehen, nur mit einem entscheidenden Unterschied: Ihr Goldgeld wird auch in Zukunft seine Kaufkraft behalten, während Ihr Papiergeld mit Sicherheit weniger wert sein wird.

Falls Sie nicht so sehr ein Fan des kupferlegierten Krügerrands sind, dann kommt für Sie nur die reine, echte 999iger-Münze in Frage. Hier gibt es eine breite Auswahl. Ich würde mich aber definitiv nur auf weltweit verbreitete und bekannte Münzen konzentrieren, wie zum Beispiel den Maple Leaf oder den American Eagle. Für Schweizer kommt vielleicht noch das Goldvreneli in Betracht, für Österreicher der Wiener Philharmoniker. Aber bedenken Sie beim Goldmünzenkauf immer eines: Im Notfall wollen Sie die Münzen ja auch als Zahlungsmittel nutzen. Und je unbekannter eine Münze ist, desto schwieriger dürfte es werden, sie gegen Dinge des alltäglichen Bedarfs einzutauschen. Meine erste Wahl ist daher nach wie vor der Krügerrand, den es bereits millionenfach gibt und der auf der ganzen Welt bekannt ist.

Hier eine Übersicht über die wichtigsten aktuellen Goldmünzen der Welt:

- American Eagle (USA)
- American Buffalo (USA)
- Britannia (Großbritannien)
- Goldvreneli (Schweiz)
- Krügerrand (Südafrika)
- Nugget/Känguru (Australien)
- Maple Leaf (Kanada)
- Panda (China)
- Wiener Philharmoniker (Österreich)

Wenn Sie also Münzen kaufen, dann am besten nur solche, die in der obigen Liste erwähnt sind. Damit gehen Sie auf Nummer sicher. Es gibt zwar noch viel mehr Münzen – viele Länder haben praktisch ihre eigenen Prägungen –, aber das ist nur was für Spezialisten. Selbst die Goldene DM oder andere deutsche Goldmünzen sind eher etwas für Sammler, aber nichts für jemanden, der sein Vermögen in Sicherheit bringen will. Im Krisenfall würden Sie auch mit einer Goldmark zum Beispiel in New York große Schwierigkeiten haben und die Münze nur mit hohen Abschlägen eintauschen können – auch wenn sie vielleicht mal einen viel höheren Sammlerwert hatte. Natürlich gilt auch hier: Bevor Sie gar nichts bekommen, können Sie auch zu unbekannten Münzen greifen. Bekannte Münzen bieten übrigens zusätzlich eine hohe Fälschungssicherheit. Wenn man Gold imitieren will, dann ist es sicherlich leichter, einen Barren zu fälschen, als eine Münze mit ihrer teils sehr aufwendigen Prägung.
Die größte Goldmünze der Welt, ein Maple Leaf aus Kanada, hat gigantische, wagenradgroße Ausmaße: Der Durchmesser des Edelmetalltrumms beträgt 53 Zentimeter bei einer Dicke von lediglich drei Zentimetern. Gewicht: 100 Kilo. Damit hat die

Münze einen Materialwert von rund drei Millionen Euro (Stand: Ende 2010). Das gute Stück stammt aus der Konkursmasse eines pleitegegangenen Finanzjongleurs aus Österreich und wurde in Wien versteigert. Wer der neue glückliche Besitzer ist, wurde leider nicht bekannt.

Aber es muss ja nicht gleich eine 100-Kilo-Münze sein. Bei allen Goldverkaufsstellen werden natürlich auch Barren angeboten. Die typische Auswahl bei Barren reicht von einem Gramm bis zu 31 Kilogramm – obwohl letztere wirklich sehr selten und naturgemäß eher was für den großen Geldbeutel sind. Auch bei Barren gilt: Je kleiner die Einheit, desto größer der Aufschlag auf den aktuellen Goldpreis.

HISTORISCHE MÜNZEN

Von Goldmünzen geht seit jeher eine Faszination aus. Das war über Tausende von Jahren so. Der wichtigste Aspekt allerdings ist, dass sie auch heute noch ihren Wert haben, der natürlich teilweise weit über dem Goldgehalt liegt. William Rees-Mogg, 1967 bis 1981 Herausgeber der britischen Zeitschrift *The Times*, war zwar kein echter Goldexperte, aber er kannte die Eigenschaft des Edelmetalls, die in der Geschichte immer gleich geblieben ist: „Es gibt heute keine Behörde, die für die Zahlungsversprechen Alexanders, Julius Cäsars, Ludwig XIV., Peter des Großen, Napoleons oder Hitlers aufkommt. Sie waren zu ihrer Zeit mächtige Männer, aber keine Bank wird heute ihre Schecks einlösen. Wenn man jedoch einen Goldbarren nimmt, der einst in ihren Schatztruhen lag, erhält man den Gegenwert dafür überall in der Welt. Die Dauerhaftigkeit und Universalität des Goldes verleiht ihm eine geldgleiche Autorität, die kein anderes Geld besitzt."

Goldmünzen behalten immer ihren Wert, egal wie alt sie sind. Doch außer dem Goldwert haben besonders alte Münzen natürlich auch einen Sammlerwert, der den aktuellen Goldpreis um ein Vielfaches übersteigt. Auch seltene Münzen der Neuzeit erreichen einen Sammlerwert von mehreren Millionen Dollar pro Unze. Selbst bestimmte Jahrgänge des weltweit beliebten Krügerrands gehen manchmal für das Vielfache des aktuellen Goldkurses über den Tisch.

Eine der teuersten Goldmünzen der Neuzeit ist der amerikanische Double Eagle von 1933 mit einem Wert von 7,59 Millionen Dollar. Er wurde zu diesem Preis im Juni 2002 bei Sotheby's in London versteigert. Von dieser Münze gibt es nur noch ein paar Exemplare, weil sie aus der Zeit des US-Goldverbots stammt. Viele Leute haben damals aus Angst vor den staatlichen Häschern ihre Goldmünzen eingeschmolzen. Auch die offizielle Produktion der Münze wurde vernichtet (also eingeschmolzen), sodass am Ende nur noch wenige übrig blieben. Und für diesen Nachlass sind einige Sammler weltweit bereit, verrückte Summen zu zahlen. Nicht zu vergessen übrigens, dass diese Münze einen offiziellen Wert von 20 Dollar hat, der auch heute noch gilt. Allerdings waren 20 Dollar im Jahr 1933 im Vergleich zu heute rund das Hundertfache wert, das heißt, die Kaufkraft des Dollars war bekanntlich vor 77 Jahren bedeutend höher. Aber den zwangsläufigen Verlust an Kaufkraft einer Währung habe ich ja schon verschiedentlich erörtert.

Interessant bei der Betrachtung von historischen Goldmünzen ist teilweise deren Bezeichnung. So wurde im Jahr 312 unter Kaiser Konstantin im Römischen Reich der Solidus einführt, eine 4,55 Gramm schwere Goldmünze, die allem Fälschungs- und Inflationsverdacht erhaben sein sollte. „Solidus" – wie der lateinische Name schon assoziiert: solide und verlässlich. Denn auch damals gab es schon Inflation. Sie äußerte sich jedoch nicht im Gelddrucken, sondern im Aufweichen der Goldinhalte der Münzen oder darin, dass man heimlich an den Münzen herumfeilte, um sich am Goldstaub zu bereichern. Am Ende blieb von der Münze kaum noch etwas übrig. Aus diesem Grunde hat man übrigens später die Riffelung von Goldmünzen eingeführt, die auch heute noch viele Münzen aufweisen – sogar Euromünzen, bei denen es nun wirklich nichts brächte, etwas abzuschleifen.

Früher dagegen konnte man Münzen mit derartiger Manipulation im Wert senken. Je nachdem, wie viel Gold fehlte, war für jeden nach einer gewissen Zeit sofort ersichtlich, dass die Münze weniger wert sein musste, besonders wenn sie deutlich abgefeilt war. Das ist eben der Unterschied zwischen damals und heute: Wenn heute einer am Euro oder am Dollar feilt, dann fällt es gar nicht auf. Die Scheine und die Münzen sehen genau so aus wie vorher. Das Feilen findet heute nur virtuell statt, ohne dass es der Papiergeldbesitzer merkt. Der Effekt ist allerdings der gleiche: Die Kaufkraft sinkt.

Würden wir heute noch mit Goldmünzen bezahlen, so würden wir sofort merken, ob jemand ein bisschen Gold geklaut hat oder nicht: einfach indem wir das gute Stück auf die Goldwaage legen. Diese Hochpräzisionsgeräte zeigen sofort an, ob das aufgedruckte Gewicht stimmt. Normale Münzen, wie im vorherigen Kapitel beschrieben, bieten schon einen gut sichtbaren Schutz vor Goldstaubdieben. Wenn eine solche Münze angefeilt oder künstlich verkleinert wurde, kann man es mit bloßem Auge feststellen. Anders sieht es bei den Goldbarren aus. Wenn hier ein paar Gramm abgezwackt wurden, dann ist das nicht ohne Weiteres erkennbar.

Das gleiche Problem hatten auch schon unsere Vorfahren. Deshalb begannen sie bereits relativ früh mit der Herstellung von Goldmünzen. Die ersten Goldmünzen gab es offenbar vor rund 2.500 Jahren in Persien. Seitdem hat die Goldmünze ihren Siegeszug angetreten und war über zwei Jahrtausende eine verlässliche Größe für Wert und Kaufkraft. Schwer zu imitieren, kaum zu fälschen und nur unter großem Aufwand abfeilbar.

Im Folgenden finden Sie eine Liste der wichtigsten historischen Münzen. Allen gemeinsam ist, dass sie ihren eigentlichen Wert nie verloren haben. Wahrscheinlich konnte man auch schon vor 2.500 Jahren in Persien einen guten Anzug oder ein entsprechendes Kleidungsstück für eine Unze Gold bekommen. Genau wie im Römischen Reich vor 2.000 Jahren oder bei uns heute, 2.500 Jahre später. Natürlich haben historische Goldmünzen heutzutage einen erheblich höheren Wert als der bloße Goldgehalt. Aber der innere Wert dieser Stücke ist über Jahrtausende gleich geblieben. Darüber sollten Sie einmal nachdenken, wenn Sie heute oder morgen zu Ihrem Goldhändler gehen und vielleicht Ihre erste Goldmünze kaufen.

Fest steht: Diese Münze wird auch in den nächsten Tausenden von Jahren ihren Wert behalten – auch wenn es die Menschheit dann nicht mehr gibt. Dann freut sich vielleicht der liebe Gott über das Gold – oder er lacht sich tot darüber, was wir Menschen des lieben Geldes wegen alles auf dem Planeten angerichtet haben. Alles umsonst, weil am Ende Papier eben Papier ist. Und Gold bleibt Gold.

DIE GESCHICHTE DER GOLDMÜNZEN[2]

Goldmünze	Land	Einführung/ Abschaffung	Bemerkung
Dareikos	Persien	515 v. Chr.	
Stater	mehrere Länder	390 v. Chr.	
Aureus	Römisches Reich	1. Jh. v. Chr.	
Solidus	Römisches Reich, Byzantinisches Reich	ca. 312–1092	
Dinar	Islamisches Reich	696–1543	
Augustalis	Südliches Italien	1231	
Écu d'or	Frankreich	1266	älteste Goldmünze Frankreichs
Dukaten	Europa	1284–1938	
Noble England	zweite Goldmünze Englands	1344	
Goldgulden	über ganz Europa verbreitet	1346–1867	
Pistole	Spanien	1556	von König Philipp II. eingeführt
Louisdor	Frankreich	1640	
Guinee	Großbritannien	1663	
Friedrichsdor	Preußen	1740	
Eagle	USA	1792–1933	
Sovereign	England	1817 bis heute	
Goldmark	Deutschland	1871–1915	
Gold-Yen	Japan	1870–1932	
Vreneli	Schweiz	1887–1949	
Krone	Österreich	1892–1924	
Tscherwonetz	Russland	1923–1982	

2) Quelle: Wikipedia

Krugerrand	Südafrika	1967 bis heute	teilweise offizielle Nachprägungen
Gold Maple Leaf	Kanada	1979 bis heute	
Gold Panda	China	1982 bis heute	
Gold Eagle	USA	1986 bis heute	
(Känguru-) Nugget	Australien	1987 bis heute	
Britannia	England	1987 bis heute	
Wiener Philharmoniker	Österreich	1989 bis heute	

Ich finde diese Liste historischer und aktueller Goldmünzen hochinteressant. Sie zeigt in aller Deutlichkeit, dass Gold schon immer Geld war. Eindrucksvoll auch, dass manche Münzen über Jahrhunderte Zahlungsmittel waren. Besonders sticht in diesem Zusammenhang der Solidus heraus, der von 312 bis etwa 1092 Gültigkeit hatte. Manche Münzen überlebten ganze historische Epochen! Der Dinar aus dem Islamischen Reich bringt es auf über 800 Jahre (696–1543). Und zu guter Letzt sei auch der Dukaten erwähnt, quasi eine Art Goldeuro. Der Dukaten wurde erstmals in 1284 in Venedig geprägt und verbreitete sich in den darauffolgenden Hunderten von Jahren rasch über ganz Europa. In Deutschland wurde er 1559 zur Reichsmünze erklärt und erst 300 Jahre später (1857) im Gebiet des Deutschen Zollvereins aufgehoben. Er galt aber später noch als Tauschmittel, denn die rund 3,5 Gramm Gold würden ja selbst heute noch einen Wert verkörpern. Bis ins letzte Jahrhundert hinein konnte man mit dem Dukaten bezahlen. Das ist für ein Zahlungsmittel ein Rekord. Er war quasi eine Währungsunion ganz ohne Zentralbank, einzig gestützt auf den Wert des Goldes. In diesem Zusammenhang stellt sich die Frage, warum eigentlich Papiergeld eingeführt wurde, wenn doch die Vergangenheit zeigte, dass Goldwährungen eigentlich sehr gut funktionierten und gleich mehrere Epochen der Menschheit überlebten. Dagegen ist die Halbwertzeit jedes Papiergeldes mikroskopisch gering.

Goldmünzen waren über zwei Jahrtausende hinweg sogar eine Art globale Währung, bildeten also eine weltweite Währungsunion. Die einzelnen Münzen hatten zwar unterschiedliche Gewichte, waren aber miteinander kompatibel. Und das trotz höchst unterschiedlicher Machtstrukturen auf der Welt.

GOLDFÄLSCHUNGEN

Fälschungen und Fälschungsversuche gibt es so lange, wie es Gold gibt. Auch schon in historischen Zeiten besaß die frisch geprägte Münze ein fest definiertes Gewicht. Und was machten die Betrüger? Sie feilten am Rand eine kleine Menge Goldstaub ab und bereicherten sich so. Aber richtig fälschen konnte man die Münzen damals nicht.

Es gab zwar einige Versuche, Gold durch Messing zu ersetzen, doch der geschulte Blick würde dies natürlich sofort erkennen, und auch das leichtere Gewicht ist auffällig. Doch unerfahrene Zeitgenossen konnte man auf diese Weise schon vor Hunderten von Jahren betrügen. Das Thema Goldfälschungen ist aber auch heute noch durchaus aktuell. Im Internet kursieren seit Jahren Berichte über gefälschte Goldbarren und -münzen.

Zunächst muss festgehalten werden, dass man Gold selber gar nicht fälschen kann. Es hat bekanntlich ein hohes spezifisches Gewicht, das übrigens höher als das von Blei ist. Auch Vermischungen und Legierungen fallen jedem Fachmann sofort auf. Ein einfacher Säuretest beseitigt letzte Zweifel. Doch seit einigen Jahren kommen immer wieder Gerüchte auf, dass Gold durch Wolfram ersetzt wird. Wolfram besitzt bedauerlicherweise bis auf die erste Stelle hinter dem Komma ein ähnlich hohes spezifisches Gewicht wie Gold. Stellt sich also generell die Frage: Wie groß ist die Gefahr, dass der vermeintliche Goldbarren im Kern aus Wolfram besteht? In der Tat lohnte sich für Ganoven dieses Betrugsmanöver, denn Wolfram ist einige Hundert Mal preiswerter als Gold.

Nun kann man aber Gold nicht so einfach mit Wolfram mischen. Das würde sofort auffallen. Es gibt aber eine andere Möglichkeit, Barren oder Münzen zu fälschen: indem man sie mit einem Wolframkern versieht. Außen eine Goldhülle, innen Wolfram. Aktuelle Schätzungen der Goldhändler-Gemeinschaft gehen davon aus, dass bis zu einer Million Goldbarren einen Wolframkern haben. Gerüchte besagen sogar, dass Hunderte Tonnen US-Gold gefälscht seien. Man kolportiert, dass man schon vor Jahrzehnten den weichen Goldinhalt von Fort Knox durch Wolfram „ausgehärtet" hätte. Ich hielt solche Berichte zunächst für wenig seriös, wurde aber später eines Besseren belehrt.

Rein technisch ist es äußerst schwierig, Gold mit einem Wolframkern aufzufüllen. Das kann man nicht mal eben zu Hause im Hobbykeller oder in der Garage erledigen. Wolfram gehört zu den Metallen mit dem höchsten Schmelzpunkt. Nicht zuletzt deshalb findet das Metall in Glühbirnen Verwendung und ist auch beim Militär ein stark gefragter Stoff. Wolfram schmilzt erst bei 3.407 Grad (ein Diamant schmilzt übrigens bei 3.540 Grad) – das sind unvorstellbar hohe Temperaturen, bei denen Gold längst verdampft ist und sich in seine Atome verflüchtigt hat. Das passiert bei Gold übrigens schon bei 2.940 Grad. Bei bereits 1.064 Grad ist der Schmelzpunkt erreicht.

Trotz aller Schwierigkeiten – gefälschte Goldbarren mit Wolframkern gibt es wirklich. Und offensichtlich ist das sogar schon lang gepflegte Praxis. Ruchbar wurde es erst, als man 2009 in Hongkong US-Goldbarren mit einer spröden Wolframseele herausfischte. Entdeckt wurde der Schwindel, indem man versuchte, die Barren zu durchbohren.

Über die tatsächliche Zahl der gefälschten Goldbarren wird das Deckmäntelchen des Schweigens gebreitet. Die Öffentlichkeit soll nicht verunsichert werden. Dennoch scheint das Problem größer zu sein als allgemein bekannt. Es ist offensichtlich Fakt, dass mehr Goldfälschungen im Umlauf sind, als sich manch einer vorstellen kann. Diese kommen nur deshalb nicht ans Licht, weil man entsprechende Barren oder Münzen erst aufbohren oder durchschneiden muss, um den wahren Kern zu entdecken. Und wer macht das schon, wenn er erst mal im Besitz eines solchen Barrens ist? Bestimmt niemand, denn dann ist das Geld – oder besser das

Gold – verloren. Den sicheren Beweis für Goldfälschungen mit Wolframkern lieferte 2009 eine Dokumentation des deutschen Fernsehsenders *ProSieben*, in der es generell ums Thema Gold ging. Zum Thema Goldbarren mit Wolframkern wurde der Leiter der Goldgießerei Heraeus befragt, eine der größten Goldscheideanstalten Europas. Dort wird unter anderem auch Gold angenommen, das wieder eingeschmolzen wird.

Der Leiter der Goldgießerei zitierte einen Mitarbeiter, der ein „alter Fuchs" sei und bei einem bestimmten Barren gesagt habe: „Der gefällt mir nicht." Also entschieden sich die Fachleute, den Barren in der Mitte durchzuschneiden. Und siehe da: In der Mitte des Barrens trat ein spröder, dunkelgrauer Wolframkern zutage. Zur Herkunft des Falsifikats wurde lediglich erwähnt, dass es von einer Bank stamme. Doch welche Bank, das blieb unbeantwortet.

Dieser Vorgang, der an sich sensationell ist, wurde in der Dokumentation nicht weiter verfolgt – obwohl sich an dieser Stelle wirklich viele Fragen stellen: Wie viele gefälschte Goldbarren sind schon aufgetaucht? Gibt es ähnliche Erfahrungen von anderen Goldgießereien? Woher kommen die Fälschungen? Von welcher Bank kam das gezeigte Falsifikat? Alles unbeantwortete Fragen.

Ich wollte der Angelegenheit auf den Grund gehen und beschloss, den im Film gezeigten Direktor bei Heraeus zu kontaktieren. Nach einiger Recherche konnte ich den Mann samt Telefonnummer ausfindig machen und rief ihn kurz entschlossen an. Was dann passierte, war allerdings recht merkwürdig.

Ich begann die Konversation mit ein wenig Small Talk zum Thema Gold. Mein Gesprächspartner war äußerst eloquent und sehr auskunftsfreudig. Dann leitete ich zum Hauptthema über: Goldbarren mit Wolframkern. Ich wies ihn auf den Film hin, in dem er ja bereitwillig einen solchen Barren gezeigt hatte, und bat ihn um weitergehende Informationen. Doch von diesem Moment an war die Stimme am anderen Ende extrem aufgeregt und verweigerte jede weitere Auskunft. Nein, er wolle auf keinen Fall über

das Thema sprechen, er könne dazu partout nichts sagen, er wolle nun auch das Gespräch abbrechen. Ich wies ihn darauf hin, dass
er ja in dem Film den Barren sogar gezeigt hätte und dass ich es
wenig verständlich empfände, dass er sich nun sperre. Daraufhin
sagte er kurz angebunden, der Film sei ein Fehler gewesen. Er hätte das eigentlich gar nicht bringen wollen und bereue es, einen
solchen Barren gezeigt zu haben. Er müsse das Gespräch aber nun
abbrechen, kein Kommentar mehr … Ein kurzes Klacken in der
Leitung. Der Mann hatte aufgelegt.

Ich war ziemlich verdutzt. Offensichtlich hatte ich ein heikles
Thema angesprochen. Meine Interpretation dieser Angelegenheit: Es gibt wohl noch mehr Fälschungen, als allgemein in der
Öffentlichkeit durchgesickert ist. Jene, die darüber Bescheid wissen, wollen aber verhindern, dass entsprechende Informationen
nach außen gelangen. Deshalb hat der Direktor der Goldgießerei
das Gespräch so abrupt abgebrochen. Die Art und Weise, wie er
das tat, ließ in mir den Verdacht aufkommen, dass er sogar verpflichtet wurde, kein Sterbenswörtchen mehr zum Thema zu sagen. Ich hörte in seiner Stimme auch eine gewisse Aufgeregtheit
oder gar Ängstlichkeit. Der Goldexperte wollte auf keinen Fall,
dass ich zitiere. Deshalb möchte ich an dieser Stelle auch nicht
seinen Namen nennen, den ich natürlich kenne. Wurde er sogar
bedroht, um nichts mehr zu sagen? Dieses Geheimnis wird wohl
so schnell nicht gelüftet werden.

Eines ist jedenfalls klar: Solche Goldbarren mit Wolframkernen
können nicht von Hobbyfälschern hergestellt werden. In einem
Gespräch mit einem Fachmann wurde klar: Das ist ein Geschäft
für Profis. Im Übrigen dürfte es sehr schwierig sein, entsprechende Goldmengen in einer Hobbyfälscherwerkstatt zu horten.
Mit anderen Worten: Sehr wahrscheinlich sind es Regierungen
oder Staaten, die hier professionell dem weichen Gold einen harten Wolframkern einsetzen und damit Milliarden zusätzlicher
Gewinne einfahren. Es ist durchaus denkbar, dass diese Form

von Kriminalität auf staatlicher Ebene organisiert wird, vielleicht sogar von den USA selbst? Oder in Osteuropa, Nordkorea beziehungsweise Ländern, die selbst unter Goldknappheit leiden? Bebachtern zufolge haben sich die offiziellen Goldreserven auch im Westen zum großen Teil „verflüchtigt". Was liegt da näher, als den verbliebenen Goldbeständen mit Wolfram ein wenig auf die Sprünge zu helfen? Auf diese Weise käme es dann zu einer wundersamen Goldvermehrung. Aber das sind selbstverständlich nur Vermutungen.

WIE ERKENNT MAN GOLDFÄLSCHUNGEN?

Goldbarren mit Wolframkern – eine schwierige Angelegenheit. Hier und da wird kolportiert, dass man den wahren Kern eines Barrens mit einem Spektrometer überprüfen könne. Doch das ist leider ein Irrtum. Ein Röntgenfluoreszenzspektrometer leistet keine Tiefenanalyse der Metallprobe. Die Probe wird dabei zum Beispiel durch eine Röntgenstrahlung angeregt, und zwar nur ihre Metalloberfläche. Dabei wird eine sekundäre Energie frei, nämlich die abgegebene elementspezifische Fluoreszenzstrahlung. Diese wertet ein Strahlendetektor aus. In der Praxis heißt das: Ein goldüberzogener Wolframkern erhält eine Oberflächenanalyse mit dem richtigen Ergebnis. 99,999 Prozent Gold. Das tatsächliche Innenleben bleibt aber weiterhin verborgen. Diese Messmethode ist für versteckte Wolframkerne ungeeignet. Was also tun?

Es liegt ein fraglicher Goldbarren vor Ihnen. Wie erkennen Sie die Echtheit? Da sich Wolfram in seiner Dichte nur in der Stelle hinter dem Komma von Gold unterscheidet (19,26 beziehungsweise 19,32), ist es zwecklos, Gewicht und Abmessungen zu prüfen. Ein Hinweis ist das unterschiedliche Verhalten von Gold und Wolfram in einem Magnetfeld: Wolfram ist paramagnetisch, es wird von einem Magnetfeld angezogen; Gold ist diamagnetisch und wird aus einem Magnetfeld abgestoßen. In der Praxis ist dieser Test aber wenig zielführend, denn man braucht dazu schon ein sehr starkes Magnetfeld, das allenfalls im Physiklabor verfügbar ist.

Es gibt aber noch einen anderen, recht zuverlässigen Praxistest, um ein Falsifikat zu enttarnen, und zwar mithilfe der Schallgeschwindigkeit. Der Schall breitet sich in beiden Metallen sehr unterschiedlich schnell aus – bei Wolfram fast dreimal schneller als bei Gold. Um festzustellen, ob man einen Goldbarren mit Wolframkern vor sich hat, muss man glücklicherweise keine komplizierten Messungen der Schallgeschwindigkeit vornehmen. Es funktioniert viel einfacher, und zwar mit der Fingerschnipp-Methode: Wenn man einen fraglichen Barren mit den Fingern anschnippt, hört man den Unterschied recht deutlich. Wolfram „antwortet" darauf mit einem wesentlich helleren Klang als das in sich ruhende, weiche Gold. Allerdings braucht man für diesen Test schon eine gewisse Hörerfahrung. Mein persönlicher Tipp deshalb: Kaufen Sie Goldbarren nur von deutschen oder europäischen Qualitätsherstellern, wie zum Beispiel Heraeus, Degussa oder Umicore.

Lassen Sie die Finger von exotischen Anbietern, wie zum Beispiel Emirates Gold aus Dubai oder Gold US-amerikanischer Herkunft. Damit will ich natürlich nicht behaupten, dass die letztgenannten Anbieter Fälschungen im Angebot haben – aber „sicher ist sicher".

Wichtig in diesem Zusammenhang ist auch, dass sich Goldfälschungen eher bei größeren Einheiten lohnen. Kilobarren lassen sich besser fälschen als kleine Goldplättchen in der Größenordnung bis 50 Gramm. Hier scheint der Aufwand zu groß zu sein. Allerdings habe ich im Internet die Seite einer chinesischen Firma ausfindig gemacht, die ganz frech neben Barren mit Wolframkern auch Wolframmünzen mit Goldüberzug anbietet. Allerdings waren dies keine bekannten Münzen wie Krügerrand oder Maple Leaf, sondern offenbar Eigenfabrikate. Damit wird noch mal deutlich, dass man beim Goldkauf auf weltweit bekannte Qualitätsware setzen sollte.

GEFAHR FÜR DIE ALTERSVORSORGE

Vor einigen Jahren machte ich mal Kassensturz, um zu überschlagen, wie es mit meiner Altersvorsorge aussieht. Das Ergebnis war durchaus ermutigend. Ich hatte mir einfach mal ausgerechnet, wie viel Geld ich mit Zinseinnahmen und wie viel ohne Zinseinnahmen pro Monat zur Verfügung habe, bis zu einem imaginären Todeszeitpunkt, den ich bei 100 Jahren ansetzte. Mein gesamtes Kapital sollte nach einer Laufzeit von 50 Jahren wieder auf null schrumpfen. „Mitnehmen" wollte ich nichts, und Vererben war ebenfalls nicht mein Ziel. Ich bin der Meinung, jede Generation sollte wieder bei null anfangen und nicht über üppiges Startkapital verfügen. Das macht das Leben spannender.

Aber zurück zu meinem persönlichen Kassensturz, denn ich habe nur mikroskopische Summen in eine Rentenversicherung eingezahlt, bin also quasi völlig auf mich alleine angewiesen. Das Ergebnis war nicht schlecht. Um es mal mit einem gewissen Understatement auszudrücken: Ich müsste nicht verhungern. Ähnlich wird es Ihnen gehen, ohne dass Ihre Altersvorsorge auf den ersten Blick so transparent erscheinen mag. Wahrscheinlich haben Sie in die staatliche Rentenversicherung eingezahlt oder andere private Vorsorgemaßnahmen ergriffen, um einen sicheren Lebensabend zu genießen.

Ich will jetzt nicht darüber philosophieren, welche Form der Altersvorsorge die bessere ist – der private Sparplan, das öffentliche System oder andere Formen des Fondssparens und der Lebensversicherung. Denn alle haben derzeit ein Problem: Das Geld ist schon weg. Und wenn es nicht schon weg ist, dann wird es dennoch zum Zeitpunkt der Auszahlung weg sein oder zumindest so stark entwertet sein, dass es auf keinen Fall mehr die erhoffte Kaufkraft besitzt. Von den 2.000 Euro monatlich können Sie dann in 15 Jahren vielleicht noch zwei Brötchen kaufen, vielleicht aber auch gar nichts mehr.

Das blinde Vertrauen in staatliche oder private Altersvorsorge-
maßnahmen ist in meinen Augen tödlich. Es wird zu einem bösen
Erwachen führen. Dabei geht es gar nicht so sehr um die demo-
grafische Entwicklung in der westlichen Welt, welche die staatliche Rente sowieso ad absurdum führt. Nein, es geht schlicht
und ergreifend darum, dass vorher das Geldsystem kollabieren
wird. Das war für mich eine der erschütterndsten Feststellungen
meines Lebens. Es ist so, als wenn man den Glauben an den
Weihnachtsmann verliert.
Aber es ist besser, den Problemen ins Auge zu sehen, als sie zu ignorieren. Die Krise, die wir in den letzten Jahren hatten, ist keine
normale Wirtschaftskrise, sondern eine existenzielle Geldsystemkrise. Das System ist krank, aus den Fugen geraten. Es wird nur
noch mithilfe von Billionen Dollar am Leben gehalten, die per
Knopfdruck erzeugt werden. Aus dieser Krise kommen wir nicht
wieder heraus. Es sind die Vorboten des Finales. Es sind die
Symptome einer unheilbaren Krankheit, die zwangsläufig zum
Tod führt. Und damit ist auch die klassische Altersvorsorge ge-
storben – auch wenn das zum gegenwärtigen Zeitpunkt nur die
wenigsten Menschen realisieren. Doch die Folgen werden bitter
sein. Die Menschen werden um ihre Lebensleistung betrogen.
Nur der Unkenntnis der breiten Masse, der Unfähigkeit der Medien, der Unaufrichtigkeit der Politik („die Rente ist sicher") sowie der Geheimniskrämerei der Notenbanken ist es zu verdanken, dass dieses kriminelle Verbrechen an der Kaufkraft unseres
Geldes in der Öffentlichkeit nicht zu größeren Protesten führt.
Denn was hier passiert, ist der größte Betrug der Menschheitsgeschichte.
Nach meinen Erkenntnissen steht jetzt schon fest, dass die Rente
für meine Generation nur noch eine Illusion ist. Es gibt demnach
zwei Konsequenzen aus den Problemen, die das Geldsystem schon
jetzt aufweist. Eine davon ist, dass die Notenbanken so viel Geld
drucken, dass es über kurz oder lang zu Hyperinflation kommt.

Und genau das ist übrigens auch das erklärte Ziel der Zentralbanker: Inflation zu erzeugen. Natürlich meinen sie damit nicht
gleich die Hyperinflation. Eines ist jedoch sicher: Bei den Billionen, die heute gedruckt werden, kann man später nur noch
schwer abschätzen, ob lediglich eine milde Inflation dabei her-
auskommt oder ob das ganze Geldsystem in einer letzten Supernova per Hyperinflation verglüht. Ich tendiere zu letzterer Annahme. Die Notenbanken wollen Inflation und riskieren die
Hyperinflation, um die Staatsschulden zu entwerten. Wenn aber
Staatsschulden „entwertet" werden, entwertet sich auch das ihnen zugrunde liegende Geld. Prof. Wilhelm Hankel hat es mal so
formuliert: „Staatsbankrott ist nur eine andere Form der Währungsreform." Und er trifft damit den Nagel auf den Kopf. Es gibt
nämlich auch noch eine andere Form des Zusammenbruchs.
Und das ist nicht der Untergang durch Inflation, sondern der deflatorische Crash. Das System implodiert sozusagen. Dieser Vorgang funktioniert in etwa so: Die Staatschulden steigen immer
mehr. Als Folge gehen mit der Zeit auch die Zinsen enorm in die
Höhe. Irgendwann kann der Staat die Zinsen nicht mehr bedienen und dann ist Schluss.

Schon jetzt dient rund ein Drittel des Staatshaushalts (also Ihrer
und meiner Steuern) dazu, die Zinslast zu zahlen. Für das Jahr
2011 errechnete der Bund der Deutschen Steuerzahler, dass der
Staat allein 61 Milliarden Euro Zinsen zahlen muss. Dass dieser
Betrag in Zukunft nicht kleiner, sondern größer wird, ist – wie Sie
durch die Lektüre dieses Buches wissen – systembedingt. Besonders dramatisch wird die Situation, wenn die Zinsen in die Höhe
gehen. Man muss kein Mathematikprofessor sein, um auszurech-
nen, was geschieht, wenn sich die Zinsen verdoppeln oder gar ver-
mehrfachen. Und das kann leicht passieren, nämlich dann, wenn
sich die Investoren sagen: *Wir verleihen unser Geld eben nur noch*
zu höheren Zinsen, weil die Risiken zu hoch sind. Zinsen, die das
Doppelte oder Mehrfache des heutigen Niveaus betragen, waren

in der Vergangenheit keine Seltenheit. Doch damals war die Schuldenlast geringer. Anfang der Neunzigerjahre lag zum Beispiel die Rendite für zehnjährige deutsche Staatsanleihen bei über acht Prozent – heutzutage undenkbar, siehe Griechenland, Irland et cetera. Auch Deutschland könnte sich heute solche hohen Zinsen nicht mehr leisten. Und die USA sowieso nicht. Angesichts der zunehmenden Schulden aber müsste es eigentlich notwendigerweise zu höheren Zinsen kommen. Die Folge wäre ein Staatsbankrott auch in Deutschland. Und damit wäre die Altersvorsorge auch weg. Denn die meisten Ansparpläne, besonders bei großen Pensionsfonds, aber auch die Lebensversicherungen investieren in erster Linie in Staatsanleihen.

Es ist also nur eine Frage der Zeit, bis die Risiken steigen. Dass sie höher werden, können Sie an den Schuldenuhren am New Yorker Times Square oder in Berlin-Mitte ablesen. Die Risiken steigen täglich schneller. Sollten sich die Zinsen verdoppeln, müssten wir also nicht ein Drittel, sondern zwei Drittel unserer Steuereinnahmen für Zinsen ausgeben. Sollten sich die Zinsen gar verdreifachen, ist der Ofen aus. Dann gehen sämtliche Einnahmen des Staates für die Zinsen drauf. Die Zinshöhe wird letztlich von den Gläubigern bestimmt. Natürlich kann die Zentralbank aber auch diese Zinsen eine Zeit lang nach unten manipulieren, so wie sie es seit 2009 tut. Doch auch hier ist irgendwann Schluss. Sie sehen also: Das Geldsystem wird gerade von verschiedenen Seiten in die Zange genommen. Was sich abspielt, ist nichts anderes als ein Todeskampf. Und dieser Todeskampf soll möglichst lange verschwiegen und versteckt werden. Die Leute sollen nichts wissen und sich in trügerischer Sicherheit wiegen. Doch der Tag der Abrechnung rückt näher. Und dann ist es für die meisten zu spät. Der Begriff „Altersvorsorge" bekommt aus dieser Perspektive eine ganz neue Bedeutung.

Es ist eine Altersvorsorge, die sich eben nicht mehr allein auf den Fortbestand der Dinge, so wie wir sie kennen, konzentrieren darf.

Es ist eine Altersvorsorge, in der eine Vorsorge jenseits von Geld immer wichtiger, ja überlebensnotwendig wird. Ich versichere Ihnen, dass das für mich ebenfalls eine sehr schmerzliche Erkenntnis war. Jahrzehntelang habe ich das System als Selbstverständlichkeit angesehen. Als Börsenreporter und Buchautor, als Redner und „Experte". Ich habe nie gefragt, warum mich das Wasser trägt, in dem ich schwimme. Ich habe Geld nie infrage gestellt. Ich habe immer geglaubt, dass alles so weitergeht wie bisher.

Eigentlich eine naive Ansicht. Übrigens, in dem Moment, da ich diese Zeilen schreibe, sitze ich in einem Jumbojet auf dem Weg in den Mittleren Osten. Rechts neben mir entwickelt sich ein wunderschöner Sonnenuntergang. Vorne steigt der Mond aus den Wolken. Während ich so zum Fenster herausschaue, um dieses Naturspektakel auszukosten, kommt mir in den Sinn: Es ist doch eigentlich alles in Bewegung. Die Welt dreht sich, das gesamte Universum dehnt sich aus, Milliarden von Sternen ziehen in rasender Geschwindigkeit ihre Bahnen – mit anderen Worten: Nichts bleibt, wie es ist. Nirgendwo. Wir müssen immer für Überraschungen offen sein – negative, aber auch positive.

Die Annahme, das Geldsystem, also „unser Geld", währe ewig, ähnlich wie eine Naturkonstante, kann ich im Nachhinein nur als naiv ansehen. Ich hätte mir eigentlich schon viel früher darüber Gedanken machen müssen, wie dieses System funktioniert. Aber, wie gesagt: Niemand fragt danach, warum das Wasser, in dem man schwimmt, einen trägt – solange es trägt. Verliert das Medium seine Tragfähigkeit, braucht man einen besonderen Rettungsring.

Genau so verhält es sich derzeit mit unserem Geldsystem. Der Wert des Geldes wird von innen heraus erodiert. Die meisten Menschen strampeln jetzt etwas schneller, damit das Wasser sie noch trägt. Aber jeder Versuch, sich an der Oberfläche zu halten, scheint beschwerlicher zu werden. Was also tun?

ALTERSVORSORGE MIT GOLD

Es gibt keine andere Möglichkeit, die Kaufkraft Ihres hart Ersparten zu erhalten, ohne es in Edelmetalle anzulegen. Und damit meine ich in erster Linie Gold und Silber. Einige Experten raten auch zu Immobilien, doch diese verlieren in einer existenziellen Krise drastisch an Wert, wenn man sie überhaupt verkauft kriegt. Mein Tipp: Jetzt lieber keine Immobilien! In der Krise kaufen Sie dann ganze Häuserblocks für ein paar Unzen Gold. Deshalb ist Gold das wesentlichste Element einer wirksamen Altersvorsorge. Jeder kann seinen ganz persönlichen Goldsparplan machen. Das bedeutet, dass man jeden Monat einen bestimmten Betrag an Geld in Gold umwandelt. Vorteil: Da Goldpreise auch schwanken, hat man am Ende einen guten Durchschnittskurs. Bei einem disziplinierten Sparplan kommt nach einigen Jahren ganz schön was zusammen. Man erhält zwar keine Zinsen, aber dafür braucht man auch nicht um den finalen Wert der Altersvorsorge zu bangen. Diese Frage ist allerdings bei „Papiergeldsparplänen" mehr als berechtigt. Bei Gold dagegen sieht die Sache anders aus: Edelmetalle sind eine wertbeständige und krisensichere Anlage und nicht von der Inflation betroffen. Allen Prognosen zufolge sollte der Goldpreis auch in Zukunft steigen, sodass man auf die Zinsen bei herkömmlichen Anlagen gut verzichten kann. Außerdem: Was nutzen Zinsen, wenn man sich am Ende nichts mehr dafür kaufen kann?

Auch steuerlich bietet der Goldsparplan Vorteile: Ein Edelmetalldepot ist derzeit nach einem Jahr Besitz von der Abgeltungssteuer befreit (anders als bei Aktien, wo 25 Prozent plus Soli plus Kirchensteuer auf die Gewinne zu entrichten sind). Gold ist im Gegensatz zu Silber hierzulande von der Mehrwertsteuer befreit. Außerdem wichtig: Man kann Edelmetallbestände jederzeit verkaufen und vererben. Allerdings sollte man beim Goldkauf auch nicht übertreiben. Es gilt deshalb die eherne Regel: Tauschen Sie nur so viel Geld in Edelmetalle, dass Sie niemals zu Notverkäufen gezwungen sind.

Auch größere Summen sind leicht in Gold umzuwandeln. Wer weniger Geld hat, kann in Silber gehen. Silber soll nach Expertenmeinung sogar noch das viel höhere Steigerungspotenzial haben als Gold. Denn das Gold/Silber-Verhältnis (wie viele Unzen Silber sind eine Unze Gold?) war selten so hoch wie in den letzten Jahren. Dabei ist Silber noch wesentlich knapper als Gold, weil es in der Industrie verbraucht wird. Der Nachteil ist hier lediglich, dass man keine riesigen Summen „versilbern" kann. Ein Kilo Silber kostete Ende 2010 rund 800 Euro, ein Kilo Gold dagegen 33.000 Euro. Hinzu kommt das höhere spezifische Gewicht von Gold: Ein Kilobarren Gold ist nur halb so groß wie ein Kilobarren Silber.

Ein Kilobarren Gold sieht eher unscheinbar aus, aber wenn man ihn erst mal in der Hand hält, merkt man sofort, wie schwer er ist und dass es sich um etwas ganz Besonderes handelt. Und ich wette mit Ihnen: Etwas Schwereres (in Bezug auf die Größe) haben Sie zuvor noch nicht angehoben, es sei denn, Sie sind Platinhändler. Die Werthaltigkeit von Gold spürt man geradezu, und es verwundert kaum, dass dieses Edelmetall schon seit Tausenden von Jahren eine besondere Rolle einnimmt. Gold hat schon immer die Menschen fasziniert. Und es glänzt immer. Es oxidiert nie. Auch nach 1.000 Jahren nicht. Mit anderen Worten: Wenn Sie Gold erst mal mit eigenen Augen erblickt haben, wenn Sie mal so einen Barren 100 Prozent reinen Goldes in der Hand hielten, dann brauchen Sie gar keine Bücher mehr über Gold zu lesen, denn dann wissen und spüren Sie, dass Gold unvergänglich ist.

Viele Kritiker wenden ein, dass Gold ja gar nichts mehr nutze, wenn sowieso alles zusammenbricht. Diese Haltung ist allerdings sehr pessimistisch und wird durch die Geschichte so nicht bestätigt. Wahr ist, dass es bei einem Zusammenbruch eines Geldsystems beziehungsweise bei einer Währungsreform natürlich zu gesellschaftlichen Verwerfungen kommen kann. Die breite Masse wird ganz sicher nicht darüber erfreut sein, dass sie all ihr Erspartes verloren hat. Zyniker sagen deshalb, man braucht nicht nur Gold, sondern auch eine Schusswaffe. Doch so negativ sehe ich das nicht.

Bisher sind bekanntlich alle Geldsysteme zusammengebrochen und alle pekuniären Katastrophen hat die Menschheit überlebt. Nach jedem Zusammenbruch ist es irgendwie weitergegangen. So wird es auch beim nächsten Kollaps sein. Viele verlieren alles, einige haben vorgesorgt und bauen sich mit ein paar Unzen Gold neuen Wohlstand auf. In der Zwischenzeit gibt es erst mal nur Tauschgeschäfte, die natürlich darauf beruhen, dass man etwas tauscht, was auch einen Wert hat. Und dazu zählt nicht das Geld, sondern Gold beziehungsweise Edelmetalle oder andere wertvolle Güter. Geld ist bloß ein Versprechen. Und am Ende immer ein leeres Versprechen.

Wenn man kein Gold oder Silber zum Tauschen hat, kann man auch etwas anderes nehmen. In der Anfangszeit des Römischen Reiches war als Tauschmittel auch das „pecus" (lat. Vieh) sehr weit verbreitet. Daher rührt auch das Wort „pecunia" (lat. Geld). Doch wer hat heutzutage im Ernstfall schon ein Rind oder ein anderes Viech als Tauschmittel? Da sind Edelmetalle doch schon etwas fungibler. Es ist sicher davon auszugehen, dass es nach einem Zusammenbruch auch wieder weitergeht, selbst wenn es zwischendurch gravierende gesellschaftliche Verwerfungen geben sollte. Die Frage ist nur, mit welchen Anfangsmitteln man dann dasteht.

Die Geldsystemkrise hat 2007 ihren Anfang genommen. Seitdem sind die Einschläge immer näher gekommen. Das Ende durch eine Währungsreform oder einen Staatsbankrott ist programmiert. Die Frage ist nicht, ob, sondern wann. Und manchmal kann der Zeitpunkt des Ungemachs schneller hereinbrechen, als man denkt.

Vorsorgen kann man also nur, solange die Krise noch nicht aus-
gebrochen ist, denn von diesem Moment an ist es zu spät. Dann
kann man nur noch zusehen, wie der Wert der Scheine zerfällt,
die Kaufkraft schwindet. Der „Schein" trügt bekanntlich – und
das tut er auch dieses Mal, obwohl das nur eine verhältnismäßig
kleine Anzahl von Menschen bemerkt.

Alan Greenspan brachte es vor dem U. S. House Banking Committee 1998 auf den Punkt: „Gold repräsentiert immer noch die
höchste Zahlungsform der Welt. (…) Papiergeld wird, in extre-
mis, von niemand entgegengenommen. Gold dagegen wird immer
angenommen." Damals war die Welt noch in Ordnung. Von Finanzkrise beziehungsweise Geldsystemkrise war nichts zu spüren.
Niemand maß den Aussagen des Ex-US-Notenbankchefs eine
größere Bedeutung bei. Doch heute sieht die Sache anders aus.
Deshalb ist Gold ein unverzichtbarer Bestandteil einer jeden Altersvorsorge geworden und wenn Sie noch keines besitzen, sollten
Sie schon morgen welches kaufen.

GOLDAUFBEWAHRUNG

Der Tresor oder das Schließfach einer Bank ist der ungeeignetste Ort, seine Edelmetallbestände zu lagern. Im Falle einer sich zuspitzenden Krise werden Banken sofort geschlossen oder überrannt – in beiden Fällen kommt man an die Tresore nicht mehr heran und das Gold ist praktisch. Es gibt aber auch noch eine andere, nicht zu unterschätzende Gefahr: den Staat. In immer mehr Ländern kann man derzeit eine Hatz auf sogenannte Steuerhinterzieher beobachten. Regierungen gehen gnadenlos vor, denn sie brauchen dringend Geld. Woher also nehmen, wenn man nicht gleich die Schweiz überfallen will, um die Konten zu überprüfen? Richtig, man bricht die Schließfächer in den Banken auf.

So ließen die Behörden in Großbritannien 2008 in einer spektakulären Aktion 7.000 Schließfächer gewaltsam öffnen. Hintergrund: Die Behörden äußerten den Verdacht auf Geldwäsche und Schwarzgeld, das in den Fächern gelagert sei. Die zutage geförderten Vermögenswerte – unter anderem Gold – wurden in der englischen Presse wie ein Triumph gefeiert. In den Zeitungen wurden die Schließfachbesitzer per se als Kriminelle eingestuft, nach dem Motto: Wer was im Fach hat, der hat auch was zu verbergen.

Die britische Gewaltaktion im Juni 2008 förderte unter großem Mediengetöse Kisten voller Gold und Bargeld im Wert von rund 35 Millionen Euro zutage. Als Beweis für einen kriminellen Hintergrund wurde auch der Umstand gewertet, dass in einem Fach historische Gegenstände lagerten und in einem anderen Elfenbeinzähne und Waffen gefunden wurden. Die Tatsache, dass der Staat sich gewaltsam an Schließfächer heranmacht und diese aufbricht, wurde dagegen in der Presse kaum als fragwürdig thematisiert und stieß auch in der breiten Bevölkerung nicht auf Kritik. Ganz im Gegenteil: Die meisten Menschen fanden diese Aktion gut, weil es auf diese Weise „bösen Steuerhinterziehern" an den Kragen gegangen sei. Man muss kein Hellseher sein, um zu befürchten, dass sich auch hierzulande eine solche Aktion jederzeit wiederholen könnte. Der rechtswidrige Erwerb dubioser CDs von angeblichen Steuerhinterziehern in der Schweiz durch den Staat war nur der Anfang. Warum nicht gleich zu Hause die Schließfächer überprüfen? Da sich die Politiker in letzter Zeit immer weniger an Gesetz und Ordnung halten, dürfte es sehr wahrscheinlich sein, dass auch in Deutschland demnächst Schließfächer über Nacht zwangsgeöffnet werden. Wer hat denn schon was zu verbergen? Außerdem darf ja jeder, der sich ungerecht behandelt fühlt, gerne nachweisen, dass sein Gold aus versteuerten Geldern erworben wurde …

Doch Großbritannien ist schon jetzt leider kein Einzelfall. In Panama wurden Schließfächer im Sommer 2009 offiziell verboten. Kunden wurden aufgefordert, ihr Eigentum zu entfernen. Schwacher Trost: Immerhin wurden die Fächer nicht gleich aufgebrochen. Banken in Panama werden in Zukunft keine Schließfächer mehr vermieten. Kunden, die im Besitz eines Schließfachs waren, wurden aufgefordert, es innerhalb von sechs Monaten zu räumen. Davon betroffen waren alle Banken, auch große, international tätige Kreditinstitute wie Banvivienda und HSBC. Darüber hinaus weigern sich die größten Banken des Landes seit kurzer Zeit, Konten für US-Bürger zu eröffnen. Davon betroffen sind auch Banken, die bisher überwiegend US-Bürger zu ihren Kunden zählten, wie Banco General, Credicorp und Global Bank. Ausnahmen gibt es nur noch, wenn sich der Neukunde einer strengen Überprüfung unterzieht.

Hinter der Aktion steckt offenbar ein geheimer Deal zwischen Panama und den USA. Panama hat es nur mit Müh und Not geschafft, nicht auf die schwarze Liste der Steueroasen zu kommen. Als Gegenleistung soll den Behörden versprochen worden sein, alles zu verhindern, was mit Geldwäsche und Schwarzgeld zu tun hat. Nach Meinung der US-Steuerbehörden (Internal Revenue

Service, IRS) ist jeder verdächtig, der über ein Schließfach verfügt. Der Verdacht ist umso größer, wenn sich das Schließfach in einer vermeintlichen Steueroase befindet. Derzeit nutzen geschätzte Hunderttausende US-Amerikaner Panama als „sicheren Hafen".

Doch nicht in jedem Schließfach lagern Schwarzgeld und Gold. Schließfächer sind in Mittel- und Südamerika sehr viel verbreiteter als in Europa, weil die Bevölkerung traditionell den Banken misstraut und Geld lieber im Privatsafe lagert, als es auf dem Konto zu belassen. Die neue Bankverordnung solle „diskret" gehandhabt werden, hieß es aus Panama. Wer ein Schließfach will, erhält einfach keines mehr. Und wer schon eines hatte, der wurde in einem vertraulichen Gespräch durch die Bank darauf hingewiesen, dass es bis zum Ende des Jahres leer sein musste.

Insider befürchten, dass das Beispiel Panama Schule machen wird. Betroffen davon könnten auf Druck der USA und der EU auch die Schweiz und andere „Steueroasen" sein. Die Steuerbehörden der jeweiligen Länder vermuten schon seit Langem, dass in den Tresoren im Ausland Milliardenvermögen lagern, die nicht versteuert wurden.

Doch zurück zur Schließfach-Aufbruch-Affäre in Großbritannien. Wie haben die Besitzer reagiert? Natürlich haben sich die meisten gar nicht gemeldet. Wer kann denn nach Jahren noch nachweisen, wie er sein Gold gekauft hat? Auch der Nachweis des Abhebens größerer Geldsummen dürfte schwierig sein. Eines kann man aus dem Beispiel in England jedoch lernen: Wenn Regierungen in die Enge getrieben werden, weil ihnen das Geld ausgeht, dann greifen sie zu jedem Mittel. Deshalb gehe ich fest davon aus, dass demnächst auch in Europa und Deutschland Schließfächer zwangsweise geöffnet werden und die Besitzer ihren Inhalt deklarieren müssen.

Wenn man jetzt also ein paar Kilo Gold gebunkert hat, wie soll man nach Jahren dem Finanzamt noch nachweisen, wie man es

bezahlt hat? Ein Bankschließfach dürfte in Zukunft ein ziemlich
ungeeigneter Ort sein, sein persönliches Hab und Gut zu lagern.
Einzige Alternative: ein privates Versteck. Nur so hat man immer ungehinderten Zugang zu seinen Reserven und ist vor dem
Zugriff durch die Staatsgewalt sicher.

DER BARGELDSCHNÜFFELHUND

Die Methoden des Staates, nach angeblich unversteuertem Geld zu suchen, werden immer brachialer und machen auch vor der Privatsphäre nicht halt. Immer häufiger suchen die Beamten dabei vor allem eines: Bargeld. Steht demnächst außer dem freundlichen Herrn von der GEZ auch der bewaffnete Zöllner mit dem Geldspürhund vor der Tür?

„Pecunia non olet", meinte einst der römische Kaiser Vespasian (69–79 n. Chr.), zu Deutsch: „Geld stinkt nicht." Doch der Römer irrte. Jede Epoche generiert ihre eigenen Begriffe und Wortschöpfungen. Das Wort „Bargeldspürhund" war offenbar bisher nur dem Zoll bekannt.

Das *ZDF* präsentierte bereits 2009 im *heute-journal* ein solch armes, abgerichtetes Tier in Aktion auf dem Frankfurter Flughafen: Hunderte Gepäckstücke, dazwischen der gute, alte Schäferhund, wild schnüffelnd. Plötzlich hält der Hund inne, fängt an zu bellen. Eine Hand greift zielgerichtet in einen Rucksack. Und siehe da: Ein kleines Bündel Geld kommt zum Vorschein. Braver Hund! Die Szene sah natürlich sehr gestellt aus – nichts anderes ist man ja gewohnt bei den Öffentlich-Rechtlichen –, aber sie verfehlte ihre Wirkung nicht. Jeder, der ein bisschen Geld hat, soll zittern. Schließlich ist die Welt ja nicht nur voll von bedrohlichen Terroristen, sondern auch verseucht mit Geldwäschern.

Geldwäscher kann heute jeder sein, der im Laufe der Zeit einen gewissen Geldbetrag – aus welchen Gründen auch immer – zur Seite gelegt hat und im Falle einer Kontrolle nicht nachweisen kann, woher das Bare stammt. Und das dürfte auf nicht wenige in unserer Schnüffelrepublik zutreffen. Die Bargeldschnüffelaktion war laut Behörden ein voller Erfolg. Das macht Appetit auf mehr. Immerhin ist davon auszugehen, dass Menschen nicht nur auf Reisen höhere Beträge mit sich führen, sondern das Geld auch zu Hause horten. Gerade in Anbetracht der Bankenkrise.

Das ist der ideale Einsatzort für den gelddressierten Vierbeiner. Es ist nur eine Frage der Zeit, bis der bewaffnete Zöllner auch vor ihrer Tür steht und bei Ihnen herumschnüffelt. Genau wie Tausende unschuldige Reisende untersucht wurden, kann man demnächst auch Tausende „verdächtige" Wohnungen durchsuchen. Sie haben doch nichts zu verbergen, oder? Jeder Rechtschaffende wird das Tier sicherlich gerne hereinlassen, sofern es stubenrein ist.

Checken Sie nur vorher, ob der Fernseher angemeldet ist. Denn ein Abgleich zwischen Zoll und GEZ liegt auf der Hand. Und noch etwas: Was für Bargeld gilt, gilt natürlich auch für Gold und Silber! Wenn Sie keine Kaufquittungen vorweisen können, dann ist alles weg und der Besitzer vor dem Kadi. Ein Glück nur, dass man bei Gold wirklich sagen kann: „Pecunia non olet."

Auf der Suche nach Geldeinnahmen dürften Staaten in Zukunft immer rabiater werden. Denn die Staatsschulden steigen bekanntlich unaufhörlich und das bedeutet immer höhere Zinsen. Die Zinsen können aber nur durch Steuererhöhungen eingetrieben werden oder eben durch andere „Einnahmequellen". Es ist durchaus vorstellbar, dass demnächst nicht nur der Bargeldschnüffelhund vorbeikommt, sondern gleich eine Art Komitee des Finanzamts oder der Finanzaufsicht: Bargeldstichprobe.

Einmal im Jahr kommen die Herren vorbei, begutachten Ihr Auto, schauen sich in Ihrer Wohnung um, ob es dort womöglich wertvolle Gegenstände gibt. Oder ob Sie einem Lebensstil frönen, der nicht im Einklang mit Ihren Einnahmen steht. Wenn Ihre Wohnungseinrichtung zu viel Luxus aufweist, dann kommen die bohrenden Fragen: Von welchem Geld haben Sie denn das gekauft? Wie sind Sie in den Besitz des wertvollen Picassos gekommen? Wie können Sie sich einen Mercedes leisten? Wer dann nicht einwandfrei nachweisen kann, wie er die Dinge bezahlt hat, der erhält gleich eine Steuernachforderung inklusive sechs Prozent Zinsen pro Jahr sowie ein Strafverfahren wegen Steuerhinterziehung. Zukunftsmusik? Wahrscheinlich eher nicht.

Schon jetzt gehen Steuerbehörden so vor. Zunächst nur auf Verdacht, aber wer schon einmal im Fokus der Steuerfahndung stand, bei dem kommen die Herren auch vorbei. So geschehen bei einem Freund. Der hatte sich im Laufe seines Lebens einige teure Gemälde zugelegt, die nach einiger Zeit Millionen wert waren. Als wegen eines anderen Deliktes die Steuerfahndung ins Haus marschierte, da wollten die Herren unter anderem wissen, von welchem Geld denn die Gemälde gekauft wurden. Da die Kunst schon seit Jahrzehnten an den Wänden hing, konnte der Betroffene dazu natürlich keine stichhaltigen Angaben mehr machen. Und jetzt kommt's: Die Steuerfahnder schätzten einfach den Wert der Gemälde und hängten dem Betroffenen eine Steuernachforderung in Höhe der geschätzten Summe an. Natürlich plus sechs Prozent Zinsen auf zehn Jahre. Der Mann war nicht nur ruiniert, sondern auch vorbestraft.

Ähnlich verhält es sich schon seit Langem mit Immobilien, die gerade im Ausland zum Teil unter Zahlung von Schwarzgeld erworben wurden. Der Kaufpreis wurde offiziell heruntergesetzt. Der Rest floss bar in Schwarzgeld. So war es zum Beispiel in Spanien üblich. Diese Vorgehensweise blieb dem deutschen Fiskus natürlich nicht verborgen. Mithilfe von Google Earth und den spanischen Fiskuskollegen gingen deutsche Steuerfahnder auf die Suche nach Landsleuten, die in Spanien Immobilien besaßen, welche offensichtlich durch Schwarzgeld „kofinanziert" waren. Es entbrannte eine regelrechte Hatz. Derzeit kann niemand mehr vor deutschen Behörden sicher sein, auch nicht im fernen Ausland – und daheim natürlich erst recht nicht.

Es könnte durchaus ein Problem sein, dass man in einigen Jahren nicht mehr nachweisen kann, wie man zum Beispiel an seinen Goldbesitz gelangt ist – selbst wenn man das Gold mit versteuertem Geld erworben hat. Wenn nach einigen Jahren die Kaufbelege verloren gegangen sind, könnte das durchaus tragisch enden. Doch der Vorteil von Gold im Gegensatz zu einer Immobile oder eines teuren Gemäldes ist: Man kann es besser verstecken.

SONDEREINSATZTRUPPE FÜR BARGELD

Nicht nur Deutschland entwickelt sich unter dem Druck der Finanzkrise zu einem Überwachungsstaat. „Big Brother is watching you" – und man könnte noch ergänzen: „Big Brother is controlling you." Um diese Kontrollen durchzuführen, gibt es mittlerweile spezielle Behörden. Und eine davon kümmert sich einzig ums Geld. Das ist die „Sondereinsatztruppe für Bargeld". Davon haben Sie noch nichts gehört? Dann wird es aber Zeit, dass ich Sie aufkläre.

Der alltägliche Schnüffelwahnsinn findet in der „Sondereinsatztruppe für Bargeld" seinen Höhepunkt, wenn diese auch der Allgemeinheit bisher kaum bekannt sein dürfte. In diesem Zusammenhang lernte ich auch den feinen Unterschied zwischen Bargeldspür- und Drogenschnüffelhund. Dazu eine kleine Geschichte, die ich selbst erlebt habe. Der Vorfall ereignete sich auf einem Inlandsflug von Berlin nach Frankfurt im Jahre 2008. Wir erreichten Frankfurt mit Verspätung wegen Schneefalls. Zeitdruck. Endlich steht die Mühle, ein Airbus A300 mit rund 300 Passagieren, in Frankfurt am Gate.

Doch an schnelles Aussteigen ist nicht zu denken. Eine halbe Ewigkeit stehen die Menschen in den Gängen. Es will nicht weitergehen. Als ich an der Flugzeugtür stehe, ist die Ursache des künstlichen Staus schnell ausgemacht. Es dürfen immer nur zehn Personen auf einmal den Flieger verlassen. Die Ursache: der Zoll und ein Hund. Jeder Passagier wird von dem Köter (Tierfreunde, bitte verzeiht mir) besprungen, beschnüffelt, beleckt. Ich bin auf 180. In Aktion: ein ziemlich überdrehter deutscher Schäferhund, vor dem manch einer selbst aus sicherer Entfernung gehörigen Respekt hätte.

Immerhin ist der Amtsvierbeiner an einer Leine, dirigiert von einem Herrchen in Uniform. Der enge Flugzeugzugang, ein idealer Kontrollpunkt. Seitlich steht eine Handvoll bewaffneter Zöllner Spalier, offenbar, um die Tatverdächtigen sofort abzuführen.

Und verdächtig sind zunächst mal alle, die aus dem Flieger steigen. Nur – wonach wird hier eigentlich gesucht? Drogen? Eher unwahrscheinlich, dass ein Drogenschmuggler ein Flugzeug von Berlin nach Frankfurt nimmt. Meine Vermutung deshalb: Der Bargeldschnüffelhund ist im Einsatz.

Die Passagiere lassen die Prozedur mit teils angstverzerrtem Gesicht und erfolglosen Abwehrversuchen über sich ergehen. Kinder schreien, mutige Manager verziehen keine Miene – streifen sich höchstens nach der Tortur ein paar Hundehaare vom Anzug. Ich frage einen der Zöllner, was diese Aktion denn solle, schließlich handele es sich um einen innerdeutschen Flug – und außerdem fühlte ich mich in meinen Freiheitsrechten durch solche Kontrollen verletzt. Antwort: „Das geht Sie gar nichts an! Wir tun hier nur unsere Pflicht." Ich frage: „Schnüffeln Sie nach Bargeld?" Antwort: „Nein, nach Drogen."

Da die Strecke Berlin–Frankfurt sicherlich nicht als Drogenroute bekannt ist, kommt mir diese Aussage rätselhaft vor. Im Büro lasse ich mich mit dem Hauptzollamt Frankfurt verbinden. In der Pressestelle werde ich aufgeklärt. Am betreffenden Flieger sei die „Überwachungsgruppe" im Einsatz gewesen. Die Überwachungsgruppe sei nur für Drogen zuständig.

„Ach so", entgegne ich, „ist die Strecke Berlin–Frankfurt eine weltbekannte Drogenroute? Welcher Drogenschmuggler ist denn so blöd, wenn er einmal in Deutschland ist, sich wieder in einen Flieger zu setzen und zurück nach Frankfurt zu jetten?"

Die freundliche Amtsstimme entgegnet: „Wie wir unsere Einsätze planen, das müssen Sie schon uns überlassen." Es gebe auch Drogenschmuggler, die aus Lateinamerika über Madrid nach Berlin fliegen – und dann nach Frankfurt.

„Mmmmh", sage ich, „meinen Sie wirklich, dass Drogenschmuggler einen solchen Umweg in Kauf nehmen? Die sind doch froh, wenn sie in Deutschland sind. Würden sie nach Frankfurt wollen, dann würden sie ja wohl mit dem Auto oder mit dem Zug fahren und nicht das Risiko eines weiteren Fluges auf sich nehmen. Haben Sie es nicht vielleicht auf deutsche Kiffer, die zufällig eine Tüte im Handgepäck haben, abgesehen – oder eher auf Bargeld, mit Bargeldschnüffelhunden?"

Engagiert antwortet die Stimme am Ende: „Das sind keine Bargeldschnüffelhunde, sondern Bargeldspürhunde!"

„Aha", entgegne ich, „und Sie meinen, Ihre Überwachungsgruppe hätte keinen Bargeldspürhund im Einsatz gehabt?"

Zöllnerin: „Die Überwachungsgruppe ist nur für Drogen zuständig. Für Bargeld ist die Sondereinsatztruppe zuständig, und die sitzt in Köln."

Ich, mehr als verwundert: „Also Sondereinsatztruppe für Bargeld, Überwachungsgruppe für Drogen – habe ich das richtig verstanden? Das eine ist eine Truppe, das andere nur eine Gruppe?"

Zöllnerin: „Ja, so ist es richtig. Wir sind hier nur für die Überwachungsgruppe zuständig, die Sondereinsatztruppe für Bargeld sitzt in Köln."

Ich: „Und wie oft ist die Sondereinsatztruppe wegen Bargelds im Einsatz?"

Zöllnerin: „Das kann ich Ihnen nicht sagen."

Ich: „Und wie viele Bargeldschnüffelhunde, äh, Bargeldspürhunde sind bei Ihnen im Einsatz?"

Zöllnerin: „Wir haben hier gar keine Bargeldspürhunde. Wenn wir sie brauchen, dann werden sie angefordert."

Ich: „Können Sie mir denn verraten, wie viele Bargeldhunde, äh, Bargeldspürhunde es überhaupt gibt?"

Zöllnerin: „Das kann ich Ihnen nicht sagen."

Ich: „Wie oft kommen denn solche Einsätze vor?"

Zöllnerin: „24 Stunden am Tag. Wir legen das morgens fest, welche Flüge inspiziert werden."

Ich: „Finden Sie das nicht ein wenig übertrieben, innerdeutsche Flüge zu beschnüffeln? Also ich fühlte mich echt unwohl, war im Zeitstress."

Sie: „Niemand verpasst seinen Anschlussflug, wenn wir Aktionen durchführen. Die Lufthansa ist verpflichtet, das Zeitfenster so zu wählen, dass wir unsere Untersuchungen durchführen können."

Ich: „Aber in diesem Fall hatten wir Verspätung, und alle Passagiere waren echt entnervt!"

Sie: „Darauf können wir leider keine Rücksicht nehmen. Wir verzichten nicht auf Überprüfungen, nur weil Flüge Verspätungen haben. Das ist dann das Problem der Fluggesellschaft."

Ich: „Finden Sie es normal, dass unbescholtene Bürger von Ihren Hunden besprungen, beschnüffelt und beleckt werden?"

Sie: „Diese Hunde sind so dressiert, dass sie passiv anschlagen. Sie gefährden keinen Passagier und beißen nicht."

Ich: „Aber dennoch – sind solche Kontrollen nicht übertrieben?"

Zöllnerin: „Nein. Wir schützen mit diesen Aktionen den deutschen Bürger, den Staat und die Wirtschaft. Es geht ja nicht nur um Drogen und Bargeld, sondern zum Beispiel auch um Geldwäscher, Artenschutz und Terroristen."

Ich: „Auf innerdeutschen Flügen?"

Sie: „Wo wir unsere Aktionen durchführen, das müssen Sie schon uns überlassen."

So weit also das wirklich interessante Zwiegespräch mit der Dame vom Zoll. Wieder etwas dazugelernt. Es gibt den „Bargeldspürhund", die „Überwachungsgruppe für Drogen" und die „Sondereinsatztruppe für Bargeld". Das Einzige, was ich wirklich gerne wissen würde: Wie stark ist diese Truppe eigentlich? Aber das ist natürlich ein gut gehütetes Geheimnis. Fakt jedenfalls dürfte sein, dass diese Truppe in letzter Zeit nicht kleiner, sondern eher größer geworden ist.

Gut für Goldbesitzer, dass auch noch so dressierte Vierbeiner Gold nicht erschnüffeln können. Bis jetzt gibt es wohl auch noch keine „Sondereinsatztruppe für Gold" – aber was nicht ist, kann ja noch werden. Schon öfter in der Geschichte gab es Goldverbote.

GOLDVERBOT

Ich habe ja in den vorherigen Kapiteln schon das Thema „Aufbe-
wahren von Gold" erörtert und bin zu dem Schluss gekommen,
dass ein Bankschließfach im Zweifelsfall kein guter Ort für die
privaten Goldreserven ist. Aber noch eine weitere Gefahr lauert
in den Schließfächern: Das Gold ist dort erst recht nicht sicher,
wenn es zu einem Goldverbot kommen sollte. Und ein generelles
Goldverbot ist in Zukunft gar nicht so unwahrscheinlich. Der
Goldbesitzer hat schließlich keine Lobby. Er ist dem nackten So-
zialneid der Umwelt hilflos ausgesetzt. Und das dürften Politiker
schamlos ausnutzen, wenn sie Geld brauchen.
Immer wenn Staaten klamm sind, haben sie es als letztes Mittel
auf das Gold abgesehen. Und das ist bekanntermaßen zum größten Teil in Privatbesitz. Deshalb wird es zuweilen auch konfisziert
oder gegen eine geringe Zwangsgebühr umgetauscht. Übrigens:
Goldverbote kamen in der Geschichte häufiger vor. So verboten
Lenin, Mussolini, Hitler, Mao Tse Tung und Franklin D. Roosevelt das güldene Edelmetall im Privatbesitz.
In den USA kam es im Zuge der Weltwirtschaftskrise in den Drei-
ßigern zum Goldverbot. Im Rahmen der allgemeinen Krise nach
1929 und der anschließenden Depression stellte der Kongress
den „allgemeinen Notstand" fest. Das bedeutet, dass der Präsident
der Vereinigten Staaten direkt Verfügungen und Gesetze erlassen
darf, um der „Bedrohung für Frieden, Gerechtigkeit und Wohl-
ergehen" entgegenzuwirken. Im Zuge dessen kam es zum berühmten „Gold Confiscation Act". In einem Präsidentenerlass
wurde die Einziehung privater Goldbestände angeordnet. In der
berühmten Goldkonfiskation von 1933 wurden alle US-Bürger
gezwungen, ihr Gold bei der Federal Reserve Bank abzuliefern.
Die Verfügung ordnete der damalige Präsident Franklin D. Roosevelt an. Privatbesitz von Gold wurde unter drakonische Strafen
gestellt. Bei Zuwiderhandlungen drohten eine Geldstrafe von

10.000 Dollar (heute inflationsbereinigt 170.000 Dollar) oder bis zu zehn Jahren Strafe oder beides.

Das Goldverbot trat Anfang Mai 1933 in Kraft. Goldbesitzer wurden dadurch gezwungen, zu einem Zwangskurs Gold gegen Dollar zu tauschen. Die Umtauschrate lag bei 20,67 Dollar für eine Unze Gold. Nach der Goldkonfiskation, als die meisten Goldbesitzer ihr Edelmetall abgeliefert hatten, sprang der Goldpreis auf 35 Dollar je Unze. Dies bedeutete für die Ex-Goldbesitzer eine Geldentwertung von 41 Prozent. Ein schönes Beispiel, wie der Staat seine Untertanen enteignet. Nach Erlass des Goldverbots ging der Staat rigoros gegen Verdächtige vor. Schätzungen zufolge sind nämlich nur 30 Prozent des privaten Goldes auch abgeliefert worden. Bei der Suche nach den Edelmetallschätzen schreckten die Behörden auch nicht vor der gewaltsamen Öffnung von privaten Bankschließfächern zurück, die größtenteils systematisch durchsucht wurden. Gold, das bei staatlich angeordneten Durchsuchungen entdeckt wurde, konfiszierte der Staat entschädigungslos. Daran sieht man, wie gefährlich es ist, seine Goldreserven im Banksafe zu deponieren.

Es war allerdings für die Behörden sehr schwierig und aufwendig, private Goldschätze aufzuspüren, wenn sie nicht gerade in Bankschließfächern lagerten. Es gab zwar Hausdurchsuchungen, diese führten allerdings nur in Einzelfällen zum Erfolg. Andererseits brachten viele Menschen ihr Gold auch ins Ausland, insbesondere in die Schweiz.

Das Goldverbot war offiziell Jahrzehnte in Kraft. Erst im Dezember 1974 unterzeichnete der damalige Präsident Gerald Ford ein Gesetz, das den Besitz von Gold wieder legalisierte. Goldverbote gab es auch in Deutschland sowie in den früheren „sozialistischen" Staaten des Ostblocks und in China. Noch heute ist in vielen kleineren Ländern der Besitz von Gold verboten.

Die Frage ist natürlich, ob so ein Goldverbot wieder eingeführt werden kann. Meiner Meinung nach ist das jederzeit möglich, nämlich dann, wann das Geldsystem aus den Fugen gerät und Gold in schwindelnde Höhen steigt. Schon jetzt zeichnet sich in anderen Bereichen ein zunehmender staatlicher Dirigismus ab. Auch die Überwachungsmaßnahmen nehmen fast täglich zu. Es ist durchaus denkbar, dass der Edelmetallbesitzer als „Systemfeind" deklariert wird, also jemand, der sich dem Geldsystem entzieht. Wenn dies zu viele Menschen tun, bricht das System zusammen. Deshalb ist es meiner Ansicht nach realistisch, dass unter bestimmten Bedingungen auch in der westlichen Welt wieder ein Goldverbot eingeführt wird – direkt oder indirekt.

Staaten müssen gar kein direktes Goldverbot aussprechen, um den Goldbesitz unattraktiv zu machen. Es könnte aber zum Beispiel verboten werden, Gold als Zahlungsmittel einzusetzen. Im Prinzip ist das ja jetzt schon so, denn das gesetzliche Zahlungsmittel ist bekanntlich das Geld. Das bedeutet, dass jeder, der nicht mit Geld, sondern mit Gold bezahlt, etwas Verbotenes tut. Beispielsweise wurde ich einmal für einen Vortrag in Goldunzen bezahlt – eigentlich ein nicht legaler Vorgang. Gesetzlich gesehen hätte ich mich in Geld bezahlen lassen müssen und könnte dieses dann anschließend in Gold umtauschen – so wäre es rechtlich einwandfrei.

Wir dürfen gespannt sein, was sich Politiker in Zukunft noch alles einfallen lassen werden, um ein Aussteigen aus dem Geldsystem zu verhindern. Fakt ist: Wenn zu viele Menschen in Gold flüchten, gibt es ein Problem. Und dieses Problem wird mit Sicherheit gesetzlich gelöst, sprich mit einem mehr oder weniger offenen Goldverbot. Wenn Staaten unter Stress stehen, sind sie in der Lage, auch selbst gegen die eigene Verfassung und Gesetze zu verstoßen und zur unmittelbaren „Gefahrenabwendung" zu jedem Mittel zu greifen, auch wenn es illegal ist. Das haben ja schon die ganzen „Euro-Rettungsmaßnahmen" gezeigt, von denen jede einzelne nicht nur gegen nationales Recht verstieß, sondern ganz offen auch die Verträge von Maastricht und Lissabon brach. Dies sind meiner Meinung nach äußerst bedenkliche Beispiele dafür, wie Politiker im Ernstfall vor nichts zurückschrecken. Auch der gesetzeswidrige Ankauf von Steuer-CDs von Datendieben fällt in die Kategorie „Staat als Gesetzesbrecher" und wirft damit bereits seine Schatten auf zukünftige ähnliche Aktionen voraus. Auf ein mögliches Goldverbot sollte man deshalb vorbereitet sein.

Allerdings muss es nicht notwendigerweise zu einem echten Goldverbot kommen – es gibt ja auch noch andere Tricks, um das gleiche Ziel zu erreichen. Man muss Gold nicht verbieten, um die Flucht ins Gold zu verhindern. Die Politik kann durchaus zu eleganteren Mitteln greifen.

So könnte beispielsweise der Handel mit Gold verboten werden. Wenn das Edelmetall nicht mehr verkauft werden darf, dann gibt es an der Börse auch keinen offiziellen Preis mehr. Folge: Offizielle Verkaufsstellen würden den Handel sofort einstellen. Und auch am Schwarzmarkt gäbe es Probleme: Wie will man hier einen Preis für das Edelmetall finden? Zusätzlich öffnet ein möglicher Schwarzmarkt für Gold auch Fälschungen Tür und Tor. Kann man sicher sein, dass die Münze oder der Barren auch wirklich echt sind? Kann man sicher sein, dass die Gewichtsangaben stimmen? All das ist derzeit ja praktisch garantiert, wenn man das Edelmetall beim offiziellen Händler oder bei der Bank kauft. Sollte es ein Goldhandelsverbot geben, dürfte es sicher um einiges schwieriger werden, echtes Gold zu erwerben.

Eine zweite Variante einer Behinderung des Golderwerbs könnte die Einführung bestimmter Mindestmengen sein. Jeder darf dann eben nur noch eine bestimmte Menge dieses Edelmetalls besitzen – die Vorgaben machen die Politiker.

Und eine dritte Variante wäre ein offizieller, staatlich festgesetzter Preis für Gold. Nicht mehr die freien Märkte entscheiden also, wie viel eine Unze wert ist, sondern möglicherweise Politiker im Reichstag oder in Brüssel. Ein gesetzlich festgelegter Goldpreis würde ebenfalls den Goldhandel praktisch zum Erliegen bringen, da niemand mehr bereit sein wird, zu einem künstlich niedrig gehaltenen Kurs zu verkaufen. Der bekannte US-Goldexperte James Turk hält ein Goldverbot übrigens auch für möglich. Die Wahrscheinlichkeit liege bei 20 Prozent, dass eine solche Goldprohibition eintreten wird. Dennoch solle man sich von einem möglichen Goldverbot nicht abhalten lassen, in Edelmetall zu investieren. Nach der Krise und nach einer möglichen Währungsreform geht es irgendwann auch wieder weiter. Die Devise heißt dann: Gut verstecken, auf Tauchstation gehen und abwarten! Turk rät aus diesem Grund, seine Goldreserven in verschiedenen Ländern mit unterschiedlichen politischen Systemen zu lagern. Auch zu Zeiten des amerikanischen Goldverbots sei es erlaubt gewesen, Gold im Ausland zu besitzen. Ob diese Freizügigkeit jedoch auch bei einem künftigen Goldverbot gilt, ist zweifelhaft. Bleibt zu hoffen, dass es erst gar nicht zu einem solchen Verbot kommt. Aber ausschließen kann man es gewiss nicht. Für viele Menschen dürfte es auch schwierig sein, Gold im Ausland zu lagern. Nicht jeder besitzt so viele Millionen, dass sich dieser Aufwand lohnen würde. Da ist es schon ratsamer, ein gutes Versteck zu haben.

US-GESETZ ZUR GOLDKONFISKATION

Wie ein mögliches Goldverbot in der Realität aussieht und wie es in der Praxis umgesetzt wird, möchte ich im Folgenden darstellen. Nachstehend in einer Übersetzung das US-Gesetz zum Goldverbot aus dem Jahre 1933. Vieles darin wird Ihnen nicht unbekannt erscheinen. Angesichts der aktuellen Lage könnte meiner Meinung nach so ein Gesetz jederzeit in jedem Land eingeführt werden. Vergessen Sie bitte nicht: Jeder, der sich vom Papiergeld abwendet und es in Edelmetalle tauscht, ist im Sinne des Geldsystems ein Dissident. Das Geldsystem kann nur funktionieren, wenn alle mitmachen. Wenn zu viele Menschen ins Gold flüchten, kann jederzeit wieder ein Goldverbot erlassen werden. Wie so etwas aussieht, entnehmen Sie der folgenden Übersetzung des US-Gesetzes vom 5. April 1933, in dem der damalige Präsident Roosevelt das Goldverbot unterschrieb:

Verordnung 6102 über die Ablieferung von Goldmünzen, Goldbarren und Goldzertifikaten an die Regierung.

Der Präsident der Vereinigten Staaten, Franklin Delano Roosevelt, 5. April 1933, Durchführungsverordnung Nr. 6102

Kraft der mir übertragenen Vollmacht aus Abschnitt 5 (b) des Gesetzes vom 6. Oktober 1917, geändert durch Abschnitt 2 des Gesetzes vom 9. März 1933 mit dem Titel „Maßnahmen zur Bekämpfung des Notstandes bei Banken und für andere Zwecke", in denen der Kongress einen ernsthaften Notstand erklärte, verkünde ich, Franklin D. Roosevelt, als Präsident der Vereinigten Staaten von Amerika, dass der nationale Notstand nach wie vor existiert, und entsprechend der Verordnung tritt damit das Verbot des Hortens von Goldmünzen, Goldbarren und Goldzertifikaten durch Personen, Gesellschaften, Vereinigungen und

Firmen innerhalb der kontinentalen Vereinigten Staaten in Kraft, und ich erlasse per Verfügung folgende Vorschriften, um diese Verordnung umzusetzen:

Abschnitt 1: *Die in der Verordnung verbotene „Hortung" bedeutet Vorhalten und Zurückhalten von Goldmünzen, Goldbarren und Goldzertifikaten in Bezug auf staatlich anerkannte Handelskanäle. Der Begriff „Person" bedeutet jede natürliche Person, Personengesellschaft, Handelsgesellschaft und Firmen.*

Abschnitt 2: *Alle Personen unterliegen der Verpflichtung, mit Beginn oder vor dem 1. Mai 1933 der Federal Reserve Bank, einer Zweigstelle oder Agentur dieser Bank, oder einem Mitglied des Federal Reserve Systems alle Goldmünzen, Goldbarren und Goldzertifikate aushändigen, welche vor dem 28. April 1933 in ihrem Besitz sind oder in diesen gelangen. Mit folgenden Ausnahmen:*

a) Ein Betrag an Gold, der legitimerweise für industrielle Zwecke, Kunst oder Handwerk benötigt wird. Dies gilt auch für Gold aus Scheideprozessen und Vorräte, die im Rahmen der Goldgewinnung entstehen.

b) Goldmünzen und Goldzertifikate die den Wert von 100 Dollar pro Person nicht überschreiten, sowie Goldmünzen die als historische Sammlerstücke qualifiziert sind.

c) Goldmünzen und Barren, die als im Besitz ausländischer Staaten, ausländischer Zentralbanken oder der Bank für internationalen Zahlungsausgleich gekennzeichnet sind.

d) Goldmünzen und Barren, die für rechtmäßige Transaktionen lizenziert sind (nicht zum Zwecke des Hortens), inklusive jener Goldmünzen und Goldbarren, die für den Im- und Export bestimmt sind und auf eine Export-Lizenz warten.

Abschnitt 3: *Sofern nichts anderes bestimmt ist, muss jede Person, die Eigentümer von Goldmünzen, Goldbarren oder Goldzertifikaten nach dem 28. April 1933 wird, diese spätestens drei Tage nach dessen Empfang in der Art und Weise, wie in Abschnitt 2) beschrieben, abliefern.*
Ausgenommen sind die in Paragraphen a, b, c des Abschnitts 2 erwähnten Ausnahmen. (…)

Abschnitt 4: *Bei Entgegennahme von Goldmünzen, Goldbarren oder Goldzertifikaten, die gemäß Abschnitt 2 und 3 abgeliefert wurden, wird die Federal Reserve Bank oder eine Mitgliedsbank einen Betrag in Münzen oder Währungen zahlen, die gemäß den Gesetzen der Vereinigten Staaten herausgegeben wurde.*

(…)

Abschnitt 9: *Wer vorsätzlich gegen diese Durchführungsverordnung oder gegen eine in dieser Verordnung aufgeführten Regeln verstößt, kann mit einer Geldstrafe von bis zu 10.000 Dollar bestraft werden, und im Falle einer natürlichen Person kann eine Gefängnisstrafe von bis zu zehn Jahren verhängt werden oder beides; Vorstände, Direktoren oder Handlungsbefugte von Firmen, welche vorsätzlich einen Regelverstoß begehen, können mit der gleich hohen Geldbuße, Gefängnis oder beidem bestraft werden.*

So weit das US-Gesetz zur Goldkonfiskation 1933. Es ist wirklich ein Skandal, der in der Geschichte seinesgleichen sucht, indem ein Staat seine Bevölkerung enteignet. Den eigenen Leuten

das Gold aus der Tasche zu ziehen und es bei einer privaten Notenbank abliefern zu lassen – gegen Geld –, das grenzt schon an
Betrug. Zumal der Goldkurs im Anschluss an die Konfiskation
sofort um 41 Prozent stieg. Umgekehrt bedeutet das: Den Goldbesitzern wurden 41 Prozent zu wenig gezahlt. Solche Methoden erinnern nur noch an die Machenschaften diktatorischer,
sozialistischer Regime. Mit Demokratie und freier Marktwirtschaft, als deren Mutterland sich die USA wähnt, hat das nun
wirklich nichts mehr zu tun. Aber der staatlich organisierte Gold-
klau könnte Vorbild sein für zukünftige gleichartige Enteignungs-
aktionen – dann wahrscheinlich nicht nur in den USA, sondern in
der gesamten westlichen Welt.

Damals sind die US-Behörden nach einer gewissen Fristsetzung
zur Goldablieferung strikt dazu übergegangen, die Schließfächer
bei Banken aufzubrechen. Ein wirklich unvorstellbarer Vorgang!
Wir reden hier schließlich nicht über die ehemalige UdSSR oder
Nordkorea, sondern über die Vereinigten Staaten von Amerika, in
denen das Eigentum per Verfassung einen besonders hohen Rang
genießt.

Als die US-Behörden damals alle Schließfächer durchforstet
hatten, sind sie auch zu den Menschen nach Hause gekommen:
Goldrazzia. Verdächtig war jeder, der aufgrund seines Vermögens
Gold hätte kaufen können oder so blöd war, es seinen Nachbarn
zu erzählen, von dem er anschließend verpfiffen wurde. Doch
die Goldrazzien wurden schon bald mangels Erfolg eingestellt.
Aufgrund seines hohen spezifischen Gewichts kann man bekanntlich schon mit kleinen Mengen Gold große Vermögen retten und
gut verstecken. Ein gutes Goldversteck ist also das A und O für
die Altersvorsorge mit Edelmetallen. Manche Leute vergraben es
im Wald, andere mauern es ein. Auf keinen Fall aber sollte man
es zur Bank ins Schließfach tragen. Und natürlich sollte man
auch niemandem erzählen, wo es versteckt ist – auch nicht guten
Freunden.

Von Silberverboten ist übrigens bisher kaum etwas bekannt. Das liegt daran, dass Silber teilweise in vielen Münzen verarbeitet ist und auch in der Industrie stark nachgefragt wird. Nicht wenige Zeitgenossen sind deshalb der Meinung, dass man Silber besser ins „neue Zeitalter" retten kann, weil bei diesem Edelmetall ein Besitzverbot eher unwahrscheinlich ist.

Der Nachteil bei Silber ist eben, dass man große Mengen braucht, um selbst kleine Vermögen abzusichern. Der Vorteil wiederum ist, dass große Silberbarren von Dieben nur schlecht gestohlen werden können. Diese müssten schon mit dem Gabelstapler kommen, um größere Summen zu entwenden. Andererseits lassen sich größere Mengen Silber nur schwer verstecken.

Ich persönlich kenne jemanden, der ziemlich viel Silber angehäuft hat, um die Kaufkraft seines Geldes zu retten. Vergraben hat er es irgendwo im Wald, so tief, dass selbst ein empfindlicher Metalldetektor nicht anschlägt – übrigens ein ganz wesentlicher Punkt, wenn man seine Edelmetalle in Gottes freier Natur vergräbt. Dies hat auch den unschätzbaren Vorteil, dass bei einer Hausdurchsuchung kein Edelmetall gefunden werden kann und die Häscher des Staates leer ausgehen.

Nachteil des Vergrabens in freier Natur: Manch ein Zeitgenosse vergisst mit den Jahren, wo er seinen Schatz vergraben hat. Nach seinem Tode ist der Gold- oder Silberschatz dann für seine Erben nicht mehr greifbar. Freuen können sich dann zufällige Finder, die durch glückliche Wendungen des Schicksals auf den Schatz stoßen. So kommt es bekanntlich immer wieder vor, dass Glückspilze nicht nur im Wald, sondern auch auf einsamen Inseln Goldschätze finden. Selbst auf Dachstühlen wurden schon kleine versteckte Vermögen gefunden – allerdings erst ein paar Hundert Jahre später. Ob das im Sinne des Versteckenden lag, sei dahingestellt. Es beweist jedoch, dass Gold auch nach Hunderten von Jahren immer noch einen „Schatz" darstellt und auch heutzutage noch seine Kaufkraft behalten hat.

MYTHOS GOLD

Seit Anbeginn der Kulturgeschichte gilt Gold als etwas Besonderes. Seit jeher fasziniert das Edelmetall die Menschen. Schon immer wurde Gold ein göttlicher Stellenwert zugeschrieben. Gold ist etwas Unvergängliches, ein Sinnbild für die Ewigkeit. Schon vor Tausenden von Jahren verwendete man es zur Darstellung der Sonne, des göttlichen Lichts und der Götter selbst. Im alten Ägypten wurde es sogar als Element der Wiedergeburt betrachtet – als ein Stück vom „Fleisch der Götter". Die Ägypter interpretierten Gold auch als Symbol des Sonnengottes Ra. Die Inkas betrachten Gold als Schweiß der Sonne.

Das Thema Gold zieht sich von Anfang an durch die Menschheitsgeschichte. Das belegen kupferzeitliche Funde aus dem 5. Jahrtausend v. Chr., Grabbeigaben Tutanchamuns im alten Ägypten – Sonnenscheiben, Münzschätze und Objekte des Totenkults. Goldschätze gab es ebenso bei den Etruskern und Kelten. Die alten Griechen und die Römer fertigten Schmuckstücke, Mosaike, Schreine und liturgisches Gerät aus dem Edelmetall.

Eines der ältesten Goldfundstücke ist übrigens erst vor relativ kurzer Zeit entdeckt worden, nicht etwa irgendwo in Persien oder im alten Ägypten, sondern in Deutschland – und zwar in Sachsen-Anhalt. Dort wurde 1999 die sogenannte „Himmelsscheibe von Nebra" gefunden, eine Bronzeplatte aus der Bronzezeit mit Applikationen aus Gold, die offenbar astronomische Phänomene und Symbole religiöser Themenkreise darstellt. Die Himmelsscheibe von Nebra entstand 2.100 Jahre vor Christus! Sie ist also 4.100 Jahre alt. Sie gilt als die weltweit älteste konkrete Himmelsdarstellung und als einer der wichtigsten archäologischen Funde aus dieser Epoche und damit auch der Menschheit. Sie ist damit auch einer der ältesten Nachweise, dass unsere Vorfahren bereits Gold kannten und es auch verarbeiteten. Sonne, Mond und Sterne auf der Himmelsscheibe sind aus Gold, das auch noch

4.100 Jahre später nichts von seinem Glanz eingebüßt hat. Gefunden wurde die 32 Zentimeter breite Scheibe am 4. Juli 1999 von Raubgräbern in einer Steinkammer auf dem Mittelberg nahe der Stadt Nebra in Sachsen-Anhalt. Seit 2002 gehört sie zum Bestand des Landesmuseums für Vorgeschichte Sachsen-Anhalt in Halle. Der Fund ist in jeder Hinsicht eine Sensation, insbesondere Alter und Verarbeitung stellen die Forscher bis heute vor ein Rätsel. Nicht nur, dass Menschen vor so langer Zeit schon eine recht präzise Vorstellung von Astronomie hatten, sondern auch noch Gold in nahezu perfekter Weise zu verarbeiten wussten.
Die Himmelsscheibe von Nebra galt offenbar als Insignium der Macht mit der Abbildung von Sonne, Mond und Sternen. Doch sie wurde wegen einer Naturkatastrophe für die Menschen der Bronzezeit als wertlos angesehen – wenn man neuesten Interpretationen Glauben schenken darf. Das Insignium der Macht verlor laut Wissenschaftlern seine Kraft wegen des Vulkanausbruchs auf Thera (heute Santorini, Griechenland). Das Symbol des alten Kultes wurde entweiht und zusammen mit zwei goldverzierten Schwertern, bronzezeitlichen Spiralringen und Bronzebeilen an einem damals heiligen Ort, auf dem Mittelberg bei Nebra (Burgenlandkreis), vergraben und damit den Göttern geopfert. Das soll 1.600 Jahre vor Christus geschehen sein.
Forscher erklären die Vergrabung der Himmelsscheibe so: Die auf der Mittelmeerinsel Thera hoch aufsteigende Vulkanasche verfinsterte bis nach Mitteleuropa den Himmel für 20 bis 25 Jahre. Während dieser Zeit wurde es auch ein bis zwei Grad kälter. Mit der Vergrabung der Scheibe wollte man die Götter gnädig stimmen und die alten Zustände wieder herbeisehnen. Noch sind Schicksal und Umstände der Himmelsscheibe von Nebra nicht endgültig geklärt. Fakt jedoch ist, dass sie einen der ältesten Goldgegenstände der Welt darstellt. Und weil Gold sich nicht verändert, können wir die Scheibe auch heute noch praktisch unversehrt im Museum bestaunen.

Das „Göttliche" an Gold ist sicherlich auch seine „Unsterblichkeit". Das mag der Grund sein, warum unsere Vorfahren Gold einen besonderen Stellenwert zuschrieben. Gold oxidiert nicht, es bleibt praktisch ewig erhalten. Das Edelmetall ist unzerstörbar und damit unvergänglich. Während alles auf dieser Welt vergehen und sterben muss, bleibt Gold erhalten – über Jahrtausende, ja sogar über Jahrmillionen.

Vielleicht ist das der Grund, warum Gold als Schmuck so beliebt ist – und immer schon war. Gold als Symbol für den ewigen Wunsch des Menschen nach der Nähe zu den Göttern, Unsterblichkeit und unendlichen Reichtum. Nicht zuletzt deshalb wurde schon den Pharaonen des alten Ägypten neben zahlreichen anderen Opfergaben auch Gold in die Grabkammern gelegt. Doch auch jenseits des großen Teiches spielte Gold von Beginn an eine wichtige Rolle. Als der Spanier Francisco Pizarro mit nur 180 Begleitern das mächtigste Imperium Altamerikas betrat, da dachten die Inkas, ihnen wäre der ersehnte Gott erschienen. Sie überschütteten den Eroberer geradezu mit Gold, um ihm ihre Ehre zu erweisen. Nie zuvor und danach in der Geschichte der Menschheit ist einem solch kleinen Heer eine solche Beute zugefallen. Monatelang wurde das für Rituale bestimmte Gold eingeschmolzen und tonnenweise nach Europa transportiert. Seither blieben der Mythos und die Faszination des Inkagoldes lebendig, zumal nur wenige Originalstücke überlebten, welche man heute noch in Museen bewundern kann.

Auch schon vor Jahrtausenden hatte das Edelmetall seinen Wert – mit kleinen Schwankungen. So wurde beispielsweise zu Zeiten des babylonischen Königs Nebukadnezar II. der Wert des Goldes so bemessen, dass man für eine Unze 350 Laibe Brot bekam. Diese „Broteinheit" blieb bis heute mehr oder weniger konstant. Zum Zeitpunkt, da ich diese Zeilen schreibe, im Winter 2010/2011, kostet die Feinunze Gold rund 1.000 Euro. Bei einem Brotpreis von 2,50 Euro wären wir dann bei 400 Laiben Brot. Die Ursache, dass man heute etwas mehr Brot für eine Unze Gold bekommt als vor 2.600 Jahren zwischen Euphrat und Tigris, liegt sicher darin, dass es heute etwas leichter hergestellt werden kann. Doch bis heute hat Gold nichts von seiner Faszination eingebüßt. Und wahrscheinlich wird man auch im Jahre 4000 für eine Unze Gold noch 350 Laibe Brot bekommen – wenn es die Menschheit dann noch gibt.

ZEIT IST GOLD

„Zeit ist Geld" – diese Gleichung ist die Perversion der Moderne. Kein Geld der Welt bringt verlorene Zeit wieder zurück. „Ein Tag Leben ist wertvoller als ein Berg Gold", erkannte schon Yoshida Kenkō (1283–1350), japanischer Autor und buddhistischer Mönch. Da es damals kein Geld, sondern nur Gold als Tauschmittel gab, bezog der Philosoph seine Aussage auf das Edelmetall. Und in der Tat, es gibt Wichtigeres als Geld und Gold: Lebenszeit für Geld zu opfern macht unglücklich. Zu diesem Schluss kommt nun sogar eine wissenschaftliche Studie.

Lassen Sie mich an dieser Stelle etwas philosophisch werden. Denn Geld ist bekanntlich nicht alles. Und Gold auch nicht. Das Wertvollste, das ein Mensch besitzt, ist nämlich Zeit. Dies wird in der Hektik des Alltags und des Geldscheffelns schnell vergessen. Umso bedauerlicher, dass viele Menschen ein ganzes Leben für Geld schuften – und am Ende feststellen müssen, dass es vergebens war, weil die Papierschnipsel nichts mehr wert sind. Deshalb sollte man jederzeit Prioritäten setzen. Und die Priorität heißt: Zeit. Nehmen Sie sich die Zeit. Zeit ist zwar kostenlos, aber dennoch unschätzbar wertvoll.

Zeit macht glücklicher als Geld – zu diesem Schluss kommt sogar eine wissenschaftliche Studie aus den USA. Zwar kann man dies auch mit einigermaßen gesundem Menschenverstand ohne Studie erkennen, aber nun ist es amtlich: „Zeit kann man nicht kaufen", das haben Zeitforscher herausgefunden. „Zeit ist Geld" – dieser Spruch wurde den Menschen ins Gehirn gebrannt. Dabei ist jede Sekunde, die man für Geld opfert, eine verlorene Sekunde. Zeit kommt nicht zurück. Sie ist nicht tauschbar, gegen kein Geld der Welt, auch nicht gegen Gold. Mehr noch: Jede Sekunde, die bleibt, ist sogar noch wertvoller, weil die Zeit abläuft.

Zeit zu haben ist wahrlich das kostbarste Gut eines Menschen. Doch von klein auf lernen wir, dieses Gut einzutauschen gegen bunt bedrucktes Papier. Von Kindheit an werden Menschen darauf dressiert, das Hamsterrad zu drehen. Als Belohnung gibt es ein paar Scheinchen. Zeit wird getauscht gegen Geld. Ist das wirklich unser Lebenssinn und -zweck? Wer ein bisschen darüber nachdenkt, muss diese Frage verneinen.

Dass der Tausch von Zeit gegen Geld schlecht für Menschen ist, dahinter sind nun auch einige Wissenschaftler aus den USA gekommen. Allein der Gedanke an Zeit macht Menschen menschlicher. Wenn Menschen über die Zeit nachdenken, werden sie sozialer und suchen eher Kontakt zu Mitmenschen. Sie werden dabei glücklicher als jene, die an Geld denken und dadurch zur Arbeit angespornt werden. Von dieser Erkenntnis berichteten US-Forscher in der Zeitschrift *Psychological Science*.

„Unsere Gesellschaft krankt daran, dass sie sich ständig nur beschleunigt. Wer sich mit Raum, Zeit und dem eigenen Leben beschäftigt, gewinnt leichter Abstand vom Alltag und erkennt besser, was wichtig ist", meint der Bamberger Soziologe Fritz Reheis. Die Formel ist ganz einfach:

Geld = Arbeit
Zeit = Freunde

In einem Forschungsprogramm der University of Pennsylvania wurden Testpersonen zunächst dazu gebracht, unbewusst an Zeit oder an Geld zu denken. Dies geschah mithilfe von Wörterrätseln, bei denen entweder Begriffe wie „Uhr" oder „Tag" vorkamen oder solche wie „Wohlstand" oder „Dollar". Im Anschluss an den Test wurde die Frage gestellt, wie man die nächsten 24 Stunden verbringen werde. Jene aus der Zeitgruppe planten dabei verhältnismäßig mehr Zeit für Freunde oder Familie ein, die Geldgruppe mehr für die Arbeit.

Der Test wurde auch unter praktischen Bedingungen in einem Studentencafé wiederholt. Es ging dabei um die Frage, wie sich die Getesteten im Anschluss verhielten. Auch hier ein erstaunliches Ergebnis: Diejenigen, die sich mit Zeitbegriffen beschäftigt hatten, plauderten mehr mit anderen oder führten eher Telefonate. Jene aber, die sich zuvor mit Geldbegriffen beschäftigt hatten, nutzten die verbleibende Zeit eher zum Studium oder für Schreibaufgaben. Im Anschluss wurden die Getesteten nach ihrem Wohlbefinden befragt. Das Ergebnis zeigte, dass sich die Zeitgruppe glücklicher fühlte als die Geldgruppe.

„Zeit bringt Glück. Geld motiviert Menschen zu mehr Arbeit. Arbeit macht jedoch nicht immer glücklich, im Gegensatz zum Zusammensein mit geliebten Menschen. Der Gedanke an Zeit bringt das stärker ins Bewusstsein", so die Studienautorin Cassie Mogilner. Oftmals stehe nur das richtige Geldausgeben und -sparen im Fokus der Frage, wie man glücklich wird. Das lasse jedoch vergessen, dass Zeit eine viel wichtigere Ressource sei. „Man sollte zwar nicht aufhören zu arbeiten, jedoch häufig daran erinnert werden, dass Freunde und Familie auch Zeit brauchen", empfiehlt die Forscherin.

Fritz Reheis schließt sich dieser Sichtweise an. „Der Neoliberalismus hat den Spruch ‚Zeit ist Geld' zum Glaubenssatz nicht nur der Wirtschaft, sondern sogar für das Privatleben erhoben. Im Mittelalter hätte niemand den Satz verstanden, da er in Wahrheit keine Gleichung ist. Denn es ist nur sehr begrenzt möglich, Geld in Lebenszeit zu verwandeln", so der Experte. Falsch sei die Aussage auch, da sich das Prinzip der Nutzenmaximierung aller als nicht nachhaltig herausgestellt hat. „Das sieht man in den Krisen, den sozialen Ungleichheiten und auch den ökologischen Problemen, die diese Denkweise ausgelöst hat. Nachhaltig ist erst, was wie die Natur einem Kreislauf folgt."

Dass Menschen immer weniger Zeit haben und immer gestresster dem Geld hinterherlaufen, liegt sicher auch an der Endphase unseres Geldsystems. Es wird immer schwieriger, die notwendige Rendite, also Zinsen, auf das eingesetzte Kapital zu erreichen.

Das Hamsterrad dreht sich schneller, doch die Geschwindigkeit reicht nicht mehr aus. Die Menschen rackern sich ab für ein paar Euros, werden krank und unglücklich. Ganz anders dagegen in Ländern, in denen Geld nicht so bedeutend ist, in denen die Menschen „arm" sind. Sind sie wirklich arm? Es kommt sicherlich auf die Betrachtungsweise an. Wer nicht viel braucht, ist niemals arm. Und wenn ich das auf meinen Reisen rund um den Globus richtig beobachtet habe, dann sind „Arme" meistens glücklicher, freundlicher, offener. Und eines fällt ganz besonders auf. Sie haben mehr Zeit! Entweder, oder. Entweder Geld oder Zeit. Ich habe mich für Zeit entschieden.

GOLD IST NICHT ALLES

„Geld allein macht nicht glücklich, aber viel Geld, das ist etwas anderes", soll George Bernard Shaw mal gesagt haben. Fakt ist: Geld und Gold sind kein Mittel zum Glück. Wer mit wenig Geld nicht glücklich ist, ist auch mit viel Geld nicht glücklich. Und das Gleiche gilt natürlich auch für Gold. Glück ist Gott sei Dank unabhängig von materiellen Verhältnissen. Ein altes amerikanisches Sprichwort sagt: „Der ärmste Mann in der Welt ist der, der nichts hat außer Geld."

Es spricht sicherlich nichts dagegen, sein Vermögen für die Zukunft zu sichern, indem man jetzt schon Gold kauft. Andererseits sollte man sich aber auch darüber bewusst sein, dass Geld oder Gold alleine auch nicht glücklich machen.

Das Wichtigste im Leben bekommt man geschenkt, man kann es nicht kaufen. Darüber sollte sich jeder im Klaren sein. Deshalb ist es wichtig, dass man den Augenblick genießen kann und dankbar für das Glück ist, das einem zuteil wird. Gute Freunde, ein schöner Sonnenuntergang, Gesundheit, eine positive Lebensauffassung – das alles kann man nicht für Gold und nicht für Geld kaufen. Es ist einfach da. Man kriegt es geschenkt. Und Ihnen, liebe Leser, wird sicherlich noch einiges mehr einfallen, was man eben nicht kaufen kann. Dinge, die wir nur geschenkt kriegen können.

Es ist wichtig, dass wir unsere Sinne auf das Wesentliche konzentrieren und nicht zu sehr ins Geldliche abstürzen. Einen Sinn zum Beispiel für die Schönheit der Natur. Und vielleicht auch einen Sinn dafür, was man bereits für ein schönes Leben geführt hat. Ein Leben, das vielen Menschen auf dem Planeten nicht zuteil wurde. Trotz aller Probleme und auch trotz des drohenden Zusammenbruchs des Geldsystems haben wir bisher auf der Sonnenseite des Lebens gelebt. Wir in Europa und den USA, ja, der ganzen westlichen Welt, wir haben auf Kosten des Restes gelebt, der seine Arbeitskraft billig zur Verfügung gestellt hat, damit wir Rohstoffe und Flatscreens zu vertretbaren Preisen erhielten. Auch das ist nur wenigen Zeitgenossen bewusst.

Auf die Frage an einen Experten, was man denn nun mit seinem Geld am besten anstellen sollte, antwortete dieser: „Geben Sie's aus! Freuen Sie sich, solange Sie noch was dafür kriegen." Eigentlich ein guter Ratschlag – aber was tun, wenn man zu viel davon hat? Diversifikation in Gold ist sicherlich wichtig. Man sollte darüber hinaus aber auch seine Umwelt nicht vergessen, Menschen, die man mag, Freunde, die eventuell eine kleine Zuwendung brauchen könnten. Es könnte also auch ein guter Rat sein, das Geld, das man übrig hat, in Freunde zu investieren, oder es Menschen zu geben, die es dringend brauchen. Das sollte man natürlich behutsam tun. Jemanden, der nichts hat, sofort mit Tausendern zu überhäufen, ist sicherlich der falsche Weg. Aber eines ist klar: Wenn alles zusammenbrechen sollte, sind Freundschaft und Menschen, auf die man sich verlassen kann, wichtiger als Gold.

Wenn Sie also zu den Glücklichen gehören, die zu viel Geld übrig haben, dann unterstützen Sie jetzt am besten Menschen, die Ihnen wichtig sind. Dies könnte eine bessere Investition sein als die in Gold. Aber bitte nicht blind irgendwelchen Spendenaktionen folgen, sondern nur persönliche Zuwendungen machen. Das ist wichtig, denn die professionellen Spendeneintreiber veruntreuen die Gelder sehr oft, und außerdem kann man nicht kontrollieren, wo die Spenden wirklich landen. Im Zweifelsfall versickert das Geld im Aufbau der Bürokratie der Spendenorganisation.

Wenn Sie dagegen persönlich einen Menschen mit Ihrem Geld unterstützen, wird er es wahrscheinlich nie vergessen. Und wenn Sie später vielleicht einmal Hilfe benötigen, dann haben Sie mit dem Geld von heute eine Investition in die Zukunft getätigt, die Ihnen möglicherweise mehr bringen kann als ein vergrabener Goldschatz. Denn ein Grundsatz wird ewig Bestand haben: Es gibt viele Dinge, die man nicht kaufen kann, die aber wichtiger sind als alles Gold dieser Erde.